广西壮族自治区"人文强桂"建设工程
广西人文社会科学发展研究中心科学研究建设工程

人文强桂丛书

# 广西少数民族地区经济发展与人力资本贡献研究

阳芳 著

广西师范大学出版社
GUANGXI NORMAL UNIVERSITY PRESS
·桂林·

**图书在版编目（CIP）数据**

广西少数民族地区经济发展与人力资本贡献研究 / 阳芳著. —桂林：广西师范大学出版社，2019.12
（人文强桂丛书）
ISBN 978-7-5598-1553-8

Ⅰ.①广… Ⅱ.①阳… Ⅲ.①少数民族经济－区域经济发展－研究－广西②人力资本－研究－广西 Ⅳ.①F127.67②F249.276.7

中国版本图书馆 CIP 数据核字（2018）第 297380 号

广西师范大学出版社出版发行
（广西桂林市五里店路9号　邮政编码：541004）
　网址：http://www.bbtpress.com
出版人：黄轩庄
全国新华书店经销
广西广大印务有限责任公司印刷
（桂林市临桂区秧塘工业园西城大道北侧广西师范大学出版社集团有限公司创意产业园内　邮政编码：541199）
开本：880 mm × 1 092 mm　1/16
印张：16.25　　　字数：300 千字
2019 年 12 月第 1 版　　2019 年 12 月第 1 次印刷
定价：48.00 元

如发现印装质量问题，影响阅读，请与出版社发行部门联系调换。

# 前　言

中国是多民族国家,56个民族能否和谐发展,关系民族繁荣、民族和谐和国家稳定。除汉族以外的55个少数民族大多聚居在中国的西部、北部的边疆地区,这些少数民族聚居地(也称少数民族地区)由于受自然地理位置、生产力水平、资源禀赋、人文历史、市场发育等诸多因素影响,目前"三农"问题突出,发展仍然明显滞后,而广大少数民族群众都有强烈的发展欲求和致富需要。如果少数民族地区落后面貌得不到有效的改变,少数民族群众不能分享到改革的成果,就会影响到民族的和谐、社会的稳定和中国政府执政目标的实现。因此,少数民族地区发展是一个重要的经济问题,也是一个重要伦理问题。

改革开放以来,中国政府在帮助少数民族地区发展上是有所作为的,采取了如西部大开发、兴边富民行动、重点扶持22个人口较少民族发展等诸多措施,有力地促进了这些地区的经济社会发展,促进了各族人民生活水平的提高,各少数民族地区得到了不同程度的发展。经济发展与伦理生活均有了不少改变。根据马克思主义的观点,经济的发展决定着人类社会的发展,但经济本身却并非一开始便作为一种独立形态而得到发展的。经济作为一种社会现象,经济的发展需要从某些地方获得资源,这样,获取资源的方式,即经济伦理方式实际上就决定了经济发展的态势;当然,反过来,经济的发展态势也决定着经济伦理方式。

很多学者在探索区域发展,特别是区域经济发展的态势和差异的根源上,做了很多尝试,并分析区域经济发展影响因素和动力源泉,认为这些影响因素和动力源泉主要有政策因素、制度因素、人力资本因素、投资因素、区位因素、历史条件、区域经济结构因素及科技进步因素等。如今,知识经济已经悄然到来,经济增长中人力资本扮演的角色越来越不可或缺,不少学者认为人力资源已经成为第一生产要素,成为最宝贵的资源,甚至已经通过实证研究得出结论:人力资源在发达地区经济发展和腾飞的过程中起着至关重要的作用,人力资源已逐步取代自然资源成为推进经济增长的第一要素,是经济发展的动力源泉。因此,我国明确了人才优先发展的战略布局。

《国家中长期人才发展规划纲要(2010—2020年)》首次明确提出,到2020年,我国人才贡献率达到35%。但是人才资源分布是不平衡的,在少数民族地区普遍缺乏人才资源。在少数民族地区人才资源的贡献作用究竟有多大?在少数民族地区经济增长中哪种生产要素的贡献最大?目前制约少数民族地区经济发展的最主要因素是什么?如果人才没能发挥大作用,那么制约少数民族地区人才发挥作用的主要因素是什么?目前关于这些问题的研究成果并不多,因此,本书拟以阿马蒂亚·森的发展观为基础,以广西12个少数民族自治县为研究对象,从经济—伦理的视角深入探讨人才贡献在广西少数民族的县域经济发展中的作用,进一步揭示少数民族地区发展中人的作用,并进而扩展到分析整个广西的经济、伦理状况,分析广西职工的收入分配和少数民族地区大学生、企业新员工的就业问题,揭示广西少数民族地区发展的整体面貌,并在此基础上借鉴阿马蒂亚·森的理论总结广西少数民族地区发展的经验和特点,发现存在的问题,为下一步广西少数民族的发展乃至其他少数民族地区的发展提供实证的依据和理论的参考。

本书分为四篇七章。

第一篇,理论基础篇,包括第一章,主要厘清经济、伦理和经济伦理的概念、内涵;介绍阿马蒂亚·森的发展观,构建本文研究的理论分析框架。

第二篇,经济发展篇,包括第二、三章。首先,研究广西少数民族经济增长的现状和问题,通过分析近10年来有关广西12个少数民族自治县经济增长的年鉴数据,揭示广西少数民族县域经济增长的现状与特点;然后对广西少数民族县域经济增长中人才贡献进行实证研究,分析近10年来有关广西12个少数民族自治县人力资源的年鉴数据得到广西12个少数民族自治县的人才现状特点,进而借助王金营改进后的卢卡斯模型,运用Eviews5.0软件对广西12个少数民族自治县2000年和2010年全国人口普查数据及广西年鉴数据测度广西12个少数民族县域的人才资本贡献率,最后运用抽样调查法进一步了解广西12个少数民族自治县经济增长中的人才贡献情况。

第三篇,伦理道德篇,包括第四、五、六章。首先,本部分主要是借鉴阿马蒂亚·

森的经济—伦理相融合的思想及以自由为目的和手段的发展观,从经济层面到伦理层面分析广西少数民族地区人才发展滞后的主要原因、职工工资收入偏低状况、大学生回乡就业意愿低的原因、新员工组织信任与工作满意度状况等;其次,借助收入不平等对经济增长效应的原理,分析提高广西职工劳动报酬在初次分配中比重的伦理价值;最后,分析工资集体协商制度对企业分享发展成果的重要性,提出在企业中广泛实行工资集体协商是企业职工分享经济成果的权利机制。

第四篇,对策篇,包括第七章。这部分主要借鉴阿马蒂亚·森的发展观,提出广西少数民族地区发展必须以提升经济增长中人才贡献为手段,以实现人的自身发展为目的"新型发展观",即应采取人力资本开发型县域经济增长模式,实施对少数民族地区人才资源的培养性开发、使用性开发和引进开发,充分发挥人力资本在少数民族县域经济增长中的"实现者""推动者""落实者"和"执行者"四大角色作用。并提出构建立足本地的培养开发、"用养"结合的使用开发和精准人才的引进开发"三位一体"的少数民族县域人力资源开发系统工程的对策。

本书有四大特色:一是研究的问题意识强,即关注实际问题,关注本土问题;二是研究视角新,从经济—伦理视角,融合经济学、伦理学和管理学多学科方法来研究广西少数民族经济增长与人力资本的问题;三是资料性强,本书对广西少数民族经济发展和人才培养、配置、使用等问题,均通过调查问卷和深度访谈获得的一手数据来开展研究,资料真实可靠;四是应用性强,本书运用了数学模型处理数据,方法科学,结论可靠,因此提出的对策与措施可操作性强。

本书可为区域经济学和人力资源管理理论研究者提供资料和参考;也适合经济学、伦理学、管理学等本科生和硕士生学习使用;同时本书提出的政策建议有较强的可操作性,希望能为广西及其他少数民族地区的民宗委、人力资源保障部门、发展改革委等制定民族地区经济发展政策提供参考。

# 目录

◎ **第一章　理论基础** :: 1

一、基本概念界定　/　3
　　(一)经济增长、经济发展和发展　/　3
　　(二)经济、伦理和经济伦理　/　4
　　(三)广西少数民族地区　/　5
　　(四)人力资本、人力资本贡献　/　6

二、相关文献综述　/　7
　　(一)经济、伦理与经济伦理的研究综述　/　7
　　(二)人力资本与经济增长关系的研究综述　/　8
　　(三)收入分配不平等对经济增长影响的研究综述　/　10

三、收入分配不平等对经济增长效应的传导路径　/　13

四、阿马蒂亚·森的"以人为中心"的发展观　/　15
　　(一)经济与伦理的融合　/　15
　　(二)以自由看待发展　/　16
　　(三)收入、可行能力、人力资本　/　18

## ◎ 第二章　广西少数民族县域经济增长的现状及特点 ∷ 21

一、广西少数民族县域经济增长的现状分析　/　23
　　（一）经济总量分析　/　23
　　（二）产业结构分析　/　25
　　（三）公共财政分析　/　29
　　（四）固定资产投资分析　/　29
　　（五）居民收入分析　/　32

二、广西少数民族县域经济的特征　/　33
　　（一）农业区域和农村人口占比大，整体经济落后　/　33
　　（二）典型二元经济结构，城镇化水平低　/　34
　　（三）产业结构低度化，工业化水平滞后　/　34
　　（四）投资环境亟待改善，难以吸引人才　/　35

## ◎ 第三章　广西少数民族县域经济增长中人力资本的作用 ∷ 37

一、广西少数民族自治县的人力资源现状分析　/　39
　　（一）人口总数分析　/　39
　　（二）农业人口分析　/　40
　　（三）人才素质分析　/　41
　　（四）中小学教育情况分析　/　44
　　（五）医疗卫生事业分析　/　46

二、广西12个少数民族自治县县域经济增长中的人力资本贡献实证研究　/　49
　　（一）生产函数及模型　/　50
　　（二）变量的确定　/　51
　　（三）实证分析　/　52

三、广西12个少数民族自治县县域人力资本作用的抽样调查 / 54
  （一）调查基本情况 / 54
  （二）调查结果统计与分析 / 55
  （三）结论 / 60

## ◎ 第四章　广西少数民族地区经济增长中人力资本贡献不足的伦理追问 :: 61

一、广西少数民族自治县人才发展滞后的主要原因 / 63
  （一）区域发展的不平衡加剧了少数民族地区人力资源的流出 / 63
  （二）贫困代际传递制约了少数民族地区人力资本投资主体的能力 / 64
  （三）农村人才开发不足 / 65
  （四）不良风俗和观念制约人才发展 / 65
  （五）民族地区教育仍然滞后，未能突出地方特色 / 66

二、广西教育发展缓慢制约着人力资本的开发——来自桂林市的调查 / 66
  （一）学前教育学位供不应求 / 67
  （二）义务教育发展不均衡 / 70
  （三）高中素质教育有待进一步提高 / 74
  （四）职业教育产教融合不足 / 76
  （五）市属高校与驻地高校还没形成合力 / 79
  （六）特殊教育办学条件有待加强 / 80
  （七）继续教育受众参与率低 / 81
  小结 / 82

三、收入水平偏低制约着广西职工对其人力资本再投资的能力 / 83
  （一）广西工资水平在全国的排位靠后，平均工资涨幅排倒数第六 / 83
  （二）广西城镇单位职工工资增速减缓，劳动者报酬滞后于国内生产总值增速 / 87
  （三）广西产业结构升级缓慢，第三产业的工资增长波动较大 / 88
  （四）广西职工工资收入差距进一步拉大 / 89

(五)个人所得税调节广西收入分配差距的效果还不理想 / 92

小结 / 98

四、广西少数民族地区人力资本外流严重——大学生回生源地就业意愿的调查 / 98

(一)关于调查的说明 / 98

(二)关于调查结果的分析 / 99

(三)结论 / 107

五、广西企业新员工工作满意度调查——基于组织信任视角 / 108

(一)相关概念界定 / 109

(二)组织信任对工作满意度影响的假设 / 110

(三)研究设计 / 110

(四)实证分析 / 111

(五)结果讨论 / 117

(六)对策建议 / 118

六、新员工"闪辞"现象的信任危机成因分析 / 119

(一)个人信任能力不高是"闪辞族"产生的主观原因 / 120

(二)企业组织信任缺失是"闪辞族"产生的组织原因 / 122

(三)制度体制的不完善是"闪辞族"产生的制度原因 / 123

(四)社会转型出现的信任危机是"闪辞族"产生的社会根源 / 126

◎ 第五章 提高劳动报酬在初次分配中的比重,保障广西职工可行能力的伦理价值 ∷ 129

一、劳动者报酬在初次分配中比重的演变规律 / 131

(一)劳动者报酬在初次分配中的比重随经济发达程度的提高而提高 / 131

(二)产业结构升级带动了劳动者报酬在初次分配中比重的提高 / 132

(三)人力资本贡献率的提高将要求初次分配中劳动者报酬比重的提升 / 133

二、提高广西职工劳动报酬在初次分配中比重的建议 / 133
　　(一)发挥市场机制的主导作用 / 134
　　(二)强化政府监管和服务功能 / 134
　　(三)鼓励企业履行社会责任 / 136
　　(四)发挥劳动者的市场主体作用 / 137

## ◎ 第六章　提高人力资本积累能力和分享发展成果的权利机制 ∷ 139

一、城镇居民收入倍增计划实施的伦理价值 / 141

二、工资集体协商在实现居民收入倍增计划中的作用——基于广西的调查 / 142
　　(一)广西工资集体协商的实施概况 / 142
　　(二)工资集体协商在居民收入倍增计划中的作用 / 144
　　(三)研究结论 / 147

三、工资集体协商是实现居民收入倍增计划的基础、载体和长效机制 / 148
　　(一)工资集体协商有利于推动企业发展,为实现居民收入倍增提供物质基础 / 148
　　(二)工资集体协商有利于推动工资协商共决机制,为实现居民收入倍增提供载体 / 149
　　(三)工资集体协商有利于实现劳资共赢,为落实居民收入提供长效机制 / 149

四、提升倍增计划中的工资集体协商作用的对策 / 149
　　(一)完善与工资集体协商制度相关的法律法规 / 149
　　(二)加大对企业工资集体协商工作重要性和必要性的宣传力度 / 150
　　(三)培育和发展多层次的协商主体 / 150
　　(四)提高协商主体的认识 / 151

五、增强个税的收入分配效应,提升人力资本的开发能力 / 152
　　(一)拓宽税基,利用最优税模型改进现有税表 / 152
　　(二)实行综合与分类相结合的税制模式 / 153
　　(三)完善费用扣除机制 / 154

（四）调整优化税率结构 / 156
（五）逐步推行以家庭为单位的纳税申报制度 / 159

## ◎ 第七章　广西少数民族县域人力资本开发型经济发展模式的探讨 :: 163

一、人力资本开发型县域经济发展模式的经济—伦理价值 / 165
　　（一）人力资本是将自然资源优势转化为经济优势的实现者 / 165
　　（二）人力资本是少数民族县域经济增长方式转变的推动者 / 166
　　（三）人力资本是实现少数民族县域产业结构优化的落实者 / 166
　　（四）人力资本是少数民族县域脱贫致富的执行者 / 167

二、广西少数民族县域人力资本开发型经济发展模式的实施路径 / 168
　　（一）以人力资源开发推进广西少数民族县域产业结构调整 / 168
　　（二）加速各级教育发展,全面开发区域人力资源,提高产业承接竞争力 / 169
　　（三）提高农村人口水平,推进少数民族地区城镇化 / 171
　　（四）建立健全人力资源开发的长效机制 / 172

三、广西少数民族地区人才资源开发的具体措施 / 174
　　（一）注重少数民族地区人才资源的培养性开发 / 174
　　（二）注重对少数民族地区人才资源的使用性开发 / 175
　　（三）注重对少数民族地区人才资源的引进开发 / 176
　　结语 / 177

## ◎ 附录 :: 179

附录1：广西少数民族自治县经济增长中人才贡献研究调查问卷 / 179

附录2：广西少数民族地区大学生回生源地就业意愿调查问卷 / 183

附录3：广西少数民族县域从业人员调查问卷提纲 / 187

附录4：组织信任对新员工工作满意度的影响研究 / 189

附录5：学前教育阶段访谈提纲、调查问卷及记录 / 194

附录6：义务教育阶段调查问卷 / 209

附录7：高中教育阶段调查问卷 / 216

附录8：职业教育阶段调查问卷及访谈报告 / 229

附录9：高等教育访谈提纲 / 237

附录10：特殊教育访谈提纲 / 239

◎ **参考文献** ∷ 241

◎ **后记** ∷ 245

# 第一章

## 理论基础

# 一、基本概念界定

## （一）经济增长、经济发展和发展

文献中关于经济增长的定义有两种代表性观点：一种观点，经济增长是一个国家一定时期内的一切经济产出和能力的增加；另一种观点，经济增长指的是一个国家国民经济的成长、生长和发育，经济阶段的演进和经济状态的更替。[1] 本文采用第一种定义，即一个国家在一定时期内产出和劳务的增加，即国内生产总值（GDP）的增加；如果考虑人口增加和价格的变化，则用人均实际国内生产总值的增加来表示经济增长。因此，本文用从少数民族自治县的国内生产总值和人均国内生产总值两个指标来衡量该地区的经济增长状况。

经济发展是与经济增长密切联系的另一概念，是指除了经济增长外，还包括经济结构的变化（如产业结构的合理化、高度化，消费结构的改善和升级）、社会结构的变化（如人口文化教育程度的提高、寿命的延长、婴儿死亡率的下降）、环境的治理和改善、收入分配的变化（如社会福利的增进、贫富差别的缩小等）。经济增长是经济发展的基础，没有经济增长就没有经济发展，但也存在有经济增长而无发展的情况。

发展是一个内涵更丰富、外延更广泛的概念，是指事物不断更新、连续不断的变化过程，在这过程中既有量的变化，又有质的变化；既有正向的变化，又有负向的变化。发展既是一个经济学的概念，也是一个伦理学概念。在阿马蒂亚·森看来，把消除"大规模的剥夺、贫困和压迫看作发展的中心目标"，把"国民生产总值（GNP）增长，或个人收入的提高，或工业化，或技术进步，或社会现代化"看作是"某些特定的手段"；把实质自由的扩展看作"发展"的首要目标和主要手段。森的发展观为经济—伦理的研究提供了非常丰富的思想资源，也是本文研究的基础。

---

[1] 西蒙·库兹涅茨：《现代经济增长》，北京经济学院出版社，1989年。

## （二）经济、伦理和经济伦理

### 1.经济

"经济"一词是由"经"与"济"组成。在中国古语里"经"就是策划、量度、治理世事的意思。"济"则有流通、贯通之意。而"经济"英文（economy），在西方最早见于色诺芬的《经济学》一书中，其含义是家政管理、家庭经济。亚里士多德把家政管理包括在政治学之内，近代的 D. 高莱特认为经济包括："1.维持生计。这基本上与马斯洛的需要层次一致，它包括生活必需品、提高品和奢侈品。2.尊重与友爱。社会体系应该为公民提供价值意识和尊严感，人们所占有的商品会成为其衡量社会尊重程度的尺度。3.自由。它包含消费者主权方面的规定、劳动者的主权和社会应当提供公民权，提供能聚集人们偏好的机制。"[1]

经济学一般认为经济就是社会物质生产和再生产的活动。本文把"经济"理解为建立在一定物质载体上的以获取利益为目的的人与人关系的实践表现。

### 2.伦理

伦理由"伦""理"二字构成，二字的合用，最早见于战国末期的《礼记·乐记》中。古时"伦理"一词，原指事物之条理，用之于人类社会，就是指人与人相处的道理，为人的道理，亦指人类社会生活关系中正当行为的道理和法制，或说人类社会生活的秩序、行为、规则及合理的行为。伦理与道德是紧密联系，又是有区别的。

经济与伦理之间有千丝万缕的联系。一方面，经济现象是一种社会现象，经济活动的深刻内涵远远超出经济本身，无论是经济活动的作用、影响，还是经济活动过程中所出现的问题，都包含着更高层次的深刻意蕴，需要高层次的理性分析。另一方面，伦理是以理性境界审视社会现象，展现人类未来，只有它才可能对经济现象做深层次的理性分析。[2] 二者的结合也在东西方的历史文献中早有反映。西方第一次系统提出了经济与伦理之间的关系的是亚里士多德。他认为，要把经济的取得与伦理的节制有效地结合起来。后来经过托马斯·阿奎拉、大卫·休谟、亚当·斯密、边沁、穆勒等人的发展，马克斯·韦伯在《新教伦理与资本主义精神》中系统地提出了经济伦理的概念，明确地将经济与伦理结合起来。我国最早把经济和伦理结合起来

---

[1] [美]查尔斯·K·威尔伯、肯尼斯·P·詹姆森著，郑红亮、范恒山译：《经济学的贫困》，北京经济学院出版社，1993年，第5—8页。

[2] 刘小刚：《发展、权利与平等——阿马蒂亚·森经济伦理思想评析》，苏州大学硕士学位论文，2004年4月。

要从孔子的"罕言利"开始,后来有孟子的"何必曰利"、墨子的"兼相爱,交相利"及管子的"仓廪实而知礼节,衣食足则知荣辱"等主张。

3.经济伦理

目前对经济伦理的研究仍然众说纷纭,没有形成一个明确统一的概念。学者们都从不同的角度界定了经济伦理。陈泽环认为:"经济伦理是指人们在经济活动中的伦理精神或伦理气质,或者说是人们从道德上对经济活动的根本看法。"[1] 王海明认为:"经济伦理具有双重含义:经济制度伦理与经济行为伦理。"[2] 卢风等人主张:"经济伦理实际上是一种以人类社会实践中某一特殊类型的道德伦理问题,即经济生活中的道德伦理问题为主题对象的伦理价值研究。"[3] 对此,本书认为经济伦理就是对经济内生道德现象的伦理评价和伦理分析。任何社会、任何时候都不存在纯粹的经济利益行为和经济现象。

## (三)广西少数民族地区

少数民族地区是少数民族聚居的地方。少数民族自治县是一种非常特殊的区域,这些地方在国家的统一领导下实行区域自治,设立自治机关,实行自主管理,行使自治权。这种特殊的民族区域自治,体现了我国对少数民族的尊重,可以保留其自己的特色,不被同化,也保障了他们的权利和地位,自主管理本民族内部事务的权利,体现了我国各民族平等、团结和共同发展的原则。

广西壮族自治区主要有壮、瑶、苗、侗、仫佬、毛南、回、彝、京、水和仡佬等11个少数民族,这些少数民族主要聚居在12个县域中,形成了12个少数民族自治县,它们分别是融水苗族自治县、三江侗族自治县、龙胜各族自治县、恭城瑶族自治县、隆林各族自治县、都安瑶族自治县、富川瑶族自治县、罗城仫佬族自治县、巴马瑶族自治县、环江毛南族自治县、大化瑶族自治县、金秀瑶族自治县,这些地区少数民族占总人数的40%。虽然,广西还有西林县、凌云县和资源县3个享受少数民族自治县待遇的县,但不属于少数民族自治县,所以,本文选取12个少数民族自治县作为广西少数民族地区发展的代表,这是因为这12个少数民族自治县整体经济水平较低,工业化水平低,农业人口在总人口中占比将近80%,具备少数民族地区经济的典型

---

[1] 陈泽环:《功利·奉献·生态·文化——经济伦理引论》,上海社会科学院出版社,1999年,第2页。
[2] 余涌主编:《中国应用伦理学(2001)》,中央编译出版社,2002年,第49页。
[3] 卢风、肖巍主编:《应用伦理学导论》,当代中国出版社,2002年,第107页。

特征,研究它们具有代表性。

## (四)人力资本、人力资本贡献

在古典经济学中,已经有关于人力资本的思想,甚至也已经做出了较接近现代的一些论述,但真正现代意义上的人力资本概念始于20世纪60年代的美国经济学家舒尔茨。舒尔茨认为人力资本是体现在劳动者身上的一种资本类型,它以劳动者的数量和质量,即劳动者的知识程度、技术水平、工作能力及健康状况来表示,是这些方面价值的总和。而人力资本的获得并不是无价的,必须通过投资形成,人力资本的投资方式有教育、培训、医疗保健和迁移等。之后,国外学者萨洛(1970)、麦塔(1976)、贝克尔(1992)等,国内学者李建民(1999)、李忠民(1999)、王金营(2001)等,也纷纷对人力资本进行了定义和解释。其实这些学者也都是在舒尔茨的人力资本概念上,从人力资本的内容、形态、特性、形成途径、功效等方面作了较深入的探讨,虽然他们给出的定义侧重不同,表述不同,但本质是一样的。人力资本是以劳动者数量为基础,通过对劳动者健康及教育等多方面投资而成的,蕴涵于劳动者身上的知识、技能、能力及健康存量的总和[1],一般可分为三类:一般人力资本、专业人力资本、企业家人力资本。

本文重点在探讨区域经济增长中的人力资本的作用,因而在借鉴前人的研究,定义人力资本为通过时间、货币等的投资,在人身上所体现的、具有经济价值的知识、能力、健康等质量因素的总和。

人力资本贡献是指人才的使用对经济增长的作用。在本文中,人才就是指具有一定的生产技能或一定文化知识的、进行创造性劳动并为社会做出贡献的劳动力。本文中的人才贡献主要采用从业人数与平均受教育年限的乘值来计算。由于各年的广西少数民族县域受教育人口数据残缺严重,本文只在广西的2000年、2010年的第五次、第六次全国人口普查数据中获得相关数据。在2007—2016年这十年的广西统计年鉴中广西少数民族自治县接受教育的人口比例中也只获得广西小学生在校人口和普通中学在校人口两项指标,2014年的广西年鉴才加入了技术人才数量,农业人才是作为特殊示例标注出来的。因此,根据数据的可得性,本文以2000年、2010年的第五次、第六次人口普查中广西12个少数民族自治县的从业人数与平均

---

1　阎淑敏:《中国西部人力资本比较研究》,上海教育出版社,2006年,第22页。

受教育年限的乘值来计算人力资本贡献。

## 二、相关文献综述

### （一）经济、伦理与经济伦理的研究综述

在当前，经济和伦理分属于经济学和伦理学两大独立的学科，然而从古到今两者之间始终存在着一种辩证统一的关系，在具体研究中，表现为要么是经济学与伦理学截然分开，如亚当·斯密的《国富论》、古诺的《财富理论的数字原理》被称为经济学的经典著作，而亚当·斯密的《道德情操论》则作为伦理学的经典著作。如果将经济学包容在伦理学中，将严重损害两者的共同发展，也引出种种问题。在此背景下，人们又纷纷寻找经济学与伦理学的联姻，以求解决经济学出现的道德问题和伦理学中出现的现实利益冲突问题。由于二者之间的相互需要，20世纪初期，一门新兴的应用伦理学——经济伦理学诞生了。它最早由马克斯·韦伯提出，历经百年的发展，许多的经济学家和伦理学家都非常关注经济学与伦理学的关系问题，如中国学者厉以宁的《经济学的伦理问题》，茅于轼的《中国人的道德前景》，刘伟、梁钧平的《冲突与和谐的结合——经济与伦理》等著作，张曙光的《经济学家如何讲道德》，盛洪的《道德、功利及其他》及汪丁丁的《谈谈市场经济的道德基础问题》等文章。西方学者中最有建树的要数印度学者阿马蒂亚·森。森结合经济学和哲学的工具，在重大经济学问题讨论中重建了伦理层面，被索罗称为"经济学的良心"。

这位被称为"穷人经济学家"——阿马蒂亚·森，其工作之一就是对贫困问题进行了研究，他发现贫困和饥荒不单纯是资源的缺乏及收入降低的结果，而更多是权利分配不均的结果，即对人们权利的剥夺，应从权利角度重新认识贫困和饥荒问题。由此，森将其经济研究的关注中心转向对人的权利和自由的关注。以此为出发点，他提出经济学的研究不能忽略伦理的考虑，经济活动背后离不开社会伦理关系。森修正了长期以来经济学和伦理学严重分离的局面，在经济问题研究中重建了伦理层面。按照森构建的理论分析框架，将此运用到对社会经济发展的研究中得出一个重要的结论，那就是经济发展就其本性而言是自由的增长，在经济发展中不能单纯考虑国内生产总值的增长，忽略人的权利及自由、教育、文化、卫生等一系列社会问题。森主张经济学和伦理学的结合，希望效率、结果的经济功利与自由、公平的道德关怀

的协调。[1] 本文将以森的三部专著《贫困与饥荒》《伦理学与经济学》《以自由看待发展》中的经济伦理思想为理论基础来分析广西少数民族地区经济增长与人力资本贡献的经济—伦理问题。

## （二）人力资本与经济增长关系的研究综述

### 1.国外学者的研究综述

舒尔茨发现美国的经济增长超过了投入要素的增长，以美国1927—1957年间的经济增长为研究对象和样本，通过实证分析得出：美国经济增长中人力资本的贡献率达33%。另外，研究还显示，从业人员的教育水平不断提高很好地解释了这种现象。宇泽更是明确地指出人力资本很好地推动了经济增长。[2] 尼尔森和费尔普斯认为一个国家的人力资本存量决定了其引进新技术的能力。[3] 1962年爱德华·丹尼森挖掘了另外一种全新的计量方法来计算人力资本在经济发展中的贡献率，他主要研究美国1929—1957年这28年的国民收入和教育投资额两者的关系，实证分析的结果证明人力资本在经济增长中起到了不可替代的作用。20世纪80年代以来，罗默[4]和卢卡斯[5]将人力资本投资、知识积累看成是经济持续增长的内生要素，而且人力资本水平还有外部性，对物质资本的形成和效率也起着积极的作用。20世纪90年代，不仅新的理论兴起，更有不少经济学家将人力资本视作一种内生要素，还采用实证方法来分析其在经济增长中的作用。卡莱诺和曼昆，以招生率指标当作研究对象，对其进行追踪，显示结果是招生率对国民收入具有显著的正效应。但也有不同的学者用不同的研究提出截然相反的结论，如Spiegel和Pritchett发现招生率与国民收入没有关系，甚至可以说是呈现负相关。[6] 也有学者通过对学校教育其他的相关指标来做实证研究，推断出人力资本积累与经济增长存在双向因果的可能性。

---

1 吴瑾菁：《跨越经济和伦理的鸿沟——管窥阿马蒂亚·森的经济伦理思想》，江西师范大学硕士学位论文，2004年5月。
2 Click, Paul C: The Family Cycle, American Sociological Review, 1947 (2).
3 Duvall E.M: Family Development, J. B. Lippincott, 1957.
4 Duvall E.M: Miller B.C. Marriage and Family Development, Harper & Row, 1985.
5 Hohn. C: The Family Life Cycle Needed Extension of the Concept In J. Bongaarts, Claredon Press, 1987.
6 贾修斌：《人力资本在西部欠发达县域经济增长中的作用》，兰州大学硕士学位论文，2012年。

**2.国内学者的研究综述**

国内学者对这类问题的研究,在理论方面主要是推介国外的人力资本对经济增长的理论模型,创新不多;在应用方面,从研究的空间范围上看,主要分为两个维度,一是对国家整体宏观经济增长过程中的人力资本、人才资本贡献率的实证分析,如周天勇借鉴勒舒尔茨的方法,来测算我国 1953—1990 年间人力资本的平均增速及它对经济增长的贡献度[1];郭志仪、曹建云(2007)在生产函数中添加了制度变量,借助岭估计法进行参数估计,对我国 1979—2004 年的数据进行实证分析,推算出此期间我国的人力资本存量的产出弹性为 0.632,人力资本积累对经济增长的贡献率为 29%[2]。二是区域范围内的研究,早期多见于战略层面上,如沈利生、朱运法(2002)通过大量的行业做模型量化,以此来分析了教育投资在经济增长中的作用,并通过具体指标来测算人力资本在经济增长中的贡献度[3];蔡哲人和沈荣华、陈琳和赵晓澜、杜德印和曾湘泉等分别对上海市、云南省、北京市的人才发展战略做了分析;近年来转向定量分析,如王金营(2005)改建了新的模型,他主要的研究对象是西部省份的人力资本,将其人力资本与经济增长的关系进行了量化,将计算的结果与之前东部地区的相比,他发现西部地区的人力资本存量产出弹性高于东部地区,即西部地区的人力资本具有更强的外部性[4]。

国内对欠发达地区人力资本与经济增长关系的研究已经有一些成果。朱乾宇、侯祖戎(2004)认为制约欠发达地区经济发展和剩余劳力转移的一个重要原因就是欠发达地区的人力资本的投资不足。汪晓文(2005 年)在对甘肃经济增长与人力资本的关系系统研究后得出:人力资本投资是甘肃经济增长的主要动力和跨越式的发展赶超的重要途径。[5] 还有学者对几个欠发达地区做调查突破了某一个区域的局限,使其结果更有可信度,运用了明瑟收益模型分析来自甘肃、青海、宁夏和内蒙古四个欠发达地区调查数据,计算出不同教育程度的农村劳动力和不同类型的农村劳动力的教育收益率,研究的结果显示:随着教育年限的增加,教育收益率呈现明显的

---

[1] 周天勇:《劳动与经济增长》,上海人民出版社,1994 年。
[2] 郭志仪、曹建云:《人力资本对中国区域经济增长的影响——岭估计法在多重共线性数据模型中的应用研究》,《中国人口科学》2007 年第 4 期,第 42—49 页。
[3] 沈利生、朱运法:《人力资本与经济增长分析》,生活·读书·新知三联书店,2002 年。
[4] 王金营:《西部地区人力资本在经济增长中作用的核算》,《中国人口科学》2005 年第 3 期,第 63—68 页。
[5] 汪晓文:《欠发达地区经济增长的动力机制:人力资本投资——以甘肃为例》,《兰州大学学报(社会科学版)》2005 年第 33 期,第 76—79 页。

上升趋势,但大专以上的人群是例外的。[1] 王兆萍、贺佳佳(2011年)分析陕西省1995—2008年的数据,并剔除了因为所处区域不同所带来的差异,计算出陕西省物质资本存量和人力资本存量对经济增长的产出弹性为0.367和0.638,同时验证了在职培训和经济增长呈显著正相关,医疗保健的投入和经济增长呈现负相关,教育投资和劳动力迁徙投资对经济增长的作用不显著。[2]

已有研究虽然取得了非常重要的成果,但仍然存在不足。首先,从研究对象或范围上看,对特殊区域关注还不够,结论针对性不强。在国外,主要侧重对某国或多国的人力资本和人才资本与经济增长关系进行分别研究或比较研究,而对于区域人力资本和人才资本与区域经济增长关系的探讨不多。国内对区域人力资本和人才资本与经济增长关系的研究虽然比较活跃,但主要以东部发达区域为研究对象,而以西部欠发达地区特别是以少数民族县域为样本研究人才资本对县域经济增长中的贡献,进而构建县域人才战略的文献尚不多见。其次,对人力资本与经济增长关系的研究似乎是经济学家的专利,经济学家或基于理论推演或通过实证研究来论证人力资本在经济增长中的作用及其变化,但并没有关注人才在经济增长中究竟获得了什么,是否得到了权利、发展和自由,也就是说并没有进行伦理的追问,使这一问题的探讨仍局限于工具性的研究。

## (三)收入分配不平等对经济增长影响的研究综述

收入分配关系到国民经济持续发展和社会的和谐稳定。收入分配问题是一个重要的经济问题,也是一个重要的伦理问题。如果从经济与伦理相结合的视角来研究收入分配问题时,则主要关注收入分配的合理性与公平性,特别是收入分配差距过大或收入分配不平等对经济增长、社会稳定的影响问题。国际上用来综合考察居民内部收入分配差异状况的最主要指标为基尼系数(Gini Coefficient)。该系数是比例数值,取值在0—1之间,根据劳伦茨曲线所定义的判断收入分配公平程度,基尼系数越靠近1,表明该国收入分配不平等程度越大。收入分配的不平等对经济增长有着深远的影响。

---

[1] 曹子坚、付婷婷、许红:《欠发达地区农村教育收益率评估——基于西北四省区的实地调研》,《西北人口》2009年第30期,第27—30页。
[2] 王兆萍、贺佳佳:《陕西省不同人力资本投资方式与经济增长的实证分析》,《西北人口》2011年第32期,第48—52页。

**1. 国外学者的研究综述**

Barro(2000)指出收入分配不平等影响经济增长的4个因素,即信贷市场缺陷、政治经济因素、社会动乱和储蓄率。Torsten Persson 和 Guido Tabellini(1994)通过建立一个政策投票模型,运用计量分析方法,结合经济发展水平、收入不平等、生产技术及政治参与度等指标变量,研究收入分配不平等对经济增长的影响。Mark D. partridge(1997)对 Torsten Persson 和 Guido Tabellini(1994)得到的结论提出了疑问,他利用美国1960—1990年州际面板数据,既排除政治因素的干扰,又防止了文化等差异的影响,通过添加一系列控制变量,重新对收入分配不平等与经济增长之间的关系进行回归检验。结论表明,初期基尼系数越大,其后继的经济增长势头越强,即初期的收入分配不平等将更有利于经济增长。另外,他认为,之所以发达国家存在"滴入式经济",他认为财富的集中可以有效地扩大投资;同样的,他认为收入分配的不均等可以激励劳动力市场,促使其更有效地劳动。同时,当他把收入分配不平等指标换成中间收入阶层所占收入比重时,他得到的结论为中间收入阶层收入份额越大,经济增长速度也将越快,后者的回归结果验证了 Torsten Persson 和 Guido Tabellini(1994)的结论。

Alberto Alesina 和 Dani Rodrik(1994)运用数理模型及计量方法,研究了收入分配政策与经济增长的关系。指出在土地及收入上的分配不平等,导致经济增长率之间存在着差异。Mattias Lundberg 和 Lyn Squire(2003)指出,影响经济增长和收入分配的很多因素都不是互斥的。他们建立联立方程组模型,并进行计量分析,结论表明,Sachs-Warner 指数(开放度)在提高经济增长的同时,导致了收入的不均等化。与此类似,他们指出,通过提高公民自由来改进收入分配将对后续的经济增长产生不利的影响。

**2. 国内学者的研究综述**

国内相关的文献主要集中于研究收入分配不平等的影响因素、经济增长条件下收入分配不平等的变动趋势,而实证研究的文献并不多。

陆铭等(2005)受 Mattias Lundberg 和 Lyn Squire(2003)启发,运用全国1987—2001年省级面板数据,通过建立联立方程模型,并加入分布滞后模型,研究收入差距、投资、教育和经济增长的相互影响。其结论是收入差距在短期内对投资的影响为负,之后会有正的影响,但从长期来看,收入差距对于投资的影响为负;收入差距对教育的影响较弱,其累积影响始终为正;总体来说,由于投资对于经济增长的负作用超过了教育的正向作用,所以从累积效应来看,收入差距的经济增长效应总体为负。同时,他们的实证结果表明经济增长有利于降低收入差距。

董先安(2004)使用弹性分析与条件收敛分析检验了城乡差距对经济增长与收敛的影响,并估计了其影响力。该文分别用城乡收入比和城乡居民消费水平之比,其结果表明,城乡收入比每增加1%,经济增长率下降0.18%—0.3%;城乡居民消费水平比每扩大1%,经济增长率下降0.08%—0.19%。通过收入差距与消费差距之间的共同结果,他们推断,缩小城乡差距能够显著地促进经济收敛。

李俊霖、莫晓芳(2006)运用我国1978年至2002年城镇居民收入分配差距、消费需求及经济增长方面的数据,通过计量模型进行实证分析,他们的结果表明城镇居民收入分配差距的持续扩大是经济增长过程中消费需求不足的重要原因。由此他们得到结论,消费需求,特别是居民消费需求,成为经济增长的决定性因素。收入分配不平等差距的扩大会引起居民平均消费倾向的降低(吴晓明、吴栋,2007;高连水、邓路,2009;臧旭恒、张继海,2005),只有提高中低收入阶层的收入分配地位,抑制高收入阶层的收入分配地位,即当高收入阶层向低收入阶层的收入转移时,才能提高总体平均消费倾向,从而带来总消费的提高(段先盛,2009)。

赵清(2008)运用理论和实证两个方法分别对收入分配不平等造成的经济增长影响做出分析。她认为,在经济发展的初期,收入差距通过影响消费品结构和储蓄水平,在很大程度上提高了消费需求和投资需求,由此促进了经济增长,收入分配差距的改善效应突出。但是经济的进一步发展需要持续的动力,不断扩大的收入差距将进一步促使社会需求不足,从而阻碍经济增长。

任燕燕、姜明惠(2008)的研究表明,在短期和中期,收入的不平等和增长正相关,即不平等有利于经济增长,收入分配不平等的改善效应在经济增长中占主要地位。由此他们推断出政府面临的两难选择,即经济增长与居民收入不平等的抉择,与世界范围内的面板数据得到的回归结果相似。

刘振彪、尹剑锋(2005)通过研究表明,收入不平等对中国经济增长的影响有着时期差别。在改革开放后的短时期内,收入分配的不平等对经济增长产生积极效应,收入分配的不平等有利于经济的增长,但是随着时间的推移,积极作用减小,即我们所说的改善效应减弱,恶化效应增强。因此他们指出,须采取措施对居民之间相对收入差距进行抑制,防止差距扩大,实现共同富裕。[1]

## 三、收入分配不平等对经济增长效应的传导路径[2]

收入分配分为初次分配和再分配。初次分配是指按生产要素贡献来分配,一般指按劳动要素和非劳动要素(如资本、土地、科技和信息等)来分配,以体现效率;再分配则是通过税收,特别是个人所得税来调节收入分配差距,以实现公平。一旦收入分配无法在初次分配中体现效率,在再分配无法体现公平,均说明收入分配不平等。收入分配不平等直接影响到人力资本的积累能力和可行能力,进而影响到经济增长,而且这种影响是深远的,一般可以归结为两种效应:改善效应和恶化效应。前者是指收入分配不平等容易引致资源有效集中,产生规模效应,在这种情况下,可流动资源将被配置于需求更大、效率更高的地区,从而有效地规避资源闲置,促进经济增长。后者是指收入分配不平等成为经济增长的瓶颈,在一定程度上将遏制经济的快速增长,如收入分配的不平等造成消费不足,内需难以扩大,又如低收入人群难以进行投资,特别是人力资本投资。

收入分配不平等对经济增长的影响路径主要通过对人力资本投资和物资资本投资来影响的,如下图所示:

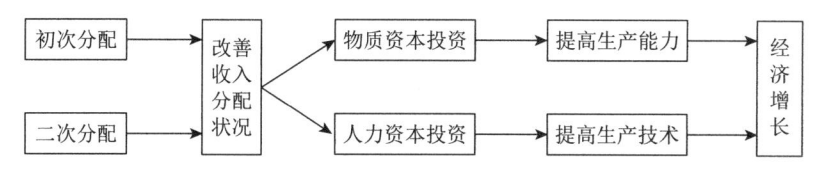

图1-1:收入分配改善对经济增长的影响

关于收入分配不平等对于人力资本积累的影响关系,现有研究主要集中在建立两阶段理性人分析的基础上。Massimo Giannini(2001)建立模型分析收入分配不平等与人力资本积累之间的关系。他将理性人分为两阶段,理性人之间是相同的,差异体现在继承的财产不同。第一阶段,行为人将财产在个人消费与人力资本投资之间进行最优分配,第二阶段,他们根据上阶段的人力资本积累获得相应工资水平,并对子女进行投资(财产继承)。靳卫东(2007)同样假设人的生命存在两个时期,但是

---

1 王东新:《收入分配不平等的增长效应研究》,《经济与管理研究》2010年第9期,第5—9页.
2 王东新:《收入分配不平等对经济增长的影响》,南京大学硕士学位论文,2011年5月。

他忽略了经济个体在第一生命期中的消费假设,他假设个体的消费只发生在第二生命期,消费量则等于他的生产收入减去其留给下一代的遗产之值。老一代的个体收入差距,导致对新一代的人力资本投资不同,从而促使新一代个体的人力资本水平和收入水平产生差异。更进一步,他指出收入差距对人力资本投资的影响分为两类,即短期影响和长期影响。受长期的影响,收入差距会促使农民产生分化,形成两类人群:一类人群,他们的人力资本水平及收入水平均趋于原点,从而陷入贫困水平;另一类人群的人力资本水平和收入则收敛于长期均衡点,人力资本差距、收入差距将不断增大。由此,他提出了具有区分性的公共财政政策思想,指出财政支持力度可以根据个体所继承遗产量的不同而不同,从而使个体均收敛于均衡点。谢勇(2006)在"资本市场不完善、人力资本投资支出过高及人力资本拥有较高收益率等"的假设条件下,认为父辈之间初始的收入不平等会导致他们子女之间的人力资本差异,而这种因人力资本回报率产生的差异,进而导致新一轮的收入不平等,由此,收入不平等在代际间得以传递,这种传递机制得以动态化和长期化。

人力资本水平的差别将影响个人的就业机会,由此造成了个体之间的收入差异。而反过来,收入之间的差异也将影响人力资本积累的差异,两者是互为因果关系的。Oded Galorand 和 Omer Moav(2004)指出,在工业革命之初,当物质资本为经济增长主要驱动力时,收入的不平等引致的资源集聚使得储蓄上升,从而增加投资,促进经济增长;而当人力资本成为经济增长驱动力时,收入不均等在储蓄集聚方面引致的积极效应将弱于对人力资本积累造成的负面效应,收入均等化有利于减缓信贷约束对人力资本投资的不利影响,从而刺激经济增长;当收入分配不平等有利于经济增长时,表明此时物质资本积累因收入不平等造成的积极影响高于人力资本积累因收入分配不平等而导致的负面影响。

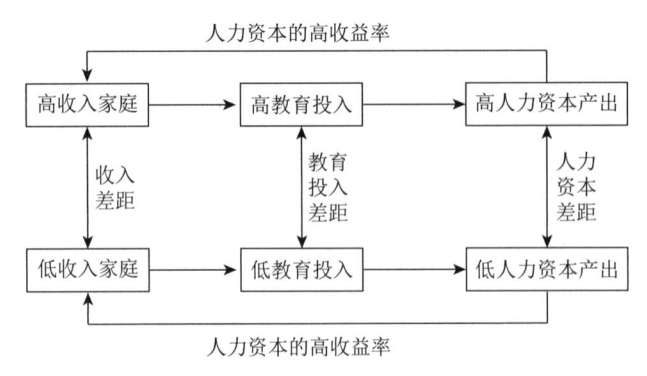

图 1-2:收入分配不平等影响人力资本发展的图示

也有国内学者对收入不平等造成的人力资本积累影响进行了实证分析。杨新铭、罗润东（2008）用农村基尼系数作为收入不平等指标，将收入作为人力资本存量指标进行实证分析，结果显示收入分配不平等扩大会导致人力资本存量降低，人均受教育年限却因收入差距的扩大而提高。陈昌兵（2008）在人力资本积累不可分和信贷市场不完善的前提下，构建数理模型，他认为在一定的条件下，收入差距的扩大可以增加人力资本水平，而在另一种情况下，收入差距的扩大则会导致人力资本积累的减少，他们的计量结果显示，1995年至2006年间，中国收入不均等阻碍了人力资本积累的发展，而金融发展水平的提高却在一定程度上有利于人力资本水平的提高。从已有的研究来看，首先，人力资本积累的差异是在代际间传递的，传递的中间媒介为收入，即人力资本积累的差异会导致收入的差异，而收入的差异，会导致下一代人力资本积累的差异；其次，收入的差异，或者说收入分配不平等对于总体人力资本发展水平的影响暂无定论，即不同的发展阶段，不同的地区，收入分配不平等可能会促进人力资本发展，亦有可能阻碍人力资本发展。所以，研究人力资本对经济增长贡献率的原因分析时不可绕开收入分配对人力资本影响的研究。

## 四、阿马蒂亚·森"以人为中心"的发展观

1998年诺贝尔经济学奖得主印度学者阿马蒂亚·森指出，经济学不仅是一种分析工具，也应当用作讨论政策选择和解决人类遭遇实际问题的工具。他主张经济学与伦理学的融合，提出以自由为目的和手段的发展观、以缺乏交换权利导致贫困的权利观和以基本能力为核心的平等观的经济伦理理论。这些思想有助于我们理解我国经济伦理研究中出现的诸多问题，特别对思考少数民族发展问题非常有价值。

### （一）经济与伦理的融合

阿马蒂亚·森经济伦理思想的积极影响主要表现：其一，把伦理学与经济学融合起来，丰富了经济伦理的研究范围。其二，以自由为中介和目的的新发展观扩展了发展的内涵。其三，从权利的缺乏展开对贫困原因的分析为解决现在的贫困问题提出了又一可供考虑的途径。森以关注人的权利作为出发点构建经济学研究中的

伦理层面。森主张在经济活动中渗透进伦理因素，以人道精神为核心，关注社会公平的普及和人民福祉的提升及免于饥饿病痛等。他认为，许多在不久前还被看作是经济学研究对象的东西，现在已经被当作是社会学的内容，只是在最近一些年，这些东西才被排除在经济学之外。森强调只有更多地在经济分析中引入道德、伦理与政治因素，才能更好地解释现实客观世界。森经济伦理思想是以人的权利作为出发点的，通过对贫困问题的关注发现了经济问题中透视出的伦理问题，经济学也应该对人的权利予以重视；其次阿马蒂亚·森以此在经济学研究中构建了伦理层面，就是以权利—自由理论实现了经济学和伦理学的沟通，这一沟通实现的理论前提就是经济学所研究的对象——人是具有不可约减的"二元性"的，经济学与伦理学的相互沟通最终使经济学和伦理学相互受益；最后，森经济伦理思想在社会层面上得以运用的结论就是以自由看待发展，提出了一种新的发展观的思路。[1]

## （二）以自由看待发展

何谓自由？不同的学者有不同的理解，根据美国学者柏林的统计，有关自由的定义达200多种。英国的霍布斯、洛克，荷兰的斯宾诺莎，德国的康德和黑格尔，美国的杜威等对自由均提出了自己的看法。其中黑格尔认为自由是精神发展的自我超出、自我认识；美国的杜威则把自由作为一种现实的实践力量。我国学者汪丁丁认为："自由首先是每个人的生命权利，以及由此引申出来的必要的空间权利，包括财产权利和政治权利，以及有思想活动的空间和文化创造的权利。"[2] 森对自由的理解与以上的观点均不同，他将自由分为自由的过程方面和自由的能力方面，并特别关注后者。这种能力是人们有理由珍视的那种生活的可行能力，即一种实质的自由。"包括免受困苦——诸如饥饿、营养不良、可避免的疾病、过早死亡等基本的可行能力——以及能够识字算数、享受政治参与的自由。"[3] 森指出实质的自由的缺乏直接与经济贫困有关，后者剥夺了人们免受饥饿、获得足够营养、得到对可治疾病的治疗等自由。

何谓发展？我们通常将之解释为经济的增长，也就是以人均国内生产总值指标

---

[1] 吴瑾菁：《跨越经济与伦理的鸿沟——管窥阿马蒂亚·森的经济伦理思想》，江西师范大学硕士论文，2004年5月，第11—20页。
[2] 汪丁丁：《走向边缘：经济学家的人文意识》，生活·读书·新知三联书店，2000年，第254页。
[3] 阿马蒂亚·森著，任赜、于真译：《以自由看待发展》，中国人民大学出版社，2002年，第30页。

来衡量一个地区、国家和社会的发展程度,追求国内生产总值指标的增长也就成了我们发展的目标。森将这种发展观称为狭隘发展观,为什么是狭隘发展观?因为这种发展观是以"物"为中心的发展观,它掩盖了居民贫富差距的悬殊、地区发展的不平衡和社会分配不公的现象。在我们为经济建设的成果高唱凯歌的时候,歌声掩盖了在贫困线挣扎的人的呻吟;在我们为经济宏图大描大写的时候,色彩遮盖了森林的消失、水土的流失、资源的枯竭和生态的失衡。这种发展的后果是牺牲多数,使少数人受益,尤其牺牲了社会底层的弱势群体的利益。这种不公平的、不可持续的非均衡增长不仅不具有可维持性,也不值得维持。

森把发展的目标看作是等同于判定社会上所有人的福利状态的价值标准。财富、收入、技术进步、社会现代化等固然可以是人们追求的目标,但它们最终只属于工具性的范畴,是为人的发展、人的福利服务的。[1] 森认为,以人为中心,最高的价值标准就是自由。"发展"可以看作是扩展人们享有的真实自由的一个过程。[2] 自由是发展的首要目的,自由也是促进发展不可缺少的重要手段。森提出的发展观,强调要以个人实质性自由的获取来看待发展,发展的目标是实现人的全面的实质性自由,而不仅仅是国内生产总值的增长,经济增长是发展的一个方面,但不是全部,这是克服了传统的"以物为中心"的一种"以人为中心"的新发展观。他的新发展观正在成为全人类的共识。1995年3月,联合国社会发展世界首脑会议在哥本哈根举行,会议通过的《宣言》作了如下承诺:要求创造一个能够使人民实现社会发展的经济、政治、社会、文化和法律环境;达到消灭世界贫困的目标;将促进充分就业作为各国经济和社会政策的一个基本优先事项;促进和实现人人平等地享有良好教育,在身心健康方面有可能达到的最高标准和人人享有的基本保健服务的目标;大量增加和有效地利用分配和社会发展的资源。可见,"以人为中心"的发展观已成为世界各国首脑的共识。

中国也同样正经历着一个发展观的思想转变历程。改革开放以来,我们一直坚持"以经济建设为中心",为实现社会主义的繁荣富强而奋斗。在这一思想指导下,各级政府在对地区经济评估时往往侧重于经济指标,"小康社会"目标也被理解为只是物质生活富裕的社会阶段,并没有很好地合理解决社会公平问题、贫困问题。虽

---

[1] 阿马蒂亚·森著,任颐、于真译:《以自由看待发展》,中国人民大学出版社,2002年,第3页。
[2] 阿马蒂亚·森著,任颐、于真译:《以自由看待发展》,中国人民大学出版社,2002年,第3页。

然,我们党和政府再三强调要"消除两极分化,实现共同富裕",而当有限的资金分配面临经济增长与社会发展冲突的时候,经济增长优先论往往导致社会资金朝向经济建设流动。在新的世纪我们提出了"全面建设小康社会"的目标,即"经济更加发展、民主更加健全、科教更加进步、文化更加繁荣、社会更加和谐"。

随后,中国政府提出了科学发展观,即按照"五个统筹"的要求,更加注重搞好宏观调控,更加注重统筹兼顾,更加注重以人为本,更加注重改革创新,着力解决经济社会发展中的突出矛盾,着力解决关系人民群众利益的突出问题,正确处理改革发展稳定的关系,推动社会全面、协调、可持续发展,实现社会主义物质文明、政治文明和精神文明共同进步。新的发展观也就是要将教育、卫生、社会保障等社会扶持工作放在一个重要的地位,社会扶持工作不仅可以提高人的生活质量,而且可以促进经济增长,是社会发展过程中的重要方面。只有经济与社会的协调发展,全面建设小康社会的总体目标才有可能实现。

## (三)收入、可行能力、人力资本

森认为,在发展的概念中,个人自由之所以极其重要,有两种不同的原因,分别与评价性和实效性有关。[1] 实质性个人自由至关重要,理由有二。一是拥有更大的自由去做一个人所珍视的事:(1)对那个人的全面自由本身就具有重要意义;(2)对促进那个人获得有价值的成果的机会也是重要的。二是自由不仅是评价成功或失败的基础,它还是个人首创性和社会有效性的主要决定因素。更多的自由可以增强人们自助的能力,以及他们影响这个世界的能力。[2] 评价性自由则从收入与可行能力的关系来看,个人可行能力的剥夺与收入低下有密切关系,这种关系是双向的:(1)低收入可以既是饥饿和营养不足,又是文盲和健康不良的一个主要原因;(2)反之,更好的教育与健康有助于获取更高收入。[3] 收入、财富和其他影响因素在一起时是重要的,但其作用必须被整合到更广阔、更全面的成功与剥夺的图景中去。

森提出了五种类型的工具性自由:(1)政治自由;(2)经济条件;(3)社会机会;(4)透明性保证;(5)防护性保障。这些工具性自由能帮助人们更自由地生活并提高

---

[1] 阿马蒂亚·森著,任赜、于真译:《以自由看待发展》,中国人民大学出版社,2002年,第13页。
[2] 阿马蒂亚·森著,任赜、于真译:《以自由看待发展》,中国人民大学出版社,2002年,第13页。
[3] 阿马蒂亚·森著,任赜、于真译:《以自由看待发展》,中国人民大学出版社,2002年,第14页。

他们在这方面的整体能力,同时它们也相互补充。[1] 发展的过程受这些相互关联的强烈影响。这些工具性自由能直接扩展人们的可行能力;它们也能相互补充,并进而相互强化。人们参与经济交易的权益通常是经济增长的强大动力。经济增长不仅有助于私人收入增加,而且能使国家有财力承担社会保险和开展积极的公共干预。通过公共教育、医疗保健等服务及自由而富有活力的新闻媒体的发展来创造社会机会,既有利于经济发展,又有助于大幅度降低死亡率。通过社会机会,特别是基础教育来促进经济增长,日本就是成功的例子。日本早在19世纪中期明治维新时,识字率就比欧洲高,当时日本的工业化尚未开始,而欧洲的工业化已经进行了几十年了。日本的经济发展显然得益于人力资源的开发,后者为人们提供了各种社会机会。所以,"人的发展"(经常用来指教育、医疗保健和人类生活其他条件的扩展过程)并不是只有富国才付得起的"奢侈品"。[2]

"人类的可行能力"与"人力资本"有何关系?森认为人类可行能力聚焦于人们去过他们有理由珍视的那种生活,以及扩展他们所拥有的真实选择的能力,即实质自由。人力资本则集中注意扩大生产可能性方面的人类主体作用。两者均关注人的地位作用,特别是人们所实现和取得的实际能力,因此,它们不能不联系在一起。人力资本可以在生产中作为"资本"来运用的人类素质,在这个意义上人力资本分析方法这一狭窄的视角可被包含在人类可行能力分析方法这一更广阔的视角之内,人类可行能力视角可以同时涵盖人的能力的直接与间接后果两个方面。人力资本是一个有用的概念,但重要的是从更广阔的视角来看待人类。因为,人不仅是生产的手段,而且是其目的。把焦点最终放在扩展人类自由民主,以使人们享受他们有理由珍视的那种生活,那么,就必须使经济增长在扩展这些机会上的作用融入对发展过程的更基础性的理解中去,即扩展人类自由以享受更有意义和更自由的生活。[3]

---

1 阿马蒂亚·森著,任颐、于真译:《以自由看待发展》,中国人民大学出版社,2002年,第31页。
2 阿马蒂亚·森著,任颐、于真译:《以自由看待发展》,中国人民大学出版社,2002年,第33页。
3 阿马蒂亚·森著,任颐、于真译:《以自由看待发展》,中国人民大学出版社,2002年,第291—294页。

# 第二章

## 广西少数民族县域经济增长的现状及特点

随着全面建成小康社会步伐的加快,少数民族县域经济的发展越发受到重视。人力资本贡献在经济发展的重要性在发达地区已被证明:人力资本是经济发展的第一要素。在欠发达地区的县域经济的发展中,人力资本的贡献如何呢? 是不是已经起到了举足轻重的作用? 我们考察广西12个少数民族自治县(以下简称"12县")近10年的经济发展,想探讨人力资本在12县的经济增长中的贡献率,来发现影响少数民族县域经济发展的各生产要素及其作用,为下一步更好地推进广西少数民族地区的发展提供对策建议。本章对12县的相关数据进行统计,并对12县的经济增长和人力资本状况及它们在广西区内的整体地位进行分析。

# 一、广西少数民族县域经济增长的现状分析

## (一)经济总量分析

从图2-1可见,从总体上看,2007—2016年12个少数民族自治县的国内生产总值(GDP)逐年上升,十年间涨幅最大的是融水,涨幅最小的是金秀。从图2-2可见,12县的人均国内生产总值虽然逐年提高,与广西区的人均国内生产总值日益靠近,只有2008—2010年、2014—2016年龙胜的人均国内生产总值接近甚至超过同年的广西人均国内生产总值,其余年份12县近十多年来均没有达到广西区的均值,说明少数民族自治县的经济发展仍然普遍落后。

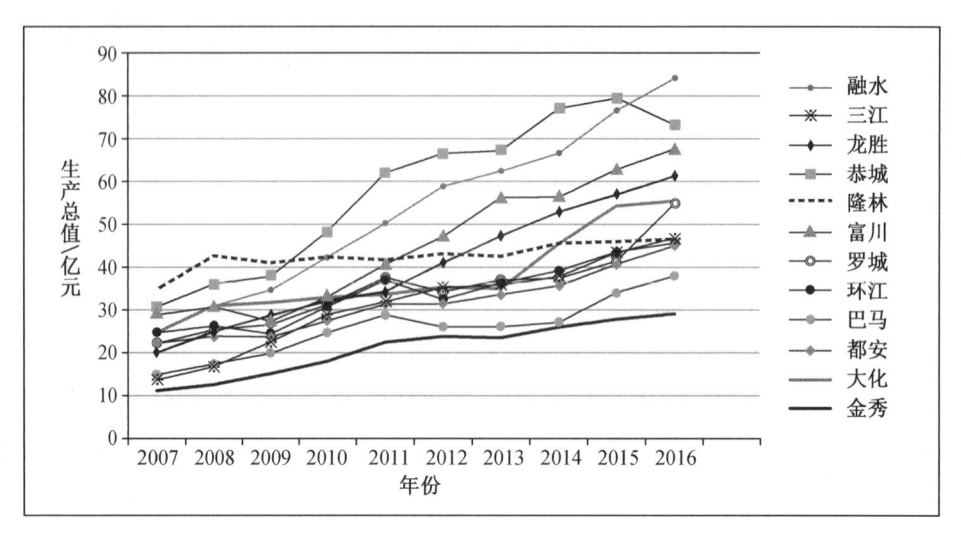

图 2-1:2007—2016 年广西 12 个少数民族自治县的国内生产总值情况

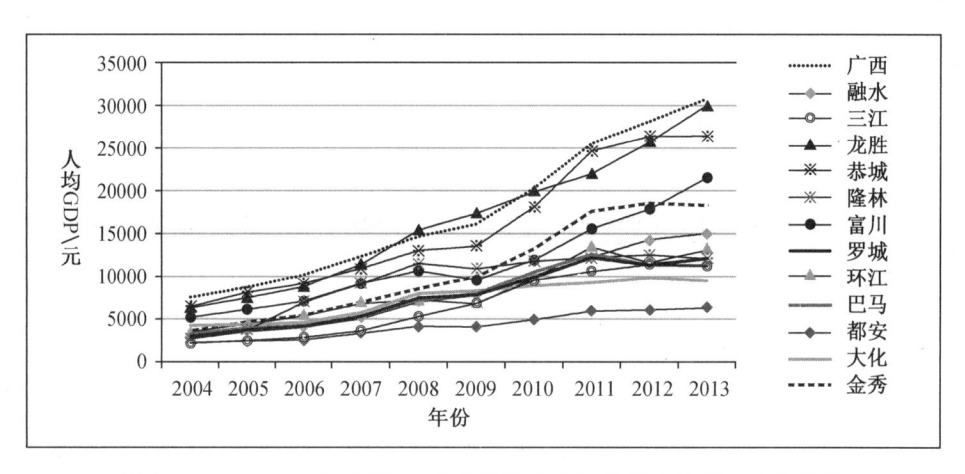

图 2-2:2004—2013 年广西 12 个少数民族自治县的人均国内生产总值

具体从 2016 年(表 2-1)看,12 县该年的地区生产总值合计为 6321801 万元,相当于广西区总数的 3.45%。较上一年来看,除了恭城,各县地区生产总值和人均生产总值均有不同程度的增长,但只有三江、隆林、融水、巴马、都安 5 个县的增长超过了广西区的平均水平,其余的县都没有达到均值。

表 2-1:2016 年 12 个少数民族自治县生产总值及指数

| 地区 | 生产总值（亿元） | 生产总值指数（上年＝100） | 人均生产总值(元) | 人均生产指数（上年＝100） |
|---|---|---|---|---|
| 融水 | 83.2732 | 108.6 | 20080 | 107.9 |
| 三江 | 47.1074 | 109 | 15315 | 108.3 |
| 龙胜 | 60.6755 | 106.7 | 38197 | 106.1 |
| 恭城 | 73.1847 | 97.8 | 28499 | 97.3 |
| 隆林 | 46.3393 | 108.6 | 13039 | 107.8 |
| 富川 | 67.1316 | 105.4 | 25115 | 104.4 |
| 罗城 | 43.6714 | 104.9 | 14138 | 104.2 |
| 环江 | 45.3011 | 105.7 | 16185 | 105.1 |
| 巴马 | 37.2003 | 108.6 | 16108 | 107.8 |
| 都安 | 44.4404 | 107.8 | 8310 | 107.2 |
| 大化 | 55.1034 | 102.8 | 14803 | 102.2 |
| 金秀 | 28.7518 | 103.2 | 22358 | 102.1 |
| 广西 | 18317.6400 | 107.3 | 38027 | 106.3 |

数据来源:《广西统计年鉴》2017 年,广西壮族自治区统计局官网

人均生产总值是反映人力资本效率高低的一个重要指标。表 2-1 中,2016 年广西区人均生产总值为 38027 元,而相比之下,12 县仅有龙胜的人均生产总值达到了广西区平均水平,其余的县均低于广西区平均水平,都安只有 8310 元,仅为广西区平均水平的 21.85%,各县的人均生产总值差距在拉大。从图 2-2 可见,反映出从人均生产总值方面,除恭城外,其他县较上年相比,人均生产总值都有所增长,但仍低于广西区平均值。以上数据反映出广西少数民族自治县人力资本效率偏低的现实。

## （二）产业结构分析

产业结构是指国民经济各产业部门之间和各产业部门内部的构成状况。一个地区的产业结构的状况一定程度上反映了该地区的经济发展的水平和阶段。产业

结构优化即产业结构的合理化和高度化,是产业结构调整的方向,是当今经济发展的重要课题。表2-2可见,12县第一产业的生产总值为177.0662亿元,占广西区的6.3%;第二产业生产总值为208.1024亿元,占广西区的2.5%,其中工业150.4759亿元,占广西区的2.2%;第三产业生产总值为246.8207亿元,占广西区的3.4%。

图2-3和图2-4显示了2016年12县三次产业的生产总值和生产总值指数。可见,12县在第一产业和第三产业的生产总值与2015年相比都有稳定增加,其中,第一产业增长水平大多数超过广西区平均水平,说明12县普遍在农业发展上有所建树,而12县的第三产业增加水平都不及广西区平均水平,反映出少数民族县域第三产业的发展力度仍不足。从第二产业中的工业增长来看,12县的发展差异较大,只有巴马、金秀超过了广西区平均水平,而恭城、罗城和大化的工业生产呈负增长。整体上看,12县的工业发展状况并不十分突出。说明12个少数民族自治县的产业结构仍然处于低度化、欠合理的状态。

表2-2:2016年广西12个少数民族自治县三次产业生产总值及指数

| 地区 | 第一产业 | | 第二产业 | | | | 第三产业 | |
|---|---|---|---|---|---|---|---|---|
| | 生产总值（亿元） | 指数 | 生产总值（亿元） | 指数 | 工业 | 指数 | 生产总值（亿元） | 指数 |
| 融水 | 15.8219 | 100.2 | 35.0580 | 108.6 | 22.579 | 105.3 | 32.3100 | 113.2 |
| 三江 | 17.9008 | 104 | 9.6570 | 107.8 | 3.5934 | 100.5 | 19.5496 | 114.6 |
| 龙胜 | 11.2250 | 105.1 | 31.9760 | 105.1 | 26.8198 | 106.1 | 17.4745 | 111 |
| 恭城 | 24.3705 | 105.1 | 26.1269 | 87.1 | 22.2566 | 85.2 | 22.6873 | 108.3 |
| 隆林 | 10.9824 | 105.4 | 15.6627 | 108.1 | 12.4862 | 105.9 | 19.6479 | 110.9 |
| 富川 | 23.1604 | 105.4 | 24.3016 | 102.8 | 18.5027 | 101.2 | 19.7367 | 109.1 |
| 罗城 | 15.8090 | 102.7 | 8.5596 | 102.9 | 4.3955 | 98.2 | 19.3028 | 107.6 |
| 环江 | 16.0819 | 101.6 | 9.1961 | 106.3 | 5.6967 | 106.3 | 20.0231 | 109 |
| 巴马 | 10.3417 | 104.8 | 9.2257 | 113.7 | 6.1389 | 113.5 | 17.6330 | 108.2 |
| 都安 | 13.5543 | 103.4 | 7.4660 | 104.8 | 3.1307 | 105.9 | 23.3757 | 111.5 |
| 大化 | 9.4227 | 102.9 | 24.5761 | 100.2 | 20.7220 | 98.9 | 21.0495 | 106.3 |
| 金秀 | 8.3955 | 104.4 | 6.2966 | 98.5 | 4.1544 | 108.2 | 14.0309 | 104.7 |

续表

| 地区 | 第一产业 | | 第二产业 | | | | 第三产业 | |
|---|---|---|---|---|---|---|---|---|
| | 生产总值（亿元） | 指数 | 生产总值（亿元） | 指数 | 工业 | 指数 | 生产总值（亿元） | 指数 |
| 12县合计 | 177.0662 | | 208.1024 | | 150.4759 | | 246.8207 | |
| 广西 | 2796.8 | 103.4 | 8273.7 | 107.4 | 6816.6 | 107.3 | 7247.2 | 108.6 |

数据来源：《广西统计年鉴》2017年，广西壮族自治区统计局官网

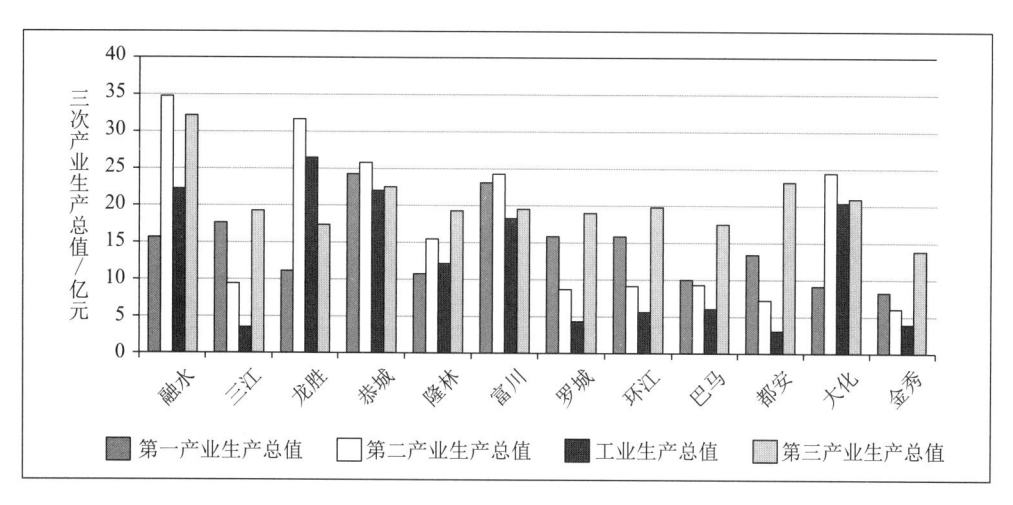

图2-3：2016年广西12个少数民族自治县三次产业生产总值

数据来源：《广西统计年鉴》2017年，广西壮族自治区统计局官网

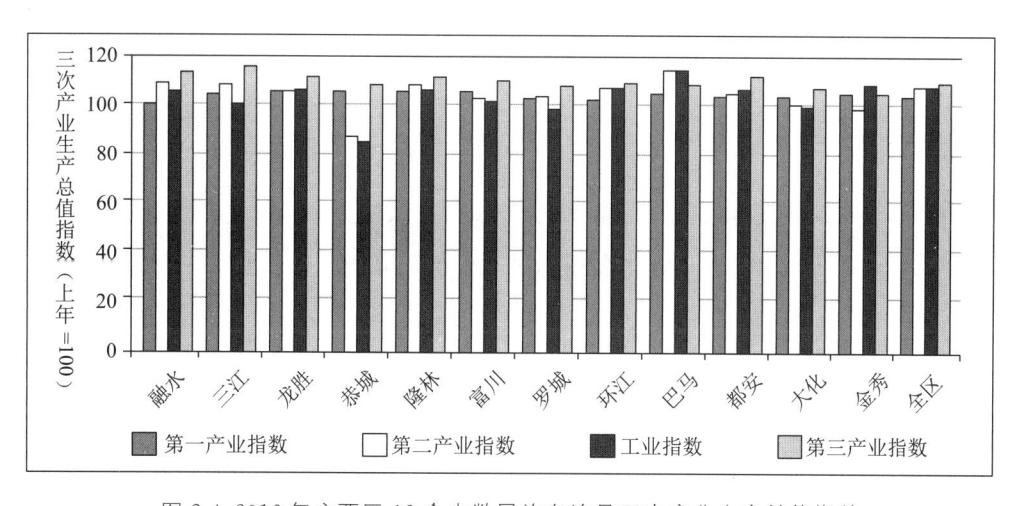

图2-4：2016年广西区12个少数民族自治县三次产业生产总值指数

通过各产业对地区生产总值的贡献比重来看（见图2-5），可以发现2016年12县的第一产业构成比重均超过了广西区平均水平；第二产业的构成比重除了龙胜、大化、融水和恭城以外其余县都不及广西区平均水平；第三产业的构成比重除都安外其余县都不及广西区平均水平。第二产业和第三产业是带动经济发展的主要产业，但目前大多数少数民族自治县第二和第三产业均比较落后，少数民族县域经济以第一产业为主导的传统农业经济结构显然不利于经济快速发展。

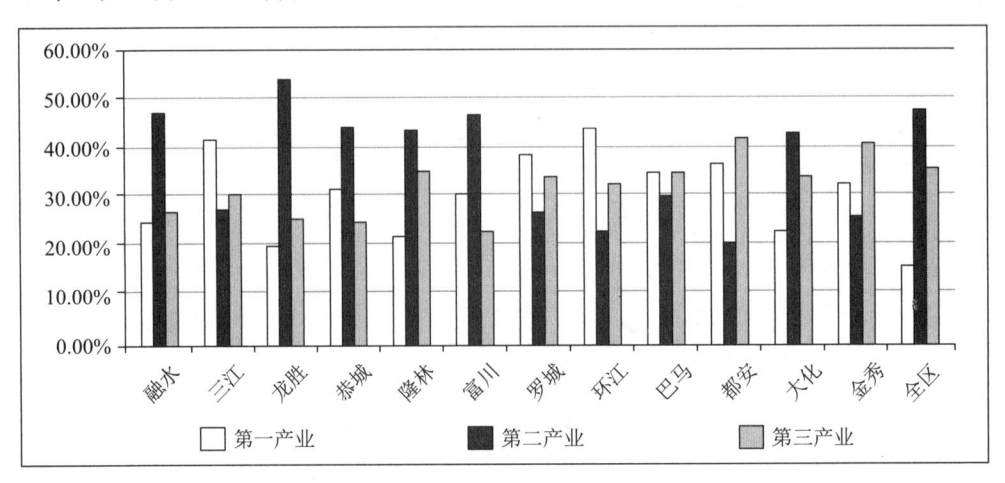

图2-5：2016年广西12个少数民族自治县三次产业生产总值构成比重

数据来源：《广西统计年鉴》2017年，广西壮族自治区统计局官网

即使是第二产业占主导地位的县份，如融水，也是受当地自然资源禀赋的限制所致。融水全县土地总面积463817.27公顷，农业用地仅有62256.93公顷，其中耕地55969.62公顷，仅占全县土地面积的12%，以第一产业为主体非常困难。[1] 而该县拥有丰富的野生动植物、矿产、林业资源，使得第二产业产值占全县生产总值的47.4%，接近一半。从产业结构分析可见，广西少数民族自治县主要是资源依赖型的经济增长，技术含量不高，经济增长完全表现为一种原始的、自然的积累过程。这种资源依赖型的经济增长市场风险是很大的，从资源的数量上看，自然资源是有限和不可再生的，传统粗放式的开采加速资源的减少，资源的日益枯竭又将使一些产业面临严重威胁，若无重大的科技突破，企业很可能因此倒闭。倘若这些资源产业又是过于集中在一个或几个大型的资源型企业里，自然地理条件一旦出现异常，县

---

[1] 数据来源：融水苗族自治县人民政府官网。http://www.rongshui.gov.cn/contents/844/3791.html. 引用日期：2017-12-11。

域经济立刻出现严重问题,根本无法抵御市场风险。

### (三)公共财政分析

财政收入水平高低与该地区的经济发展的阶段和发展水平密切相关,而财政支出体现政府的活动范围和方向,反映财政资金的分配关系。如图2-6显示,12县的财政收入均未达到广西区平均水平,且多数不及广西区平均水平的一半,人均财政收入偏低,会直接影响到政府财政支出的有效运行。人均财政收入应随着经济发展水平的提高不断增加,地区生产总值的偏低直接制约了人均财政收入的提高。

从公共财政支出看,12县的财政支出均大大多于财政收入,都安县甚至多近十倍,直接造成了巨大金额的财政赤字。尽管12县中大多数县的人均财政支出都未达广西区平均水平,但除都安、融水和三江外其余县的人均收支差额都高于广西区平均水平。地方财政赤字重,会造成资金调度困难,教育、卫生等事业的专款拨付不能及时到位,也可能直接影响到人员工资的发放,这些都会影响到人力资本的发展。

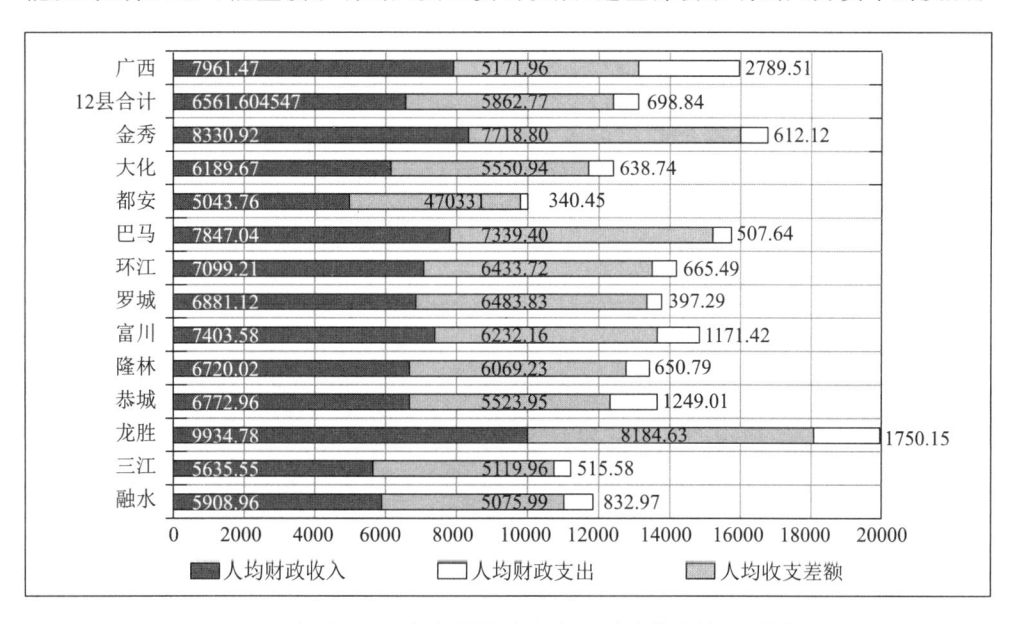

| 地区 | 人均财政收入 | 人均财政支出 | 人均收支差额 |
|---|---|---|---|
| 广西 | 7961.47 | 5171.96 | 2789.51 |
| 12县合计 | 6561.604547 | 5862.77 | 698.84 |
| 金秀 | 8330.92 | 7718.80 | 612.12 |
| 大化 | 6189.67 | 5550.94 | 638.74 |
| 都安 | 5043.76 | 4703.31 | 340.45 |
| 巴马 | 7847.04 | 7339.40 | 507.64 |
| 环江 | 7099.21 | 6433.72 | 665.49 |
| 罗城 | 6881.12 | 6483.83 | 397.29 |
| 富川 | 7403.58 | 6232.16 | 1171.42 |
| 隆林 | 6720.02 | 6069.23 | 650.79 |
| 恭城 | 6772.96 | 5523.95 | 1249.01 |
| 龙胜 | 9934.78 | 8184.63 | 1750.15 |
| 三江 | 5635.55 | 5119.96 | 515.58 |
| 融水 | 5908.96 | 5075.99 | 832.97 |

图2-6:2016年广西12个少数民族自治县财政收支情况(单位:元)

### (四)固定资产投资分析

固定资产投资是扩大内需和社会固定资产再生产的主要手段,反映了一个地区经济发展中的物资资源投入状况。主要有两个指标:一是固定资产投资额,即用于反映固定资产投资规模、速度、比例关系和使用方向的综合性指标;二是新增固定资产,即反映基本建设投资经济效果的综合指标。从表2-3、表2-4可知,12县的固定资产投资额呈稳定增长趋势。至2016年末,12县固定资产投资总额达到578.43亿元,占广西区总额的3.17%,新增固定资产总额达364.05亿元,占广西区总额的3.4%。12县在固定资产方面的投入加大是显而易见的,详见图2-7、图2-8。要完成固定资产投资,需要发挥人力资源的作用。在一定的劳动生产率水平条件下,固定资产投资与相关从业人员数量之间保持一定的比例关系,如果比例失调,可能影响固定资产投资的实现或者从业人员作用的发挥。另外,从业人员的结构配置、技能素质、技术含量等都会对固定资产投资质量起到重要作用。因此,12县固定资产方面的发展情况从另一方面反映出广西少数民族县域地区的人力资源数量和质量状况。

表2-3:2007—2016年12个少数民族自治县固定资产投入(单位:亿元)

| 年份 | 融水 | 三江 | 龙胜 | 恭城 | 隆林 | 富川 | 罗城 | 环江 | 巴马 | 都安 | 大化 | 金秀 |
|---|---|---|---|---|---|---|---|---|---|---|---|---|
| 2007 | 10.20 | 6.00 | 10.51 | 9.83 | 13.20 | 15.05 | 12.11 | 13.36 | 11.14 | 13.09 | 7.81 | 4.81 |
| 2008 | 14.38 | 11.05 | 14.12 | 17.13 | 19.27 | 19.90 | 14.31 | 12.10 | 8.75 | 10.28 | 13.23 | 6.54 |
| 2009 | 25.69 | 22.04 | 21.73 | 29.12 | 33.48 | 35.49 | 20.02 | 17.01 | 16.29 | 13.03 | 15.41 | 10.70 |
| 2010 | 42.44 | 42.61 | 29.29 | 39.27 | 14.41 | 55.26 | 24.02 | 22.46 | 23.07 | 23.09 | 20.29 | 14.72 |
| 2011 | 55.77 | 39.57 | 26.04 | 50.19 | 18.87 | 72.19 | 30.07 | 28.02 | 29.73 | 27.88 | 28.73 | 17.88 |
| 2012 | 50.95 | 46.73 | 30.76 | 60.29 | 25.54 | 86.87 | 11.93 | 11.73 | 12.27 | 26.19 | 12.60 | 15.23 |
| 2013 | 61.63 | 54.60 | 29.33 | 58.09 | 25.50 | 64.05 | 17.46 | 18.23 | 15.44 | 30.30 | 19.30 | 14.52 |
| 2014 | 75.51 | 71.74 | 40.32 | 72.25 | 28.51 | 73.27 | 23.66 | 24.80 | 21.34 | 31.63 | 25.50 | 17.78 |
| 2015 | 89.15 | 58.35 | 49.49 | 87.26 | 33.05 | 81.35 | 28.28 | 29.00 | 28.61 | 37.11 | 20.02 | 18.10 |
| 2016 | 105.24 | 46.65 | 48.86 | 78.62 | 39.99 | 91.80 | 22.74 | 29.81 | 36.55 | 38.60 | 24.10 | 15.47 |

表 2-4:2016 年广西 12 个少数民族自治县固定资产投入与新增固定资产额

| 地区 | 固定资产投入(亿元) | 新增固定资产(亿元) |
| --- | --- | --- |
| 融水 | 105.24 | 64.0843 |
| 三江 | 46.65 | 19.8401 |
| 龙胜 | 48.86 | 23.6772 |
| 恭城 | 78.62 | 63.9099 |
| 隆林 | 39.99 | 30.0153 |
| 富川 | 91.80 | 85.3787 |
| 罗城 | 22.74 | 14.7069 |
| 环江 | 29.81 | 14.9716 |
| 巴马 | 36.55 | 12.3814 |
| 都安 | 38.60 | 16.1602 |
| 大化 | 24.10 | 10.7928 |
| 金秀 | 15.47 | 8.1621 |
| 12 县合计 | 578.43 | 364.0805 |
| 广西 | 18236.78 | 10801.21 |

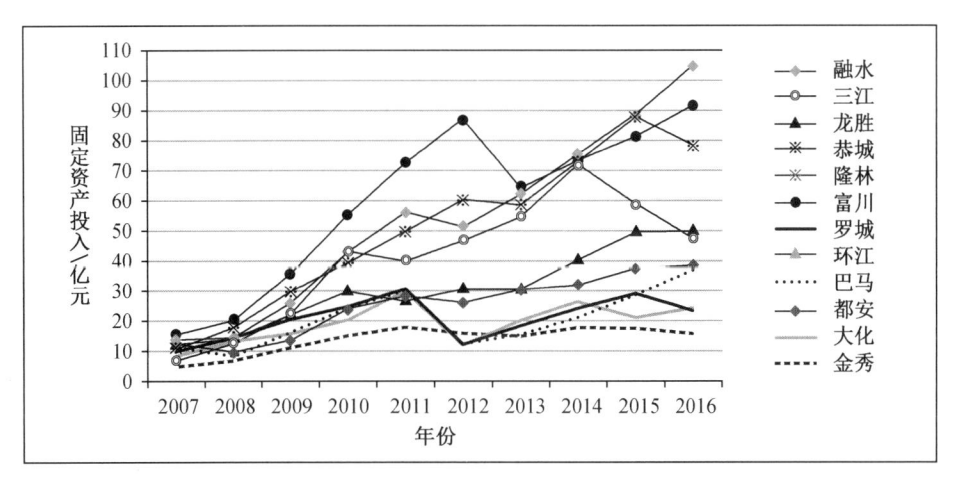

图 2-7:2007—2016 年广西 12 个少数民族自治县固定资产投入

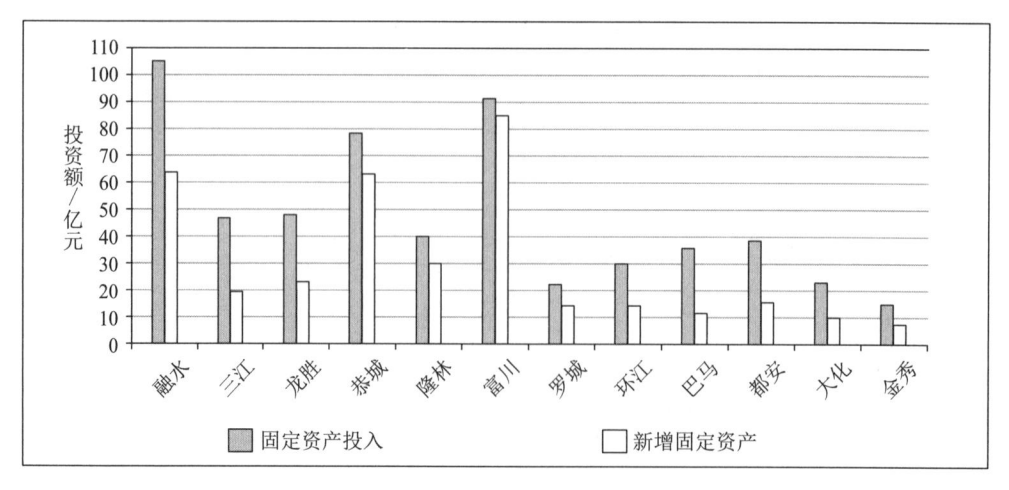

图 2-8：2016 年广西 12 个少数民族自治县固定资产投资额和新增固定资产额

数据来源：《广西统计年鉴》2017 年，广西壮族自治区统计局官网

## （五）居民收入分析

居民收入方面有两个统计指标：一是城镇居民人均可支配收入，是指居民家庭全部现金收入中用于安排家庭日常生活的那部分收入，是在城镇居民支付赋税和其他经常性转移支付后所余下的实际收入，是用来衡量城市居民收入水平和生活水平的最常用、最重要的指标。二是农民人均纯收入，指农村住户当年从各个来源得到的总收入相应地扣除所发生的费用后的收入总和，是用来观察农民实际收入水平和农民扩大再生产及改善生活的能力。

表 2-5 显示，2016 年 12 县的城镇居民人均可支配收入除融水外均有增长，仅有金秀、龙胜的城镇居民人均收入高出广西区平均水平，其余均与广西区平均水平仍有一定差距，其中最高的金秀为 29068 元，高出广西区平均值 744 元，而最低的罗城为 20046 元（比广西区平均值低 8278 元），少数民族自治县之间最高收入与最低收入相差 9022 元，说明不同少数民族县域的城镇居民收入差距较大。农村居民人均纯收入方面，增长情况较城镇居民方面好一些，除大化外，其余县增幅均超过广西平均水平，增势喜人。但 12 县农村居民人均纯收入除恭城外，其余县均未超过广西区平均水平。而且农村居民与城镇居民收入总量上的差距是显而易见的，城乡差距仍然明显，说明广西少数民族自治县的居民收入整体上还处于较低水平，也反映出这些地方的经济发展较为落后。

表 2-5:2016 年全区及 12 个少数民族自治县居民人均收入

| 地区 | 城镇 | | 农村 | |
| --- | --- | --- | --- | --- |
| | 城镇人均可支配收入(元) | 增幅 | 农村人均纯收入(元) | 增幅 |
| 融水 | 24779 | −0.64% | 10310 | 56.54% |
| 三江 | 25044 | 5.33% | 10086 | 51.17% |
| 龙胜 | 28598 | 3.46% | 9576 | 44.28% |
| 恭城 | 28210 | 11.10% | 10800 | 21.48% |
| 隆林 | 27092 | 6.74% | 7707 | 38.49% |
| 富川 | 25279 | 7.45% | 9179 | 21.67% |
| 罗城 | 20046 | 10.08% | 6638 | 24.70% |
| 环江 | 23066 | 13.28% | 8122 | 21.81% |
| 巴马 | 22317 | 15.67% | 6675 | 28.02% |
| 都安 | 20323 | 4.84% | 6561 | 19.38% |
| 大化 | 20436 | 10.28% | 6006 | 8.29% |
| 金秀 | 29068 | 9.49% | 8490 | 42.91% |
| 广西 | 28324 | 7.20% | 10359 | 9.40% |

数据来源:《广西统计年鉴》2017 年,广西壮族自治区统计局官网

## 二、广西少数民族县域经济的特征

根据以上各个经济增长指标综合分析来看,广西少数民族县域经济呈现以下特征:

### (一)农业区域和农村人口占比大,整体经济落后

农业、农村、农民是中国县域经济的基本特征,"三农"问题是县域经济的核心问题,少数民族地区往往是县域经济中最落后的区域,更是解决"三农"问题的攻坚堡

垒。广西的情况与全国的情况大致相同。十多年来,广西12个少数民族自治县国内生产总值缓慢增加,但在广西区的地位仍未改变,人均国内生产总值也逐年提高,但绝大多数县的人均国内生产总值没有达到广西区的均值。具体从2016年来看(见表2-1),各县地区生产总值和人均生产总值虽有所增长,但只有5个县的增长水平超过了广西区的平均水平,其余的县都没有达到均值,2016年12县地区生产总值总和达632.18亿元,仅相当于广西区总数(18317.64亿元)的3.5%。可见,12个少数民族自治县的经济发展仍然落后。主要是因为除了县城、镇驻地、企业、工业园等,广西少数民族县域内大面积为农业区域,农村人口占绝大多数。这些地区整体经济落后,城乡收入差距明显,贫困面比较大,少数民族县域的落后性显而易见。

## (二)典型二元经济结构,城镇化水平低

少数民族县域经济呈现出典型的城乡二元化经济结构,也就是相对发达的以社会化大生产为主要特点的城市经济和相对不发达的以小农生产为主要特点的农村经济并存的经济结构。[1] 这是一种不发达的经济结构。这种二元化结构表现为:一元以渔猎经济、畜牧经济和农业经济为主的传统经济部门,这些部门技术落后、生产效率低下、自我雇佣,以小农经济为主,分工与交换均不发达;一元是城市经济,是国家移植的技术比较先进、生产效率较高的现代化大工业经济。当前广西少数民族县域的城镇化水平普遍偏低,远远落后于区域整体水平和全国平均水平,外加两部门经济互不联系,严重制约了少数民族县域经济尤其是第二、第三产业的发展。

## (三)产业结构低度化,工业化水平滞后

12县经济增长的主要贡献在于农业方面,而第二、第三产业相对欠发达,产业结构仍然处于低度化、欠合理的状态,说明在少数民族县域经济中,农业的比重仍然过大,工业化任务相当繁重。首先,第一产业占主导地位,小农经济限制了先进技术和生产方式的应用,丰富的自然资源未能得到科学合理的开发利用,导致商品交易成本高,市场竞争力弱,农民收入增长缓慢。其次,第二产业中,工业规模小、层次低。主要表现在初级产品比重过大,对资源依赖较多,产品附加值低,实现工业发展的必备基础设施在配备和更新上都存在很大不足,难以发挥经济带动作用。另外,

---

[1] 王德弟、荣卓:《县域经济发展问题研究》,南开大学出版社,2012年。

第二产业的比例不高与缺乏第三产业的支撑有关,服务业比重不高,服务项目缺失,生产经营机制不活,效益不高。这些方面发展状况均与现代市场经济要求相差甚远。

## (四)投资环境亟待改善,难以吸引人才

尽管广西少数民族县域地区的基础设施建设在近年来已取得较大成就,但与城市地区、东部发达地区相距甚远,甚至不及全国平均水平,投资环境仍然差,还难以满足经济发展的需求。以交通运输、邮电通信两个经济发展相对重要的基础设施为例,少数民族县域地区普遍人流物流不足、不便,信息交换缓慢、闭塞,直接造成了恶劣的投资环境。少数民族县域地区受地理位置偏远、基础设施供应不足、农民人口占多数、人力资源文化素质偏低、少数民族地区的宗教因素等影响,再加上县域地区资本积累量少、投资吸引力小等,都导致少数民族县域对外开放程度低。12县的财政收入均未达到广西区平均水平,且多数不及广西区平均水平的一半,人均财政收入偏低,大多数县人均财政支出未达广西区平均水平,但人均收支差额却都高于广西区平均水平,造成地方财政赤字重,资金调度困难,教育、卫生等事业的专款拨付不能及时到位,难以吸引和人才且留不住人才,从而直接制约了当地经济的长期发展。

# 第三章

广西少数民族县域经济增长中人力资本的作用

# 一、广西少数民族自治县的人力资源现状分析

## (一)人口总数分析

表 3-1 显示,截至 2016 年,广西 12 个少数民族自治县(以下简称"12 县")的常住人口总数达 362.89 万人,占广西区常住总人口(4838 万人)的 7.5%,而 12 县的户籍人口总数为 456.54 万人,占广西区户籍人口 5579 万人的 8.18%。图 3-1 显示 2007—2016 年以来广西少数民族自治县的人口总量的增长速度基本呈稳定趋势,这反映了广西少数民族县域地区实行计划生育、控制人口增长的效果。

表 3-1:2016 年 12 个少数民族自治县农业户口数量(单位:万人)

| 地区 | 常住人口 | 户籍人口 | 城市户口 | 农业户口 |
|---|---|---|---|---|
| 融水 | 41.64 | 51.98 | 10.49 | 41.49 |
| 三江 | 30.88 | 40.13 | 5.27 | 34.86 |
| 龙胜 | 15.97 | 17.29 | 2.78 | 14.51 |
| 恭城 | 25.67 | 30.47 | 7.15 | 23.32 |
| 隆林 | 35.67 | 42.67 | 9.03 | 33.63 |
| 富川 | 26.86 | 33.62 | 5.13 | 28.49 |
| 罗城 | 30.98 | 38.58 | 10.43 | 28.15 |
| 环江 | 28.06 | 37.72 | 4.95 | 32.77 |
| 巴马 | 23.18 | 29.12 | 3.86 | 25.26 |
| 都安 | 53.62 | 71.79 | 19.75 | 52.04 |

续表

| 地区 | 常住人口 | 户籍人口 | 城市户口 | 农业户口 |
|---|---|---|---|---|
| 大化 | 37.32 | 47.44 | 7.52 | 39.92 |
| 金秀 | 12.95 | 15.72 | 3.80 | 11.92 |
| 12县合计 | 362.89 | 456.54 | 90.16 | 366.38 |
| 广西 | 4838 | 5579 | 2326 | 2512 |

数据来源:《广西统计年鉴》2017年,广西壮族自治区统计局官网

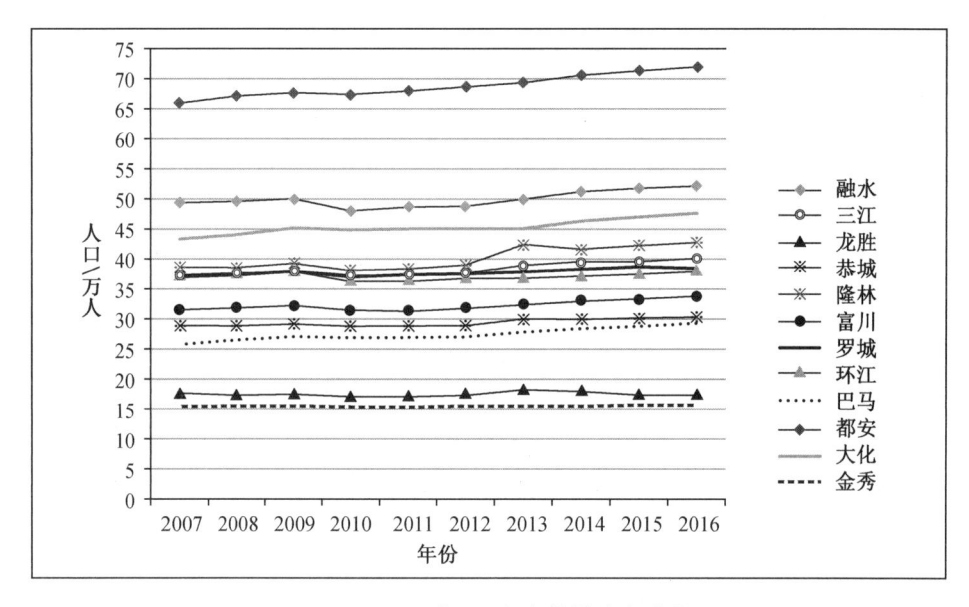

图3-1:2007—2016年12个少数民族自治县人口

数据来源:《广西统计年鉴》2008—2017年,广西壮族自治区统计局官网

## (二)农业人口分析

从表3-1显示,2016年12县的农业户口人数比例均超过80%,占绝对优势,均高于广西区平均水平(45%),环江和巴马甚至达到86%,表3-2显示农业产值在地区生产总值中的比例除大化、龙胜和融水外都超过1/5,各县农业产值比重也均高于广西区平均水平,说明广西少数民族自治县主要以农村和农业为主,农民仍是少数民族县域劳动者的主体部分,农业生产活动仍是当地居民的主要就业方式和收入途

径,少数民族县域地区也成为广西区农业生产活动发展的重要地点,这样的生长环境十分不利于广西少数民族自治县的人力资本的生产和储备。一般来说,第二产业和第三产业的劳动力人数比重越大,表明经济社会发展水平和层次越高,也可以反映劳动者的素质技能也比较高。广西少数民族县域劳动者在第一产业的人口比重最大,第一产业与第二、第三产业之间的比重差距悬殊。显然,少数民族县域的劳动者在第二、第三产业的素质和技能都比较低下,难以在这些领域的生产活动中发挥主导地位和作用。

表3-2:2016年广西12个少数民族自治县三次产业生产总值的比重

| 地区 | 第一产业 | 第二产业 | 第三产业 |
| --- | --- | --- | --- |
| 融水 | 19.10% | 42.10% | 38.80% |
| 三江 | 38.00% | 20.50% | 41.50% |
| 龙胜 | 18.50% | 52.70% | 28.80% |
| 恭城 | 33.30% | 35.70% | 31.00% |
| 隆林 | 23.70% | 33.80% | 42.50% |
| 富川 | 34.50% | 36.20% | 29.30% |
| 罗城 | 36.20% | 19.60% | 44.20% |
| 环江 | 35.50% | 20.30% | 44.20% |
| 巴马 | 27.80% | 24.80% | 47.40% |
| 都安 | 30.50% | 16.80% | 52.70% |
| 大化 | 17.10% | 44.60% | 38.30% |
| 金秀 | 29.20% | 21.90% | 48.90% |
| 广西 | 15.00% | 35.00% | 50.00% |

## (三)人才素质分析

少数民族县域经济的发展,需要大量高质量、高素质的人力资源。人的专业技能和知识文化水平决定人的素质高低。由于历史和现实原因,广西少数民族自治县的人力资源整体素质不高,基础教育的普及率低,这严重制约了人力资源的开发。

反映人才素质的重要指标有：平均受教育年限、文盲率和高中以上学历人口等。文盲率是用于衡量经济活动人口的文化教育水平的重要指标，它在一定程度上反映了一个国家或地区的社会和经济发展程度。对于一个地区的总人口而言，文盲率与地区的人口整体文化素质成反比，文盲率的高低对人口再生产也会产生一定影响。资料显示，全国目前农村劳动力中有60%左右是小学毕业及文盲、半文盲，每百名农村劳动力中有技术职称的不足1人。[1] 根据第五次、第六次全国人口普查和广西人口普查的数据(表3-3)，可清晰地看出广西12个少数民族自治县的十年间人口素质变化情况(详见图3-2、图3-3、图3-4)。2010年与2000年相比，人口平均受教育年限多数少数民族自治县有不同程度的增加；文盲率和15岁以上的文盲人数大多数县有不同程度的降低；从高中学历人数来看，12个县均有不同程度的增加。但是与广西区相比，仍存在很大差距。人口的受教育程度低，阻碍了少数民族自治县内劳动人口的劳动技能的提升，而缺乏技术、技能的素质低下的劳动力就业能力也低下，只能从事简单的体力劳动和粗加工工业，普遍缺乏其他谋生技能，根本不能适应现代化科技开发的要求，从而难以成为具有高级劳动技能的工人。

表3-3:2000年、2010年广西12个少数民族自治县人口受教育情况

| 县域 | 平均受教育年限（年） | | 文盲率（%） | | 15岁以上的文盲人数(人) | | 高中以上学历人数(人) | |
|---|---|---|---|---|---|---|---|---|
| | 2000年 | 2010年 | 2000年 | 2010年 | 2000年 | 2010年 | 2000年 | 2010年 |
| 广西 | 7.95 | 8.81 | 3.79 | 2.71 | 795700 | 1249000 | 4289200 | 5079000 |
| 融水 | 7.36 | 7.26 | 5.06 | 9.01 | 6570 | 28503 | 29709 | 40747 |
| 三江 | 7.39 | 7.03 | 5.16 | 11.74 | 11000 | 26432 | 16912 | 26399 |
| 龙胜 | 6.05 | 8.18 | 13.38 | 4.44 | 30422 | 5812 | 17577 | 24106 |
| 恭城 | 6.33 | 7.25 | 12.32 | 1.24 | 39665 | 2561 | 24616 | 31906 |
| 隆林 | 7.13 | 5.74 | 8.07 | 15.95 | 8397 | 40071 | 18759 | 24500 |
| 富川 | 7.29 | 6.57 | 7.00 | 6.20 | 13521 | 12608 | 23173 | 29270 |

---

[1] 李思丽：《新型城镇化建设视域下人才培养的目标及对策》，《继续教育研究》.2013年第3期，第31页。

续表

| 县域 | 平均受教育年限（年） | | 文盲率（%） | | 15岁以上的文盲人数（人） | | 高中以上学历人数（人） | |
|---|---|---|---|---|---|---|---|---|
| | 2000年 | 2010年 | 2000年 | 2010年 | 2000年 | 2010年 | 2000年 | 2010年 |
| 罗城 | 6.37 | 7.76 | 9.92 | 4.77 | 24763 | 11514 | 24804 | 28283 |
| 环江 | 6.98 | 7.98 | 6.10 | 5.55 | 15014 | 11873 | 28010 | 30875 |
| 巴马 | 7.29 | 7.09 | 5.45 | 11.47 | 13756 | 19035 | 16763 | 24660 |
| 都安 | 6.40 | 7.68 | 12.72 | 4.21 | 20436 | 16112 | 36677 | 50161 |
| 大化 | 6.93 | 7.58 | 5.94 | 5.62 | 24496 | 15686 | 29932 | 40074 |
| 金秀 | 6.86 | 7.9 | 7.26 | 5.60 | 20167 | 5650 | 13223 | 17141 |

数据来源：广西第五次、第六次全国人口普查主要数据公报

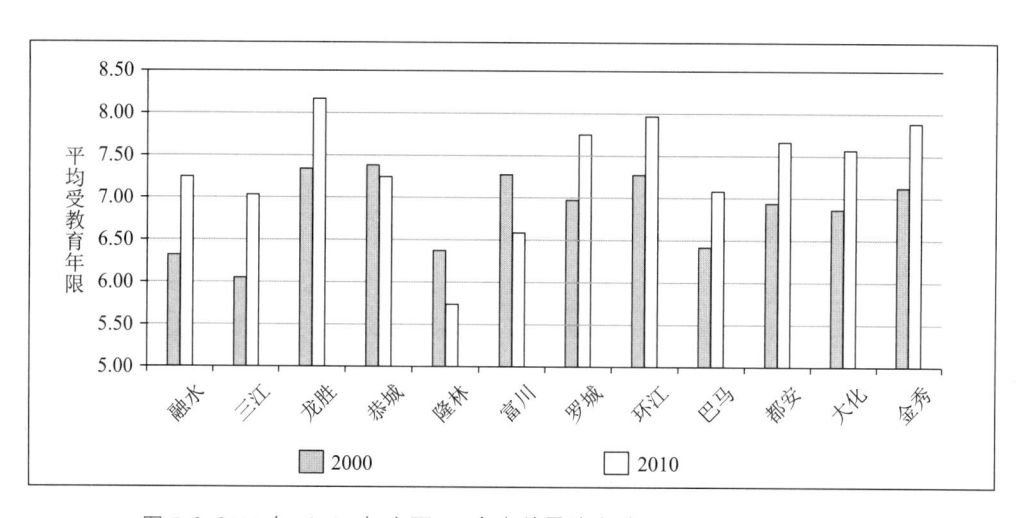

图3-2：2000年、2010年广西12个少数民族自治县人口平均受教育年限

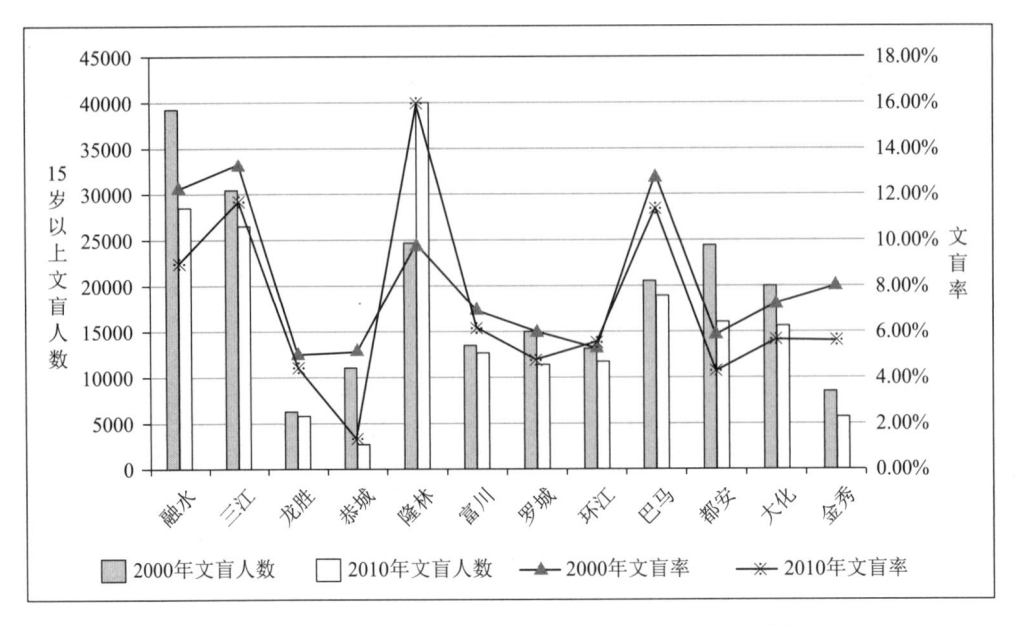

图 3-3：2000 年、2010 年广西 12 个少数民族自治县文盲率情况

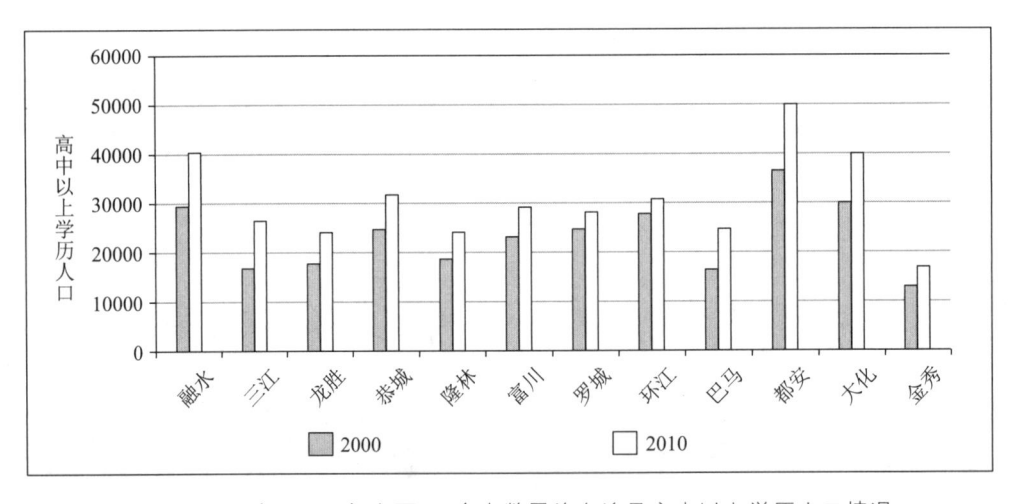

图 3-4：2000 年、2010 年广西 12 个少数民族自治县高中以上学历人口情况

## （四）中小学教育情况分析

12 县的教育情况主要从普通中学情况和小学进行分析，这两个阶段是教育培养的基础性阶段，对未来人才的培养起到了关键性作用。

2016 年，12 县普通中学共有 176 所，占广西区普通中学总数的 9.7%，学校数量较上年减少了 5 所，见表 3-4。专任教师数量 12 县合计有 12509 人，占广西区教师总数的 10.1%,其中 7 个县的教师数量有所增加,其他县的教师数不同程度地减少了,总体上减少了 365 人。12 县学生数量总数为 214288 人,占广西区总数的 10.8%,除金秀外,其余的县均同程度地新增了中学生,12 县总体较上年增加了 20245 人。总体上看,2016 年 12 县的学生增加,而教师新增数和学校新增数均减少了,说明 12 县中学的师生比增大了,教师的工作量增大,这与广西区教师数、学生数同向增加的趋势不相符。

表 3-4:2016 年 12 个少数民族自治县中学情况

| 地区 | 学校数量(所) | 新增(所) | 专任教师(人) | 新增(人) | 在校学生数(人) | 新增(人) |
|---|---|---|---|---|---|---|
| 融水 | 14 | −9 | 1504 | 196 | 23063 | 1059 |
| 三江 | 16 | 0 | 1103 | 72 | 17827 | 1197 |
| 龙胜 | 3 | 0 | 450 | −137 | 6219 | 206 |
| 恭城 | 13 | 0 | 947 | 73 | 12074 | 259 |
| 隆林 | 20 | 0 | 1028 | −493 | 25216 | 6634 |
| 富川 | 12 | 3 | 1078 | 8 | 14521 | 5604 |
| 罗城 | 14 | 0 | 1006 | 66 | 14194 | 4 |
| 环江 | 16 | 0 | 1020 | −93 | 16448 | 642 |
| 巴马 | 14 | 0 | 694 | −54 | 14611 | 917 |
| 都安 | 28 | 1 | 1912 | 13 | 40344 | 3183 |
| 大化 | 20 | 0 | 1431 | 49 | 25642 | 1916 |
| 金秀 | 6 | 0 | 336 | −65 | 4129 | −1376 |
| 合计 | 176 | −5 | 12509 | −365 | 214288 | 20245 |
| 全区 | 1812 | −27 | 123427 | 4418 | 1987500 | 24400 |

数据来源:《广西统计年鉴》2017 年,广西壮族自治区统计局官网

表 3-5:2016 年 12 个少数民族自治县小学情况

| 地区 | 学校数量(所) | 新增(所) | 专任教师(人) | 新增(人) | 在校学生数(人) | 新增(人) |
|---|---|---|---|---|---|---|
| 融水 | 28 | －149 | 1787 | 1803 | 39267 | －16 |
| 三江 | 223 | －18 | 1502 | 388 | 34642 | 1114 |
| 龙胜 | 64 | －1 | 748 | 535 | 10157 | 213 |
| 恭城 | 111 | 89 | 1463 | 915 | 21001 | 548 |
| 隆林 | 138 | －44 | 1713 | 2815 | 43305 | －1102 |
| 富川 | 28 | －42 | 1566 | 208 | 25530 | 1358 |
| 罗城 | 161 | 30 | 1666 | 588 | 26918 | 1078 |
| 环江 | 144 | 4 | 1508 | 1178 | 26193 | 330 |
| 巴马 | 116 | 5 | 1543 | 873 | 29991 | 670 |
| 都安 | 247 | －13 | 3390 | 3705 | 61586 | －315 |
| 大化 | 158 | 0 | 2217 | 635 | 44067 | 1582 |
| 金秀 | 92 | －5 | 781 | 631 | 10001 | 150 |
| 合计 | 1510 | －144 | 19884 | 14274 | 372658 | 5610 |
| 全区 | 10173 | －1676 | 224620 | 2298 | 4513700 | 112700 |

数据来源:《广西统计年鉴》2017 年,广西壮族自治区统计局官网

小学方面,2016 年 12 县的小学学校数略有减少,总数为 1510 所,占广西区的 14.8%。专任教师总数为 19884 人,为广西区总数的 8.9%,较上年增加了 14274 人,各少数民族自治县的小学教师数量不同程度地增加了。小学在校学生数总数为 372658 人,占广西区总数的 8.3%,除融水、都安和巴马外,其他县的学生人数不同程度地增加,12 县总计增加 5610 人。说明小学的师生比缩小了,更趋向合理。

## (五)医疗卫生事业分析

健康存量是人力资本的要素,它决定着个人能够花费在所有市场活动和非市场活动上的全部时间。它会随着年龄的增长而折旧,但也能通过健康投资而增加。医疗卫生服务就是健康投资的重要指标,既能保证劳动者稳定发展,又能增强他们的

基本劳动能力。近年来,广西12县的医疗卫生事业飞速发展。表3-6和图3-5显示,2016年12县的医疗卫生机构床位数相比上年虽有所增加,但除金秀和大化外,其余各县均不及广西区平均水平,每千人医疗卫生技能人员12县均没达到广西平均水平,每千人执业医师人数也仅有金秀达到广西平均水平,其余均不达标。

表3-6:2016年12个少数民族自治县医疗卫生机构床位数及技术人员数

| 地区 | 床位数（张） | 技能人员（人） | 执业(助理)医师(人) | 地区人口（千人） | 每千人床位数（张） | 每千人技能人员(人) | 每千人执业医师(人) |
|---|---|---|---|---|---|---|---|
| 融水 | 1632 | 1909 | 419 | 416.4 | 3.92 | 4.58 | 1.01 |
| 三江 | 1219 | 1209 | 390 | 308.8 | 3.95 | 3.92 | 1.26 |
| 龙胜 | 500 | 843 | 259 | 159.7 | 3.13 | 5.28 | 1.62 |
| 恭城 | 851 | 1370 | 469 | 257.6 | 3.30 | 5.32 | 1.82 |
| 隆林 | 1195 | 1278 | 272 | 356.7 | 3.35 | 3.58 | 0.76 |
| 富川 | 911 | 1157 | 224 | 268.6 | 3.39 | 4.31 | 0.83 |
| 罗城 | 980 | 1316 | 396 | 309.8 | 3.16 | 4.25 | 1.28 |
| 环江 | 801 | 1236 | 293 | 280.6 | 2.85 | 4.40 | 1.04 |
| 巴马 | 703 | 1053 | 307 | 231.8 | 3.03 | 4.54 | 1.32 |
| 都安 | 1720 | 1854 | 677 | 536.2 | 3.21 | 3.46 | 1.26 |
| 大化 | 1612 | 1448 | 374 | 373.2 | 4.32 | 3.88 | 1.00 |
| 金秀 | 720 | 718 | 287 | 129.5 | 5.56 | 5.54 | 2.22 |
| 合计 | 12844 | 15391 | 4367 | 3628.9 | 3.54 | 4.24 | 1.20 |
| 广西 | 209021 | 28985 | 96678 | 48384.5 | 4.32 | 5.99 | 2.00 |

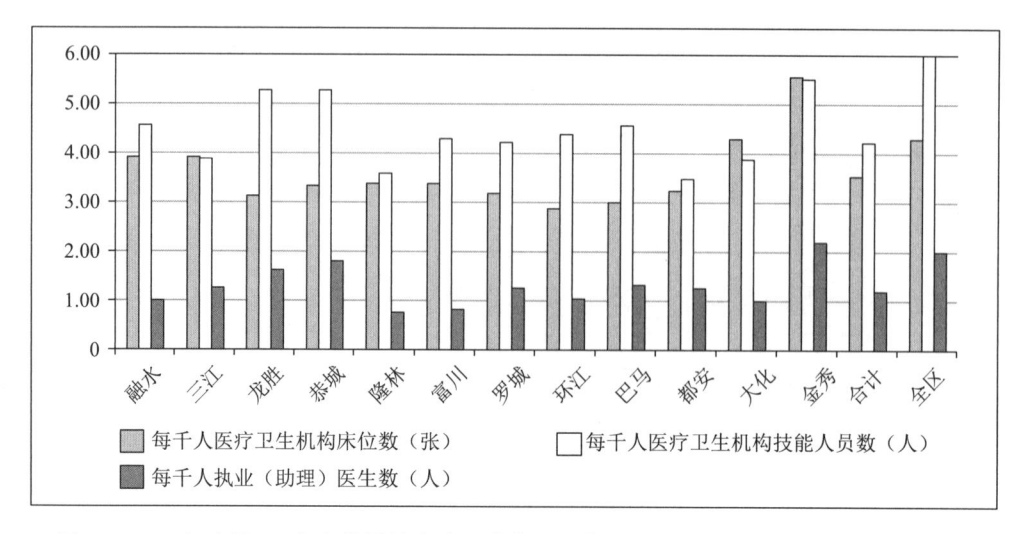

图 3-5：2016 年广西 12 个少数民族自治县常住人口每千人医疗卫生床位数及技术人员数

数据来源：《广西统计年鉴》2017 年，广西壮族自治区统计局官网

这说明，12 县的医疗卫生事业发展仍滞后，整体医疗情况不佳，床位不充足，卫生技术人员尤其是医师不能满足需要。医疗卫生工作发展与社会经济发展、疾病变化和人口老龄化，以及人民群众对健康的多样化多层次需求相比，还存在一定差距，还没能较好地保障少数民族县域人民看病的权利。

综上所述，广西 12 个少数民族自治县的人力资本开发现状有如下特点：

1.人口有潜在优势，但目前人口整体素质偏低。12 县拥有大量的人力资源，但是就人力资本来说，12 县在广西中的地位仍然不高，各项衡量人力资本的指标都较低，多数未达到广西区平均水平。12 县的人力资源在数量上只能说是存在着潜在优势，要想使这种潜在优势转变为推动经济发展的现实力量，最基本的要求是要改变劳动力素质整体偏低的状况。

2.人力资本投资不足。数据显示，近年来，12 县用于医疗卫生和教育投资的绝对量逐年增长，反映出 12 县对于投资人力资本、提升人力资本的愿望是十分迫切的。但是由于自身经济发展水平低下的限制，投资的相对量与广西其他非少数民族地区仍有较大差距，投资不足直接影响了 12 县教育和医疗服务设施的改善，也影响了人均教育资源和医疗卫生资源占有量的提高。

3.人力资本积累水平不高。12 县人口教育程度总体偏低，常住人口文化水平呈现以小学文化程度占大多数的结构，与经济快速发展的要求不相适应，既影响生产力水平的提高,又制约了先进技术的推广和应用,与经济发展的要求不相适应。政府收入和居民收入中用于教育和人力资本的投资和积累还不够,还不能满足社会发展的需要,要想提高未来的人力资本水平,需要政府做好加大教育投资和重视人力资源开发的宣传和引导。

## 二、广西12个少数民族自治县县域经济增长中的人力资本贡献实证研究[1]

舒尔茨指出,国民产出的增加一直比土地、人时和再生性物质资本的增加幅度大,人力资本投资很可能是造成这种差别的主要原因。[2] 新增长理论的主要代表人物卢卡斯和罗默都把人力资本纳入经济增长模型,强调人力资本在经济增长中的效应。[3、4] 我国学者也在这些理论的基础上,对人力资本与经济增长之间的关系进行实证研究,例如张书凤研究了我国人才资本对经济增长的贡献,得出人才资本、普通劳动力、物质资本在我国经济增长过程中影响程度依次递减的结论。[5] 蒋正明等对我国科技人才对经济增长贡献率进行实证研究,认为我国科技进步对经济增长的贡献率大约在21.62%左右。[6] 贾彧通过对我国农村经济增长中农村人力资本的贡献进行实证检验,证明了农村人力资本积累是农村经济增长的源泉和动力。[7]

广西12个少数民族自治县的经济增长中人才贡献率究竟有多大?是否已经起到了重要生产要素的作用?本节以柯布-道格拉斯生产函数为基础,首先构建了广西12个少数民族自治县的人力资本与经济增长关系的模型,根据数据的可行性,对广西12个少数民族自治县2000和2010年人力资本、物质资本投资对县域经济增长的贡献进行实证测量,并加以对比,为广西12个少数民族自治县经济的均衡和可持续发展提供政策建议。

---

[1] 阳芳:《广西少数民族县域经济增长中的人才贡献实证研究》,西南民族大学学报,2016年第11期,第140—145页。

[2] Schultz:T.W.Investment in Human Capital, American Economic Review, 1961(51).

[3] Robert Lucass:On the Mechanics of Economic Development, Journal of Monetary Economics, 1988(22).

[4] Paul M. Romer:Endogenous Technological Change, Journal of Political Economy, 1990(98).

[5] 张书凤:《我国人才资本对经济增长的贡献研究》,《生产力研究》2008年第5期,第73—75页。

[6] 蒋正明、张书凤、李国昊、田红云:《我国科技人才对经济增长贡献率的实证研究》,《统计与决策》2011年第12期,第78—80页。

[7] 贾彧:《农村人力资本对农村经济增长贡献的实证检验》,《统计与决策》2012年第4期,第142—144页。

## （一）生产函数及模型

生产函数是国内生产总值变量与生产要素中的资本存量、劳动力、人力资本水平或人力资本存量(劳动力与人力资本水平之积)之间的函数关系。经典的生产函数有道格拉斯模型、哈罗德－多马模型、索洛模型、卢卡斯模型等，王金营(2005)对卢卡斯模型进行了改进，区分了人力资本水平和人力资本外部性的概念，建立了有效劳动模型和人力资本外部性模型。这里采用有效劳动模型和人力资本外部性模型两种，模型形式如下：

$$Y_t = A(t) K_t^\alpha H_t^\beta \quad \cdots\cdots\cdots\cdots\cdots\cdots\cdots\cdots\cdots\cdots\cdots\cdots\cdots\cdots (1)$$

$$Y_t = A(t) K_t^\alpha H_t^{1-\alpha} h_t^\gamma \quad \cdots\cdots\cdots\cdots\cdots\cdots\cdots\cdots\cdots\cdots\cdots (2)$$

其中，$Y_t$ 代表地区生产总值；$K_t$ 代表资本存量；$H_t$ 为卢卡斯所说的有效劳动，代表人力资本存量(劳动力与人力资本水平之积)；$h_t$ 为劳动里具有的平均人力资本水平，简称人力资本水平。$\alpha$、$\beta$ 分别为所示模型中资本和人力资本的产出弹性，$1-\alpha$、$\gamma$ 分别为所示模型中人力资本存量和人力资本水平的产出弹性。

有效劳动模型是指人力资本内生于劳动或称为人力资本劳动增进型的生产模型。在该模型中，人力资本的作用仅限于劳动产出的贡献。因此，利用该模型计算得到的人力资本贡献是提高劳动产出的贡献，并非人力资本的全部贡献。因为人力资本外部作用提高资本、劳动和综合要素生产率的贡献份额都含在各要素中。

人力资本外部性模型是人力资本作为独立生产要素的生产函数模型。在该模型中，人力资本作为生产要素发挥着作用的同时也具有外部性作用，由外部性作用提高的其他要素的贡献份额将大部分被剥离出来，体现在人力资本要素的作用中。[1]

对(2)两边取对数，得：

$$\ln Y = \ln A + \alpha \ln K + (1-\alpha) \ln H + \gamma \ln h \quad \cdots\cdots\cdots\cdots\cdots (3)$$

整理得：

$$\ln(Y/H) = \ln A + \alpha \ln(K/H) + \gamma \ln h \quad \cdots\cdots\cdots\cdots\cdots\cdots (4)$$

---

[1] 王金营：《西部地区人力资本在经济增长中的作用核算》，《中国人口科学》2005 年第 3 期。

## (二) 变量的确定

### 1. 经济产出指标

在经济学研究中,衡量产出总量的指标有国民生产总值、国内生产总值和国民收入等。为了便于统计和计算,本研究采用国内生产总值这一指标作为衡量地区经济增长的指标。国内生产总值是指经济社会(即一国或一地区)在一定时期内运用所有生产要素所生产的全部最终产品(物品和服务)的市场价值。[1] 本研究所采用的国内生产总值数据为 2000 年、2010 年的广西 12 个少数民族县域国内生产总值,为排除通货膨胀对国内生产总值的影响,选择实际国内生产总值作为地区经济总量指标,表现在式中为 Y。

### 2. 资本存量

物质资本的变量选择,主要有固定资产投资额、固定资本形成额、资本形成额、固定资本存量和资本存量等几个指标。目前在研究中大多数学者采用资本存量这一指标,但资本存量是一个累积的变量,在确定其初始存量时,学术界也没有统一的标准,因此其应用存在着局限性。我们认为,固定资本投入总额在生产函数中作为一种投入要素,是能够基本代表物质资本的,因此,我们采用固定资产投入总额这一指标作为物质资本,在公式中表现为 K。

### 3. 劳动力、人力资本数量和人力资本质量

度量人力资本方法有多种,最常用的是教育投资法、教育年限法两种。教育投资法主要考查从国家、个人等各方面在教育方面的投资支出,但这种指标的数据的可获得性相对较差。教育年限法则是先将从业人员按受教育程度进行分类,再按不同的类别赋予权重,然后加权求和,数据的可获得性较好。因此,本文度量人力资本采用教育年限法。其计算公式如下:

平均受教育年限=(不识字或少识字程度人数×1+小学程度人数×6+初中程度人数×9+高中程度人数×12+中专程度人数×13+大专程度人数×15+本科程度人数×16+研究生程度人数×19)/6 岁以上人口数

人力资本存量=县全社会从业人数×平均受教育年限

物质资本的存量以固定资产投资来计量

在公式(2)中用 L 表示县全社会从业人数;用 h 表示平均受教育年限;用 H 表

---

[1] 高鸿业:《西方经济学》,中国人民大学出版社,2001 年。

示人力资本存量。

## （三）实证分析

### 1.数据来源

数据来源于2000年、2010年广西统计年鉴数据和广西12个少数民族自治县的第五次、第六次全国人口普查数据。由于目前广西县域经济与社会发展中的统计数据的建设滞后，许多年份的数据要么不齐全，要么各地、各年的统计的口径不一致，根本无法收集相关的数据，因此，考虑到数据的可获得性和统一性，我们只选取了2000年、2010年广西12个少数民族自治县的相关经济数据和人口数据用EViews5.0软件进行处理分析。

### 2.实验结果

表3-7:加权最小二乘法模拟结果,因变量为 ln(Y/H),2000年

| 变量 | 参数估计值 | 标准差 | t一值 | p值 |
|---|---|---|---|---|
| C | －7.594733 | 0.825989 | －9.194710 | 0.0000 |
| ln(K/H) | 0.182857 | 0.044214 | 4.135783 | 0.0025 |
| lnh | 3.008946 | 0.349194 | 8.616841 | 0.0000 |

$R^2$=0.984777,F=291.1096,p值=0.00000

$R^2$=0.984777接近于1，F=291.1096，p值=0.00000，说明方程的拟合度非常高。变量ln(K/H)、lnh的t值分别约为4.136、8.617，远大于2，p值都接近与0，说明两个变量对因变量都有显著影响。α≈0.183，说明国内生产总值对资本的弹性系数为0.183，意味着在保持其他条件不变的情况下，资本每增加1%，国内生产总值就增加0.183%；国内生产总值对人力资本的弹性系数为0.817(1－0.183=0.817)，意味着在保持其他条件不变的情况下，人力资本每增加1%，国内生产总值就增加0.817%。

表 3-8:加权最小二乘法模拟结果,因变量为 ln(Y/H),2010 年

| 变量 | 参数估计值 | 标准差 | t—值 | p 值 |
|---|---|---|---|---|
| 常数项 | 1802.259 | 722.3731 | 2.494914 | 0.0413 |
| ln(K/H) | 0.865046 | 0.215525 | 4.013668 | 0.0051 |
| lnh | −2771.010 | 1121.672 | −2.470429 | 0.0428 |
| (lnh)² | 1417.337 | 578.8842 | 2.448395 | 0.0442 |
| (lnh)³ | −241.1604 | 99.34089 | −2.427605 | 0.0456 |

$R^2=0.851695$, $F=10.05001$, p 值$=0.005001$

模型所有参数估计值在5%的水平下高度显著,所有变量联合起来对因变量有显著影响。$\alpha \approx 0.865$,说明国内生产总值对资本的弹性系数为0.865,意味着在保持其他条件不变的情况下,资本每增加1%,国内生产总值就增加0.865%;国内生产总值对人力资本的弹性系数为0.135(1−0.865=0.135),意味着在保持其他条件不变的情况下,人力资本每增加1%,国内生产总值就增加0.135%。对数受教育年限的三次方项说明"N型"曲线的存在。

3.实验结果分析

对比2000年与2010年的实证结果,我们可以发现:2000年前后广西12个少数民族自治县人力资本对经济增长的贡献较大,说明当时驱动县域经济增长的动力以劳动密集型产业为主导,有一定受教育背景的劳动力对县域经济增长的贡献较显著;当时的固定资产投入不大;同时也间接反映出农业对经济增长的占比相对较大,这与当时广西少数民族自治县农业在三次产业中处于主要产业的状况相一致;而到了2010年前后,随着广西城镇化步伐加快,少数民族县域中具有一定人力资本的劳动人口从事非农产业现象增加,同时随着农民工大量流入沿海发达地区及区内外各级城镇,导致农村人力资本对县域经济增长的贡献呈现递减态势。但近年来,随着广西农村现代农业发展、农民工返乡创业潮的迅速兴起,从事现代种植、养殖、加工、营销的农村新型农民人数迅速增加,导致人力资源对县域经济增长的贡献又呈现出上升态势。随着经济发展,国家加大了少数民族地区的基础建设投入,使得劳动力对经济增长的贡献产生了溢出效应,这恰恰说明对广西少数民族自治县的人力资本投入不够,需要进一步在物质资本投入的过程中相应地增加人力资本投入,以更好

地推动经济增长,所以人力资本对经济增长的贡献呈现出"N型"曲线变化的特点。

## 三、广西12个少数民族自治县县域人力资本作用的抽样调查

### (一)调查基本情况

#### 1.调查目的

为了弥补由于数据缺乏影响实证分析效果的不足,我们对广西12个少数民族自治县县域进行了抽样调查,以期通过收集一手数据来完善课题的研究。通过对少数民族县域的经济发展、人力资源及收入支配现状进行问卷调查,有利于较客观真实地了解人们对目前县域经济发展与人力资本关系的看法和建议。同时,还对少数民族县域本地居民进行尝试访谈,有利于发现少数民族县域经济发展的深层次问题及探讨人力资本对于少数民族县域经济发展的策略。

#### 2.调查方法

本次调查采取问卷调查及深度访谈的方式,问卷是半封闭式问卷,由客观题和主观问答题组成,其中以客观题为主。深度访谈主要是对少数民族县域本地居民进行的个别访谈,访谈对象有少数民族县域的县级管理干部、乡镇基层管理人员、中小学教师、当地居民和当地农民等。

#### 3.调查内容

了解少数民族自治县的本地居民对本地经济发展状况的认知;对人力资源状况的认知;对收支分配的认知。

#### 4.调查对象

主要在融水、龙胜、恭城、都安、大化、金秀、巴马等地的本地居民进行随机抽样,之所以选择这些县域,主要是借助生源地学生调研便利的优势。

#### 5.调查成功的样本量

发放问卷300份,回收问卷286份,合格问卷262份。有效回收率是91.6%,不合格的原因均属未全部填写完毕。

#### 6.数据处理方法

对比分析法、图形分析法。

## （二）调查结果统计与分析

### 1.样本的基本信息情况

表 3-9：样本的基本信息

| 项目 | 类别 | 人数 | 所占比例 |
|---|---|---|---|
| 性别 | 男 | 141 | 53.9% |
| | 女 | 121 | 46.1% |
| 年龄 | 25岁以下 | 68 | 26% |
| | 25－35岁 | 50 | 19% |
| | 35－45岁 | 87 | 33.2% |
| | 45岁以上 | 57 | 21.8% |
| 学历 | 小学 | 37 | 14.1% |
| | 初中 | 43 | 16.2% |
| | 高中 | 36 | 13.9% |
| | 专科 | 74 | 28.4% |
| | 本科 | 57 | 21.7% |
| | 研究生及以上 | 15 | 5.7% |
| 户籍 | 农村户口 | 145 | 55.3% |
| | 城镇户口 | 117 | 44.7% |
| 从事的行业 | 农、林、牧、渔业等 | 42 | 16% |
| | 工业、制造业、建筑业等 | 18 | 7% |
| | 交通运输业、邮电通信业、商业饮食业和仓储业等 | 34 | 13% |
| | 金融业、保险业、服务业、旅游业等 | 63 | 24% |
| | 文化、教育、卫生行业等 | 55 | 21% |
| | 国家机关、政府部门、社会团体、警察等 | 50 | 19% |

续表

| 项目 | 类别 | 人数 | 所占比例 |
| --- | --- | --- | --- |
| 从事的职业 | 农民 | 70 | 26.7% |
| | 国有企业及事业单位的人员 | 54 | 20.6% |
| | 私营企业员工 | 25 | 9.5% |
| | 外资企业员工 | 14 | 5.3% |
| | 个体、自主创业人员 | 31 | 11.8% |
| | 从事文化、教育、卫生等行业的人员 | 32 | 12.2% |
| | 政府工作人员 | 30 | 11.6% |
| | 暂时无工作 | 6 | 2.3% |
| 家庭年人均收入 | 1500元以下 | 29 | 11.1% |
| | 1500—2500元 | 50 | 19.1% |
| | 2500—5000元 | 57 | 21.8% |
| | 5000—10000元 | 27 | 10.2% |
| | 1万—3万元 | 57 | 21.8% |
| | 3万—8万元 | 34 | 13% |
| | 8—15万元 | 3 | 1% |
| | 15万—30万 | 5 | 2% |
| | 30万元以上 | 0 | 0% |

从表3-9可见，调查群体学历背景较低，其中拥有本科及以上学历的占比27.4%；拥有专科学历的人占比最高，为28.4%；高中、初中、小学学历的占比非常接近，分别为13.9%、16.2%和14.1%，总和占被调查人群近半数比重。可见少数民族县域在职工作人群学历背景偏低。

被调查人群从事第三产业的占比总和为58%，第一产业、第二产业从事人员占比分别为16%、7%。我们在其他章节对少数民族县域国内生产总值中各产业占比有所分析总结，从业人员占多数，是否表现第三产业是县域经济国内生产总值的支柱，也是我们探讨人力资本对于少数民族县域经济贡献的一个角度。

少数民族县域家庭年人均收入分布:年收入在 2500—5000 元、1 万－3 万元区间的人群占比最多,接近 22%,其次是 1500—2500 元收入区间,人群占比为 19.1%,无疑少数民族县域中家庭年人均收入都普遍低。

**2.对经济发展状况的认知情况**

少数民族县域经济评价如图 3-6、3-7 所示,认为县域经济发展很快,有明显改善的占比仅为 18%,有 39% 的人认为县域经济发展适度,27% 的人认为县域经济发展缓慢,10% 的人认为"不好评价",还有 6% 的人认为"没有发展,甚至还倒退"。而具体到"少数民族县域经济变化"的细节问题,29% 的人认为交通运输状况改善最为明显,其次是 20% 的人认为特色农副产品开发方面改善良好。

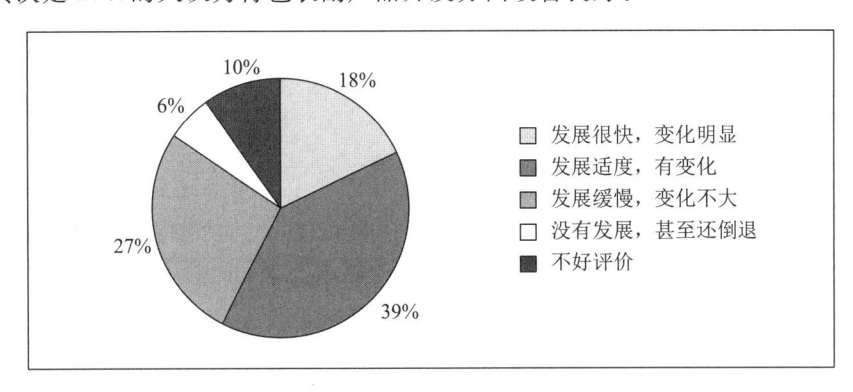

图 3-6:抽样人群对县域经济发展认识占比分布

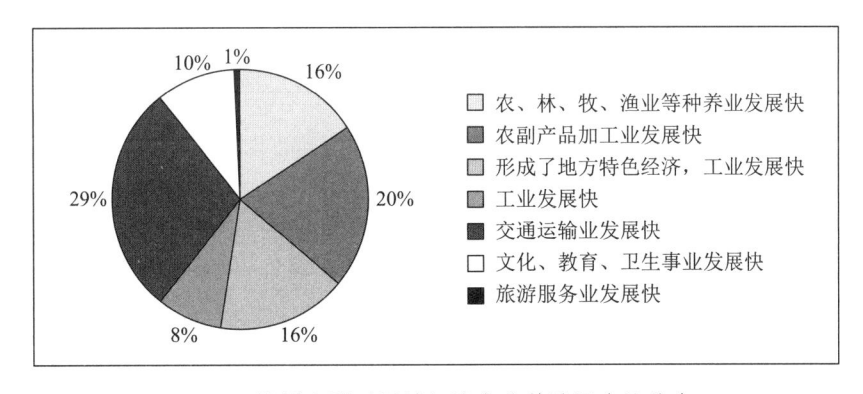

图 3-7:抽样人群对县域经济变化的认识占比分布

人们对于今后建设的看法是按照重要程度排名依次是交通运输、加大基础建设方面的投入、完善人才政策等。详见图 3-8。

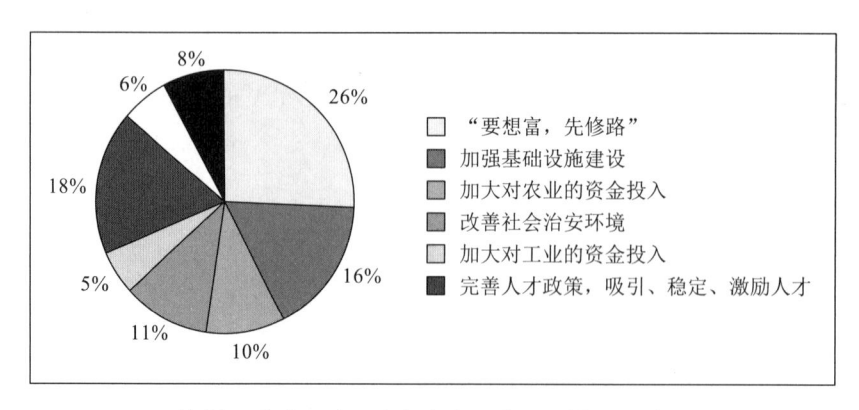

图 3-8:抽样人群对县域经济未来发展的重要性认识的占比分布

### 3.对人力资源状况认知

图 3-9 所示,对于人才总体状况,少数民族县域居民认为数量不足、质量一般的占到半数 50%,34% 的人认为数量多、质量一般,可见少数民族县域人才质量水平低已是公认的,但是人才数量是否充足到可以促进本地县域经济还有待研究。

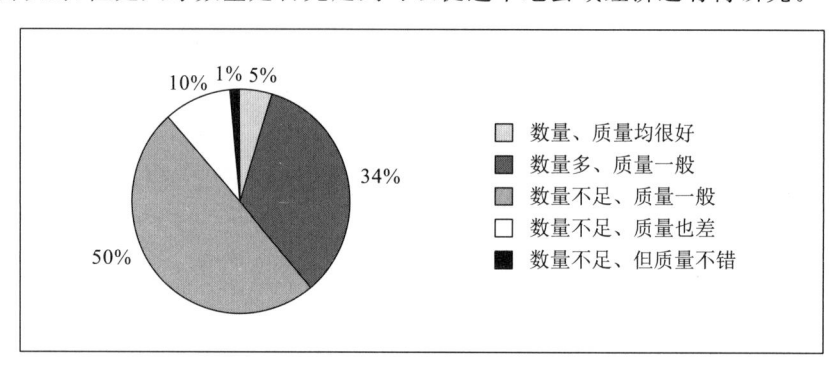

图 3-9:抽样人群对县域人才质量认识占比分布

从图 3-10、图 3-11 可知少数民族县域经济中起到主导作用的人才类别及县域经济中缺乏的人才类别情况,人们认为对县域经济起到第一促进作用的人才是掌握现代信息技术的人才,也是目前最为缺乏的人才;第二类重要的人才是农业技术人才,也是促进经济的人才,但目前县域中不缺乏这一类的人才;第三类重要人才是加工类的能工巧匠和文化、教育、卫生人才,他们也是目前县域经济中主要人才库的重要组成部分。

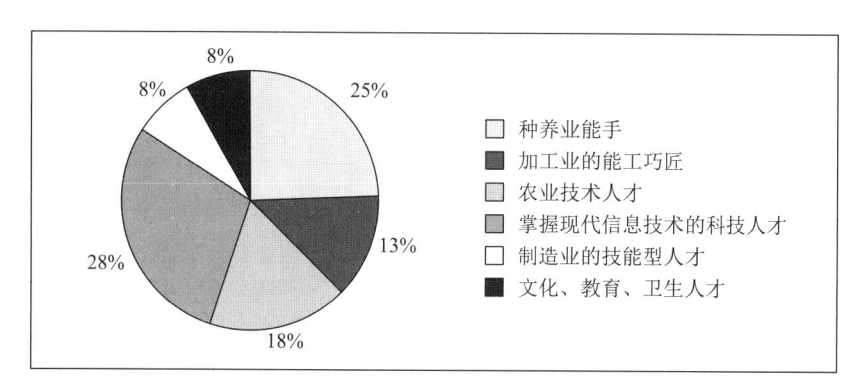

图 3-10：抽样人群对人才类别贡献度认知占比分布

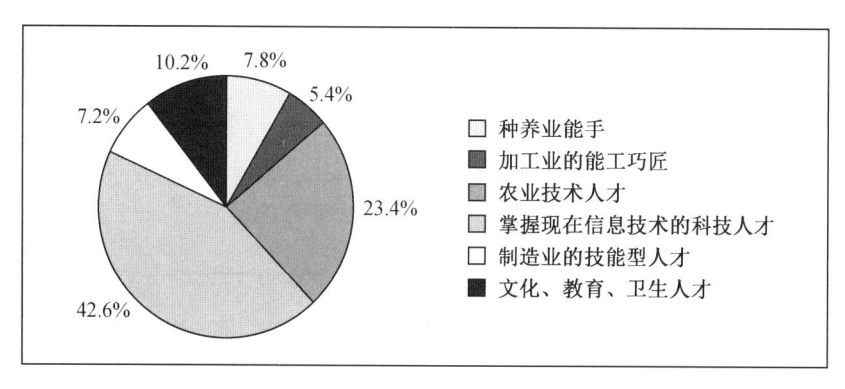

图 3-11：抽样人群对县域人才需求类别认识占比分布

对于今后人才政策的完善，如图 3-12 所示，40.2%的人赞成提高人才的薪酬待遇，激励人才的工作积极性是当务之急，薪酬待遇低、人均收入低导致的家庭年收入低的严重问题在前面的分析中已经涉及；30.6%的人认为应立足于稳定和有效运用本地人才；25.2%认为要加大对本县人才，特别是少数民族人才的培养；值得注意的是仅有 3.6%的人认为本地县域经济需要引入外来人才，这有可能是一方面外来人才不容易融入本地文化，不能很好地打开工作局面，不能很好地发挥其作用，另一方面可能是少数民族县域经济相对落后，外来人才难以安心工作。

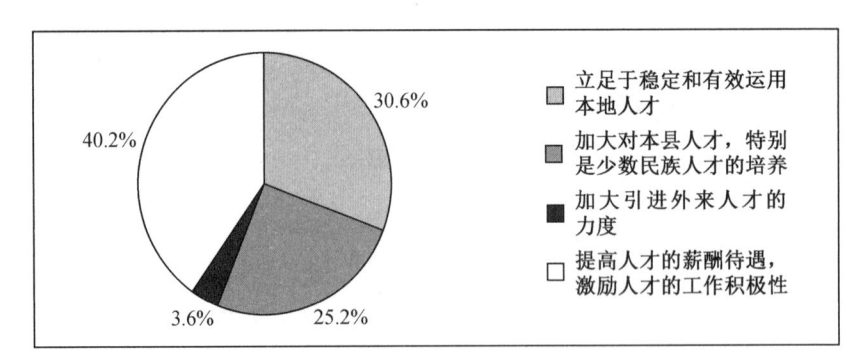

图 3-12：抽样人群对县域经济发展人才政策赞成度占比分布

## （三）结论

综上所述，我们可以发现在广西少数民族县域经济发展过程中，人们认为经济发展进程较低，需要加大两方面的投入：一是加大对县域基础设施的投入，尤其是交通运输的投入；二是大力培育人才和建设人才库。

广西少数民族县域在人才开发与培育方面要注意以下几点：(1)做好经济发展的人才供求分析，目前少数民族县域中经济发展的人才需求量与人才供给总量不明确，人才统计工作滞后；(2)人才整体学历背景、技能水平都较低，急需培养科技信息方面的人才；(3)人才培育本地化战略，需要重点培养高水平的少数民族县域本土人才，目前，引进外来人才还不是解决少数民族人才需求最有效的措施；(4)加强薪酬激励，提高本地劳动者的薪酬水平，激励人才的积极性和创造性的发挥，促进本地经济的发展。

# 第四章

## 广西少数民族地区经济增长中人力资本贡献不足的伦理追问

经济与伦理之间有千丝万缕的联系。一方面,经济现象是一种社会现象,经济活动的深刻内涵远远超出经济本身,无论是经济活动的作用、影响还是经济活动过程中所出现的问题,都包含着更高层次的深刻意蕴,需要高层次的理性分析。另一方面,伦理是以理性境界审视社会现象,展现人类未来,只有它才可能对经济现象做深层次的理性分析。[1] 本部分将借鉴阿马蒂亚·森的经济—伦理相融合的思想和以自由为目的和手段的发展观,具体依据阿马蒂亚·森主要提出的以自由为目的和手段的发展观、以缺乏交换权利导致贫困的权利观和以基本能力为核心的平等观的经济伦理理论,从经济层面转到伦理层面分析广西少数民族地区人才发展滞后的主要原因,对各阶段教育发展的问题、职工工资收入偏低状况、大学生回乡就业意愿低、新员工组织信任与工作满意度状况等进行伦理追问。

# 一、广西少数民族自治县人才发展滞后的主要原因

通过对上述统计数据和问卷调查的分析,通过实地的访谈,我们发现广西少数民族自治县人才发展滞后的原因有以下几点:

## (一)区域发展的不平衡加剧了少数民族地区人力资源的流出

图 4-1 数据显示,2016 年 12 县的常住人口均少于地区户籍人口,可见 12 县均存在人力资源流失现象。常住人口与地区户籍人口比例均低于广西区平均水平,反映出 12 县人才流失的严重性。当前,由于经济发展水平的不均衡,沿海地区经济发达,有更多的工作机会和更高的工资报酬,农村的耕作条件低下及当地工资水平较低,广大县域农村青壮年劳动力选择外出务工,县域劳动力资源逐渐向城市发达地

---

[1] 刘小刚:《发展、权利与平等——阿马蒂亚·森经济伦理思想评析》,苏州大学硕士学位论文,2004 年 4 月。

区转移已成固化趋势。这样造成当地劳动力大量减少,但这些劳动力人在外地,而户籍在本地,就产生了人力资源虚位现象。目前留守在农村的通常是老人、妇女和儿童,这些留守人员通常文化、身体素质和能力较低,接受新技术、新观念的能力比较弱,更难以掌握现代农技。从调查中又知,比较愿意回生源地工作的少数民族地区大学生占 24.9%,非常愿意的只占 4.3%,两项加起来不足 30%,说明民族地区生源地大学生回乡的意愿不高。可见,劳动力短缺,特别是优质劳动力的短缺导致了当地经济发展动力不足,本地县域经济发展不快不好反过来又影响了人才的吸引力,使少数民族自治县进入了一个"人才短缺——经济落后——人才更短缺——经济更落后"的恶性循环。

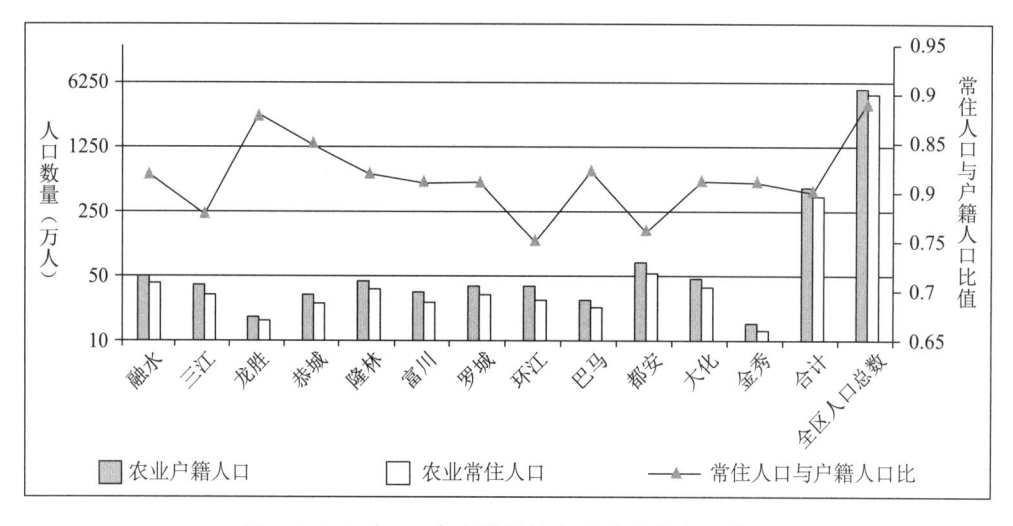

图 4-1:2016 年 12 个少数民族自治县农业户口数量

数据来源:《广西统计年鉴》2017 年,广西壮族自治区统计局官网

## (二)贫困代际传递制约了少数民族地区人力资本投资主体的能力

人力资本存量主要是通过后天投资而获得的,因此,人力资本存量会受到投资主体能力的限制。人力资本投资主体主要包括政府和家庭个人两个方面。从图 2-6 可知,政府方面,广西少数民族自治县的政府财力十分有限,12 县人均财政预算收入均远没达到广西区平均水平(2789.51 元),其中人均公共财政收入最高的龙胜仅为 1750.15 元,相差 1000 多元。政府财政收入紧张,自然限制了政府在人力资本上的投资。表 2-5 显示,从家庭来看,在少数民族自治县中居民人均可支配收入城乡

差别大,相差 2—3.5 倍,且 12 个县的城镇居民人均可支配收入除龙胜和金秀外均低于广西区平均水平;农村居民人均纯收入处于更低的水平,除恭城外均低于广西区平均水平,人均可支配收入低下同样制约了个人和家庭在教育、人力资本上的投资。而且由于马太效应的存在,贫困的代际传递又强化了对少数民族地区投资主体能力的制约。

## (三)农村人才开发不足

12 个县域中农民占总人口的 80% 以上,农村人才是当地人力资源的重要组成部分。一定程度上农村人才素质的高低关系到"三农"问题的解决,关系到少数民族县域经济的发展。农村实用人才大多是在长期的实践中自己逐渐摸索出一些经验,带有很大的主观性、随意性,而且这些技艺长期停留在较低水平上,提升慢,难以跟上时代发展的步伐。县级政府由于财政紧张或思想观念创新不足的原因,无力或很少对农村人口提供适量的培训机会。即使偶尔的培训机会,又由于农民群众自身理解能力和接受能力的限制,很难达到培训效果。从培训内容来看,政府提供多数是实用技能的培训,比如服装裁剪缝纫、建筑、木工、瓦工、电器维修,缺乏对农村人才法制观念、道德、文化方面的教育,对提升广大的农村劳动力整体素质仍然关注不够。

## (四)不良风俗和观念制约人才发展

民族风俗习惯是社会历史发展的产物,也是一个民族政治、经济、文化生活和思想观念的综合反映。它是由一个民族的物质生活条件所决定的。各民族的风俗习惯种类繁多,情况复杂,民族风俗习惯受到自然条件和社会条件两方面的影响,反过来也会对社会产生积极或消极的影响。积极向上的风俗和观念对提升民族自尊和自信,推动民族发展进步起着积极作用;反之,则阻碍社会经济的发展,阻碍人力资源的发展。

传统的社会伦理观念制约了人才的投入和经济的发展。由于广西少数民族长期生活条件艰苦,信息闭塞,较少接受外来的先进生产技术,使得少数民族自治县的部分人群思想封闭,仍保持落后的乡土观念和生活观念。如苗族对银饰情有独钟,一些当地少数民族妇女把制作一套镶满银器和宝石、价值几千元甚至上万元的民族服装,当作自己生活追求的最高目标,很多时候把积蓄皆用于此,也不愿意增加对孩子的教育投资。又如,大部分少数民族中,非常重视人情世故,每年用于走亲访友的开支很大。有时一家逢婚丧嫁娶、祭鬼敬神等活动,全村男女老少和外村亲友均可前往吃喝,常使主人难以负担。再如,不少少数民族地区的人民缺乏远大的人生理想,不少当地青年除生产劳动外,唯一考虑的就是找一个好的终身伴侣。很多女子初中毕业后就停止接受教育回家结婚了,影响了当地人力资源的开发。

### (五)民族地区教育仍然滞后,未能突出地方特色

少数民族地区教育问题的解决,不能单纯参照非少数民族地区,少数民族地区有着更深刻和复杂的文化背景,这些教育问题如果不能结合少数民族地区的整体情况和民族特色加以改变和调整,很有可能演化为严重的民族问题、宗教问题和社会问题。少数民族县域教学质量有待提高,最主要的制约因素是双语教学的欠缺。在12个县中有不少少数民族日常生活只使用本民族语言,而目前少数民族地区的教材、教学内容与汉族地区趋同,这种"平等、统一"一刀切的做法,不能体现地区的多元化和本地化理念,未能充分考虑少数民族地区的特点和民族情感,可能会使当地学生产生心态上的不平衡,一方面使他们忽视了对本地经济文化的了解和探索,放弃本民族语言文字的学习,屈从社会生活的要求,使不少少数民族语言文字濒临消失,民族特色文化得不到传承,另一方面也可能导致更深层次的不平等。现在,县域中民族学校大量减少,双语教师稀缺,不能满足教学要求,一些本应完成多语言教学任务的学校仅能勉强达到某一种语言教学的中低水平。对少数民族县域地区提供与城市或其他发达地区相同的教育内容,缺乏针对性和适应性,不是直接提高受教育者的工作技能,降低了教育效果。

## 二、广西教育发展缓慢制约着人力资本的开发——来自桂林市的调查

教育是人力资源开发的重要形式,同时也是一种人力资源投资。自"十二五"以来,广西全面贯彻落实《国家中长期教育改革和发展规划纲要(2010—2020年)》,坚持教育优先发展,教育事业发展取得了显著成就。学前教育加快发展,义务教育普及巩固,水平不断提高,高中阶段教育和现代职业教育加快发展。高等教育结构进

一步优化,服务贡献能力显著增强。教育公平迈出重大步伐,招生考试、现代学校制度等教育领域综合改革不断深化。教育投入占财政支出4%的目标得到落实,教育总体实力全面增强。教育改革和发展为广西经济发展、社会进步和民生改善做出了不可替代的贡献。但是,如今广西站在与全国同步全面建成小康社会、基本建成我国西南中南地区开放发展新的战略支点这一历史新起点上,广西教育的振兴行动计划进入了攻坚克难的阶段。因此,必须深入研究教育事业发展的问题与困难。

从生理和心理发展特点看,教育可分为早期教育、中期教育和后期教育。早期教育主要指幼儿教育,中期教育主要指正规学校教育、成人教育和职业培训,后期教育主要指围绕男65岁、女60岁以上老年人进行的。本部分主要讨论早期教育、中期教育。

首先说明选取桂林市为样本研究各阶段教育发展的问题,理由有三:一、桂林市是广西东北名城和交通、文化中心,是中国历史文化名城、全国重点旅游城市,是广西排名第三的城市,具有代表性;二、桂林市是一个多民族聚居的城市,共有壮、回、苗、瑶、侗等28个少数民族聚居,少数民族人口占全市总人口的8.5‰左右;三、桂林市各级各类学校齐全。

我们通过问卷调查和深度访谈的方式,获得了大量的一手数据,通过数据的分析了解到桂林市"十二五"教育事业发展中存在的问题,主要表现在不同阶段教育发展的问题不同:

## (一)学前教育学位供不应求

2010年,学前教育正式纳入国民教育体系。桂林市近年来扎实推进学前教育三年行动计划,学前教育事业在近年来取得了长足发展,但由于受经济、文化、教育基础薄弱的影响,目前学前教育整体发展水平尚未达到中央及自治区的规划要求,与发达省市相比仍有很大的差距。笔者选取了15所性质不同的幼儿园(包括广西师范大学实验幼儿园、桂林市七星区幼儿园、恭城机关幼儿园、太阳城幼儿园、大埠中心幼儿园等)作为调查单位,向这些幼儿园的保育员、园长、老师及学生家长进行问卷调查和访谈。

在本次调查中,向教师发放调查问卷120份,回收的有效问卷119份,回收率99.17%,向家长发放调查问卷80份,回收的有效问卷74份,回收率92.5%。选择题采用SPSS软件分析,对调研数据分析发现桂林市学前教育存在以下问题:

**1. 学前教育投入不足，一定程度上制约幼儿园的发展**

(1) 总体学位供给不足，幼儿"入园难"

"入园难"主要是入公办幼儿园难。调研中发现58.1%的家长认为幼儿园的最大问题是入公办幼儿园太难，2014年桂林市共有幼儿园825所，其中公办幼儿园116所，民办幼儿园709所。[1] 桂林市是一座人口密集的城市，但是城市公办学前教育资源紧缺，无法满足社会、家长对优质学前教育的需求。其次，农村学前教育机构短缺，仍有相当数量的适龄幼儿无缘接受早期教育。农村公办学前教育数量不足，民办学前教育办学质量较差。

目前，桂林共有71所民办幼儿园被认定为自治区多元普惠性幼儿园（还有3所正待认定）。其中，市内五城区拥有21所多元普惠幼儿园，在144所民办幼儿园中占14%。[2] 多元普惠幼儿园是今后民办幼儿园的发展方向，从数量上来看，桂林市的多元普惠性幼儿园仅仅达到民办幼儿园总数的10%，数量较少，普惠的力度不够。从结构上来看，城区的占32%，并未实现均衡发展。

(2) 民办幼儿园收费价格不统一，城乡差别大

由于公办幼儿园不足，覆盖范围有限，民办幼儿园应运而生，并迅速发展。2013年桂林市共有民办园636所，到2014年达到709所，增加了79所，增长率为11.5%。不断增加的民办幼儿园虽然给政府解决了孩子们入园难的问题，但也带来了一些管理的难题。目前民办幼儿园良莠不齐，价格标准也不统一，城乡差别大。一些城市的民办幼儿园月收费过千，个别的幼儿园每月收费高达3000元，远远超过了一般家庭的经济承受能力；而多数农村的民办幼儿园收费低，仅400多元/月，由于资金的紧张，致使办学条件相当差，虽然有些被认定为多元普惠性幼儿园，但毕竟多元普惠性幼儿园所占比例仅有10%，而且多元普惠性幼儿园能获得的资助也不多，一次评估可获得3万元，然后每年每生获200元的资助。但这些资金仍是杯水车薪，无法提升农村民办幼儿园的办学质量。

(3) 教育经费投入不足，办学条件还不乐观

通过实地调研和访谈得知，当前桂林市幼儿园的办学存在资金不足的困境，调查结果显示，近64%的调查者认为幼儿园公用经费紧张，见图4-2。其次，部分边远

---

[1] 数据来源：桂林市教育局统计信息，2014年。
[2] 资料来源：桂林首批68所民办幼儿园获认定多元普惠幼儿园限定保教费每生每月490元内。http://www.gledu.cn/Article/jyxx/gljyxx/30154.htm. 2014年10月9日。

乡镇、农村由于没有得到国家、自治区经费支持,因此无法合理完成校园基本建设,一些乡镇幼儿园户外活动场地等配套设施、教学设备的配备仍缺少资金来建设或完善。

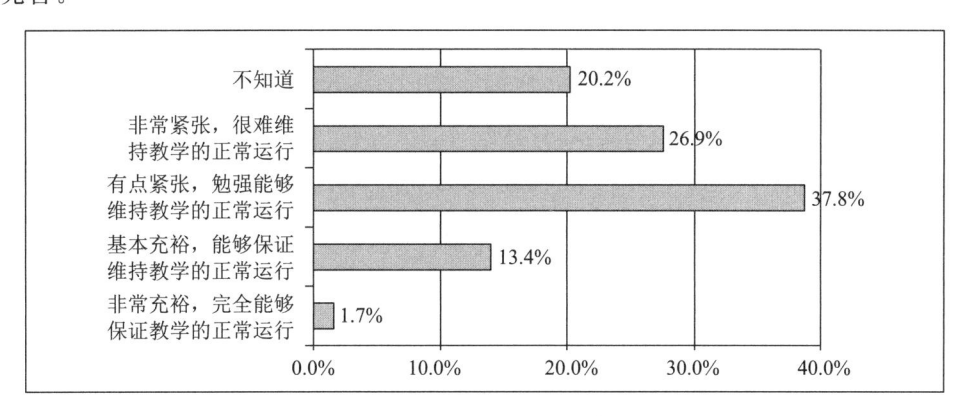

图 4-2:幼儿园公用经费情况

- 不知道 20.2%
- 非常紧张,很难维持教学的正常运行 26.9%
- 有点紧张,勉强能够维持教学的正常运行 37.8%
- 基本充裕,能够保证维持教学的正常运行 13.4%
- 非常充裕,完全能够保证教学的正常运行 1.7%

### 2.学前教育专业人才缺乏,师资队伍建设进程缓慢

**(1)师资数量严重不足,人员编制问题没有落到实处**

2014 年,桂林市共有幼儿园教职工 11484 人,其中专任教师 6012 人,教师比 52.35%,尚未达到"两教一保"的师资配备标准。如图 4-3,多数幼儿园存在学生数量偏多、教师工作压力大的情况。一方面使得教师和保育员分工不明显,另一方面保育员专业知识的欠缺将影响教育质量,不利于幼儿的身心发展。

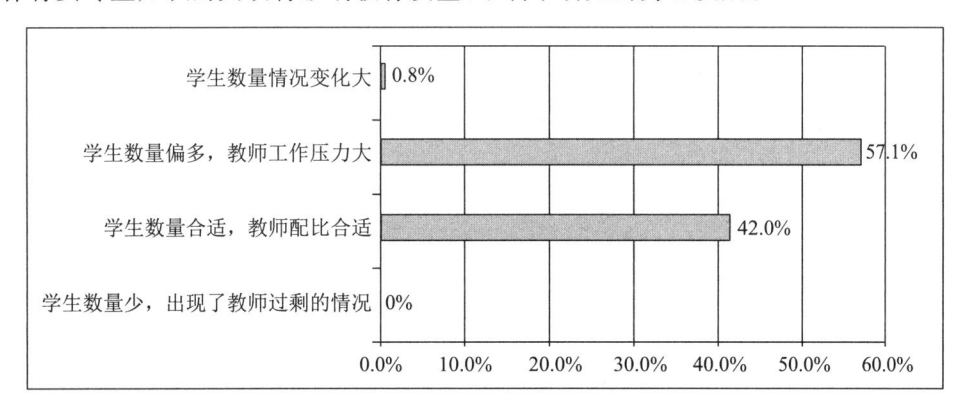

图 4-3:幼儿园生师比例

- 学生数量情况变化大 0.8%
- 学生数量偏多,教师工作压力大 57.1%
- 学生数量合适,教师配比合适 42.0%
- 学生数量少,出现了教师过剩的情况 0%

**(2)教学水平不高,教学质量难以保证**

经过调研访谈发现 66.3%的学前教师普遍认为自己缺乏专家引领,业务水平难以提高,见图 4-4。目前桂林市幼儿园教师当中,高级教师 9 名,中级教师 530 名,初

级教师共929名,从教师结构来看,优秀教师数量偏少,特别是民办幼儿园教师队伍整体素质偏低。此外,现有的培训针对性不强,培训内容与教师需求无法很好结合,因此,无法满足教师职业发展的需求。

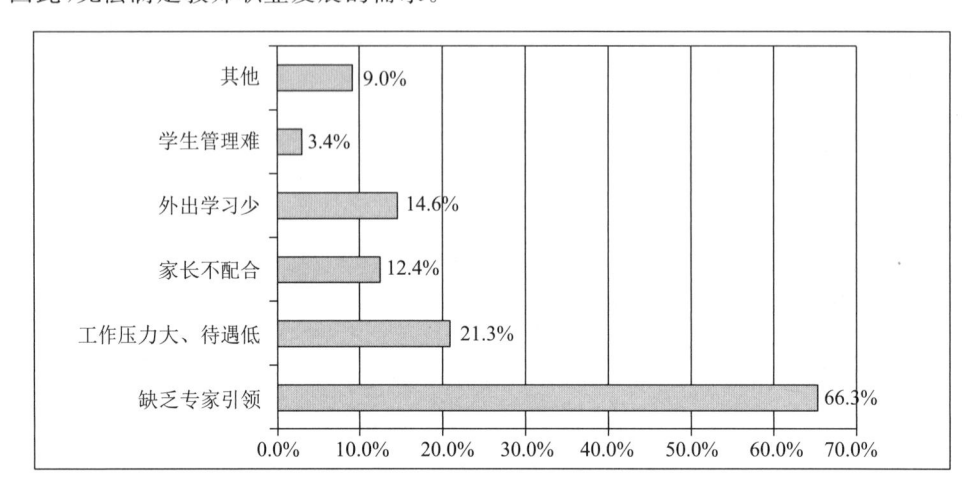

| 职业困境 | 比例 |
|---|---|
| 其他 | 9.0% |
| 学生管理难 | 3.4% |
| 外出学习少 | 14.6% |
| 家长不配合 | 12.4% |
| 工作压力大、待遇低 | 21.3% |
| 缺乏专家引领 | 66.3% |

图 4-4:教师面临的职业困境

(3)教师工作压力大,教师队伍不稳定

如图4-3可见,相当多幼儿园教师认为自己的地位和工资待遇偏低,工作时间长,家长对幼儿园及教师的要求高,加上与家长沟通所花费的隐性工作时间和精力多,工作压力大,人员流失较大,教师的队伍不稳定。

**3.社会各方对学前教育重视不够**

这主要体现在三个方面:一是家长对幼儿教师工作的配合与理解程度不高,"家园共育"难以有效开展;二是幼儿园与社会其他部门的工作不协调;三是教育信息化建设缓慢,政策宣传不力,社会上对学前教育的相关管理制度不了解。这实际上加重了教师的负担,教师和园长在花大量时间和精力协调各部门之间的关系之余,还要应付家长,对教学和科研则有心无力。另外,媒体消极负面的宣传,也容易造成大众对学前教育的误解。

## (二)义务教育发展不均衡

调查对象均来自桂林地区,包括桂林市区及地区内的县市,它们是桂林中学、桂林一中、师大二附、西山小学、恭城中学、全州高中、阳朔中学、灵川中学、兴安中学、资源中学等,其中关于县城的调查是通过随机选取的,市内调查对象的选择遵循"便利原则"。本次调查中,教师部分共发放问卷245份,回收有效问卷228份,有效问卷回收率为93%。家长部分共发放问卷154份,回收有效问卷145份,有效问卷回收率为94%。并采用T检验和ANOVA分析,按问卷选项逐题逐项分析,概括出教师和家长对问题的共同看法。

**1.义务教育政策普及和落实存在漏洞**

从问卷分析结果来看,70.95%家长对于义务教育政策有一定了解,普遍认为落实情况较好。但通过T检验显示,城镇居民和农村居民的了解程度有明显差异,农村人口的平均水平(2.46)低于城镇人口(2.79),并且在9位不了解政策的家长中有7位为农村人口。政府对农村和县镇的义务教育政策普及和宣传还应该加强,同时继续到位落实义务教育政策,让人民真正感受到义务教育的稳定性。

在问卷调查中发现,部分家长反映还存在学杂费未免收的情况,除学杂费外学校会另外收取部分费用;另外,在部分辍学严重的地区,学校解决辍学问题的效果不显著,无财、无力应对问题,在县镇学校尤其明显。以上问题有待政府加强督查和规范。

**2.教职工数量不足,教师工作压力大**

一方面,多个地区的教师数量呈现缺乏的状况,特别是城市学校由于政府校区规划导致学生集中流向一些学校,而这些学校的新教师并未增加,导致师资紧缺。另一方面,现行中小学教师编制问题也存在。2009年桂林市按照2002年的编制标准核定中小学教职工编制数,出现了编制上超编,而实际上这几年来教师缺少的现状仍然严重。主要原因是,在统计教师编制"一刀切"的现象严重,如在桂林市区按1∶19、县城乡镇按1∶23师生比来配置教师,但是没有考虑素质课教育师资,如美术、音乐和体育老师的配备;在乡镇按1∶23师生比来配备教师时,虽然考虑到一些乡村教学点的学生人数可能根本达不到23名,甚至只有几个学生也占用了一个教师编制情况,但这样总体平均起来已经达编,实际上导致一些学生数量多的学校得到的教师编制少,导致教师工作量大、压力过大;还有就是,教师编制存在着统计结果多年不变的现象,对于调离、退休教师的信息没有及时地更新,核编工作仍有待建立动态管理机制。

问卷显示超过半数教师工作中存在压力,其中以工龄长的教师最为显著。教师压力主要是学生数量多,工作量大,还有就是由于个人知识和能力的欠缺不能满足教学需要而导致的压力。薪酬问题是教师关注的重点问题。目前,多数教师对工资及福利感到不满意,工资拖欠的现象仍然存在,教师尤其对"绩效工资"的实行感到不满,其中县镇情况比农村和城市更为严重,公立学校比私立学校情况相对更差,工龄较长的教师反馈出的不满更多。

**3. 农村义务教育发展不协调**

总体来看,桂林市农村义务教育发展不协调问题依然存在,农村教育撤点并校速度过快,导致出现教学点较少、距离远,寄宿条件差,学生人数逐年减少等问题。市区、县城学校教育资源不足,难以满足迅速增长的进城务工人员子女就学需求。

教师资源配置上,据抽样调查显示,桂林农村小学的师生比绝大部分已达到国家标准的1∶23。[1] 桂林农村小学教师素质总体较高,但仍有少部分教师现代教育技术能力不够。同时,教师的专业化程度不高,体艺专业教师比较稀缺,影响了部分课程的正常开设,学科教学专业化程度不高将严重影响教学质量。

基础设施建设上,广西桂林市教师电脑配备标准为1∶1。[2] 目前很少甚至没有农村学校达到此标准,这势必会影响桂林市教育信息化和教育现代化发展。[3] 而桂林市农村学校功能室配备也严重不足,多数学校不能开齐国家规定课程,影响学生全面发展。农村学生电脑数量也远未达到生机比15∶1的市级标准。[4] 图书配备生均仅为市级标准的一半,市级标准为30∶1。[5] 分析原因有三个:一是学校的教室数量不够;二是学校的专业教师缺口较大;三是体艺教学和实验器材配备不足。

**4. 教育资源整合速度较慢**

政府对学校的投入需要增加,主要包括学校基础设施、设备的投入和学校公用经费的拨款。基础设施设备上欠缺的部分集中于教学设施以外的配套设施,多为宿舍食堂等生活设施、医院和运动场馆,而家长对学校建设的要求越来越高。在公用经费上,多数学校能基本保持教学的正常运行,经费充裕的学校较少,经费紧张的学校多集中于县镇学校和公立学校,这两类学校的经费来源渠道较少,有待政府适当放开政策,鼓励多渠道融资。

---

1 中央编办、教育部、财政部:《关于制定中小学教职工编制标准的意见》,2001年10月。
2 桂林市教育局:《关于印发〈桂林市中小学教师信息化建设与应用达标评估细则〉(试行)的通知》,2013年5月。
3 陈志波、唐江凌:《广西农村小学义务教育均衡化研究——以桂林市小学为研究对象》,《科技视界》2014年第4期,第189—217页。
4 桂林市教育局:《关于印发〈桂林市中小学教师信息化建设与应用达标评估细则〉(试行)的通知》,2013年5月。
5 桂林市教育局:《关于创建桂林市中小学校示范性图书馆的通知》,2006年5月。

城镇发展中新校建设工程进展相对迟缓。教育事业发展"十二五"规划中提出："十二五"期间,力争在五城区和临桂新区新建小学5—8所,初中2—4所。[1] 但到目前为止,五城区和临桂新区部分新建学校也只是完成选址工作,进展最快的秀峰区榕湖小学分校、七星区漓东小学、临桂新区麓湖国际社区小学也是到了2013年下半年才开工建设。[2] 另外,桂林中学临桂校区建设的相关问题也是"十二五"后期至今重点需要解决的内容。[3] 从近两年城区小学新生入学情况看,建校的速度难以满足迅速增长的进城务工人员子女就读的需要。

校区建设中的主要问题是:临桂校区所属的北片区地块总规划尚未获批复,校园周边道路标高无法确定,影响到校园总平面规划和环评工作的开展;学校用地未完成征收工作,土地价格尚未确定,影响工程概算、初步勘察及可研报告的编制和批复;学校地块规划周边路网未形成,施工便道未修建,施工机械难以进场,影响施工推进速度。

**5.民办学校的办学体制与管理体制有待改革**

自2010年以来,桂林市城区义务教育阶段的民办小学(含教学点)有23所,九年制民办小学部1所、初中部1所,完全中学民办初中部4所。民办学校一方面缓减了由于国家财政投入不足、无法新建学校来满足教育需求的压力,起到了积极的作用。但一方面,由于民办学校的办学体制与管理体制尚未健全,给义务教育带来一些突出的问题:一是竞争秩序不公。比如,"国有民办"型的学校,往往以公有资源来经营,同时又吸收社会资金投入,其办学条件、教师待遇一般都比公办学校优越得多,他们有足够的条件与公办学校争优质师资和优秀生源,这势必造成不公平竞争的局面。二是管理难度加大。由于民办学校存在着多元化的投资格局,其参与管理的主体和部门也是多头的,这使得作为教育事业的政府主管部门在管理上难度加大。三是国家的收费政策被打乱。按照我国教育法规定,义务教育阶段不允许收取学费。但是按照我国民办教育促进法的规定,民办学校是可以收取学费的。而"国有民办"型的学校往往收取较高数额的学费,这一方面使学生的家庭负担加重,也使国家的义务教育政策的实施受到影响。

---

1 《桂林市教育局2011年度公众评议意见建议整改方案》,http://www.guilin.gov.cn/zwzt/2011jxkp/201207/t20120703_276996.htm。
2 桂林市人民政府:《桂林市人民政府关于印发加快桂林市区义务教育学校建设实施意见的通知》,市政[2013]109号,2013年8月31日。
3 《桂林市教育事业发展"十二五"规划中期评估报告》,http://www.gledu.cn/Article/jyxz/jcxx/28580.htm。

## （三）高中素质教育有待进一步提高

考虑到影响高中教育发展因素的复杂性，一般的人员不是很了解，因此在选择调查对象时，为了保证科学性，选择调查对象的标准是：比较熟悉高中教育教学政策、改革或与高中教学切身相关的人员；具有一定的文化水平和独立判断能力。因此，选取了桂林市教育局和县镇教育局领导、高中学校的校长、高中教务人员和专任教师、高中在校生家长等作为调查对象，调查地区涉及桂林市区、灵川、灌阳、恭城、全州等县共9所高中。收集有效问卷227份(共发放260份)，有效问卷回收率达到87.3%；其中教师有效问卷139份，有效问卷回收率86.9%；家长有效问卷88份，有效问卷回收率88%。从调查数据分析中反映出桂林市高中教育存在以下问题：

**1.政府经费投入不足，政策支持不到位**

政府的经费投入和政策支持是影响高中竞争力和制约高中教育发展的重要因素。缺少政府的支持，学校很多活动都难以正常开展。比如桂林中学临桂新校区的建设问题，计划分两期实施，项目于2012年启动，开始进行策划、设计、办理审批手续。第一期建设工期3年，即2013年正式开始建设，2015年建成；第二期预计从2016年开始建设，建设期2年。然而2013年该项目仅完成规划选址、用地定点和用地预审工作，以及校园总平面规划和建筑方案设计工作，学校征地还未完成。造成这个情况的主要原因是获取投资困难，资金补入不足。学校实验室、器材等其他设备还没有达到标准教学指标，与发达城市的高中相比，差距更是明显。另外，工程中经常出现用地纠纷，资金投入也很难按时到位，和投资方之间产生矛盾，这些因素都会影响工期的完成，学校的运营也受到影响。学校在用地和经费方面都需要政府的大力支持。城区和县镇高中都存在着教育经费不足的问题，学校领导表示在引进民营资金等方面，未能得到政府的有力支持。另外，有关资助项目资金使用也比较困难，有关部门虽按时拨付奖补资金和风险补偿金，但受审计、财政的约束，此类资金使用受到诸多限制，不能很好很及时地为学生资助工作服务。

**2.高中教育发展不平衡，资源分配不公平**

普通高中是非义务教育，未能真正列入经济社会发展的总体规划，长期以来得到国家的财力支持很少。城市高中特别是重点高中，由于能得到政府投资政策的倾斜，所以能配备区域内一流的师资，选拔区域内一流的学苗，建设一流的校舍，引进先进的教学设备。而县镇高中地处乡镇，交通不发达，财政能力有限，很多学校缺乏现代化的教学设施,像灵川中学的校长表示他们的教学楼还是 20 世纪 80 年代建的,设施陈旧,全州高中的校长也表示他们学校设施落后、仪器不足,图书也未能得到补充和更新,严重制约学生的发展。在生源方面,城区学校也有优势,那就是面向全市,招生范围广。但是县镇高中招生却限制地域,一般是指定本县或者其他几个县镇。优质生源大多愿意到城区求学,导致留在县镇高中的生源质量相对较差,这对乡镇高中的教学成效造成一定的影响。民办高中与公办高中竞争优质生源的现象较为严重,且目前存在"民进公退"的现象。优秀师资集中在城区,县镇教师中优秀教师特别缺乏,甚至好不容易培养出来的优秀教师又常常被城区高中挖走。

**3. 师资队伍建设问题**

教师数量和质量上均有不足。根据调查发现,高中学校面临教师不足的问题,尤其是县镇高中,一些学校表示在招聘后期留下来的教师只占招聘名额的 1/3,而且跳槽离开的往往还是能力比较强的,再加上每年都有教师退休,学校教师紧缺。统计分析数据发现 5 年教龄以下仅占比 12.5%,10 年以上教龄的高达 56.2%,这说明年轻教师数量非常少,教师资源的后备补给不足,教师老龄化的现象突出。高中教师必须要有本科本历,拥有高级职称的教师不到 29%。教学骨干的缺乏不仅影响教学质量,也会影响了通过"师徒制"培养新教师方案的实施。

教师培训工作不到位。从教师对自己工作的看法调查研究得知,教师都希望获得培训的机会,学习新知识,而培训机会却很少。一是因为教师数量的缺少,学生数量比较多,学校普遍出现"大班额"现象,教师教学任务繁重,难以派出教师外出培训学习;二是因为外派学习在时间和花费上多,而受训人员却有限,一般学校都不愿意采取这样的方式;三是上级虽派专家到学校去进行培训,然而专家人数有限,"僧多粥少",还有就是尽管专家的理论知识丰富,但课堂教学形式单一,时间短,效果有限。

教师编制问题。现行中小学教师编制问题也亟待解决。2014 年桂林市按照 2002 年的编制标准核定中小学教职工编制数,出现了编制上超编,而实际上又缺少教师的现状,导致一些农村中小学无法完全开足、开齐课程,造成结构性缺编。

教师考核机制不健全。高中学校教师工资采用绩效工资的方式,但这点并不是很适合。绩效工资能体现工作量的差异,可是也仅仅是"量"上的差别。像班主任的工作就非常的琐碎,有很多的工作是不能量化的。对于这种付出很多学校视而不见,没有什么激励和补助。

#### 4.学校自主管理能力弱

经调查发现,大部分的高中学校自主管理机制不完善,比如教学管理制度、教师的评价机制、教师福利待遇、学生管理制度上都不健全,突出表现为学生管理上。高中学校普遍采取的是传统的管理手段,每班的班主任负责管理班级,所谓的班级管理就强调一个"管"字,即班主任采用看管、控制甚至强制、惩罚等手段对学生进行管理,忽略学生的主体地位和主观能动性。这种管理模式常造成注重常规管理,过于注重学习成绩,忽视学生综合能力的培养,忽视学习指导的局面。在对家长的调查访问中,家长很希望学校不要仅以成绩为中心,教育学生要更注重促进学生的全面发展,培养学生的自主学习能力。而高中学校追求高考录取率,对学生的教育以文化成绩为主,学生就像学习的机器,不利于学生全面发展。在面对学校资金困难时,很多学校自己都没什么行动,就等着政府拨款,不会自谋出路。

### (四)职业教育产教融合不足

采取以深度访谈为主、问卷调查为辅的形式对桂林市职业教育发展进行调研。选择访谈对象的原则是:1.公办和民办职业学校均要有代表。2.选择的学校的重点专业设置有所不同,能突出代表桂林市职业发展的现状和特色。笔者于 2014 年 12 月 12 日在桂林市教育局会议室,与桂林市职业教育中心学校、桂林高级技工学校的领导和教师就"桂林市职业教育发展状况"相关问题进行了深度访谈。

#### 1.教育目标定位不够准确

当前桂林市中等职业教育的目标定位和实际学校的培养模式、办学理念均没有真正落实到以"服务地方经济为宗旨,以就业为导向"的现代职业教育的标准上来。由于没有及时更新教育理念和办学模式,没有及时地根据市场的需求与变化确立教育发展新目标,制约了桂林市中等职业教育的长远发展,也影响了社会大众对于中等职业教育认识偏差。

#### 2.资源匮乏与资源浪费并存

办学资源缺乏的问题在很多学校都存在,学校的硬件设施还是不够完善,教育投入依然不足,不少职业学校均希望得到资金支持。如桂林市职业教育中心学校希望在"十三五"期间做一个实训基地规划,加强对实训基地的建设,还希望能建设一个室内体育馆,完善学校的硬件设施;桂林市高级技校希望有自己的实验大楼;张艺谋漓江艺术学校因为是民办学校,校园属于租借,希望政府在用地上给予政策倾斜,建设自己的校园。

尽管职业教育资源匮乏,但仍存在巨大的隐形浪费。2007—2008年,国家要求每县至少办一所中职学校,同一阶段,增加了许多中职学校,但事实上许多学校招生的情况比较惨淡,甚至有的学校没有招到学生,整个学校资源包括教师都闲置和浪费。一些中职学校的公办教育资源没有得到优化配置,重复建设、重复办学的现象严重,一些职校在攻坚建设期间学校购置了一批设备,却因为教师离职又招不到相关专业的教师,而出现设备闲置浪费的现象(自治区目前正开展县级需求综合改革)。

**3. 专业设置与地方经济联系不密切**

桂林市中等职业学校的专业设置与地方经济联系并不紧密。桂林的特色经济发展以特色效益农业为主导,高新技术工业产业为先导,以特色旅游服务业为龙头,有食品饮料、机械电器、汽车及零部件、电子信息、医药及生物制品、橡胶制品等支柱产业,而桂林中等职业学校的专业并没有根据桂林特色经济产业格局做有效设置,桂林市中等职业教育学校的主干专业设置主要集中在第三产业,专业分类涉及了服务业的信息、交通、卫生、教育、旅游等,第二产业只有加工制造和轻纺食品专业,而第一产业的专业只涉及了农林牧渔类,可见桂林市职业教育学校服务第一、二产业的专业设置功能不强。据了解,涉及桂林新兴发展的微电子、橡胶、医药及医疗器械和会展业的专业虽然以前开设过,但因招不到学生而取消了。张艺谋漓江艺术学校开设舞蹈和音乐两个大专业,桂林市艺术学校开设有戏曲表演专业,但如桂剧等具有地方特色和民族特色的民间艺术专业还是不丰富。

**4. 中职学生生源质量低下**

由于社会上"重普轻职"观念的影响,进入职业学校的学生,大多都是没能入读普通高中之后的"迫不得已"的选择。有些是文化分达不了普通高中录取线,有些则是因为品德不端正被高中劝退的、别无选择的学生。如此低下生源质量给职校管理带来很大的难度,同时也很大程度上限制了职业教育的推进与发展。

**5. 师资队伍的保有、开发与建设的瓶颈**

师资队伍建设的问题是中等职业教育发展的最大瓶颈。主要表现在:

(1)中职学校师资待遇低,招人难,教师队伍不稳定。中职学校教师薪酬待遇不高,甚至工资还不如自己指导的中职毕业生,无法吸引外来优秀教师。在桂林市,中职毕业的熟练数控操作员工资在3500—6000元/月,而多数中职学校数控专业骨干教师,甚至是工作了十余年的高级讲师、高级技师的月工资还不足 2000 元。诸多因素,使中职优秀教师时常发生"孔雀东南飞"的现象,从而导致中职学校出现"难留人""留不住人"的局面。

(2)师资结构不合理。存在教师队伍学历结构偏低、中青年骨干教师数量偏低、高级职称及"双师型"教师比例偏低、实习指导教师严重不足、文化课教师与专业课教师比例严重失调、教师队伍青黄不接等现象。据统计显示,目前桂林市中职学校教师硕士或研究生班学历的占 2%,本科学历占 60%;高级职称占 13%,中级职称占 33%;"双师型"教师比例仅占 36%。

(3)"双师型"教师缺乏。目前,桂林市 80%以上中职学校专任教师是直接从"学校走向学校",普遍缺乏生产、建设、管理、服务一线的实践经验,没有经过系统、严格的教师培训,动手能力不强,专业技能不高,教学能力不足,职业教育理论较缺乏;有的甚至是从其他行业转行而来,他们既缺乏专业知识,又欠缺职业教育教学能力,难以承担现代职业教育教学之重任。即使是"双师型教师",仍有不少是虽然证书资历上来了,但能力及经验还达不到"双师型"要求。师资来源先天性不足,以及缺少骨干教师、学科带头人和名师的后天营养不良等因素,导致中职学校师资整体素质不高的局面出现。

(4)教师职业倦怠现象严重。中职学校教师由于长期工作在教学任务重、发展空间小、条件待遇低、工作压力大、生源素质差的教学环境中,让他们觉得工作无激情、无动力,工作缺乏活力和主动性、目标和计划性,缺少成就感,久而久之产生了职业倦怠心理。

(5)学费补贴制度助长了中等职业学校的生源虚涨。近年来教育行政部门对职业教育的重视度提高,出台了相应的优惠政策,以新生入校的名额来给予中职学生的免学费补助。为了争取更多的补贴,许多学校就给教师施加压力,每位教师必须分配一定的招生名额,然后按招到的学生数给予教师一定的奖励。教师为了得到更多的奖金,其亲朋好友都出现在新生的名单上。学校入学资格审查不严格,许多学生都是有名无实,只需要一个身份证就可以登记入学,有一些是社会人士,只是凑数,有一些同学一方面是配合学校,一方面是为了取得文凭,但基本没有出现在学校。

## （五）市属高校与驻地高校还没形成合力

在桂林市四所高校中选择了桂林师范专科学校作为调研对象，采取面对面座谈的形式对桂林师范专科学校领导、管理层及普通教师进行了深度访谈。访谈中了解了桂林市高校的发展现状及桂林师专发展现状、战略愿景等。桂林市属高校的发展情况如下：

### 1.市属高校不多，办学形式单一

截至2014年底，桂林有7所驻地高校和4所市属高校，其中9所为普通院校，2所为成人高等院校。目前桂林市暂无"211工程"和"985工程"等重点院校，有特色的优质高校少，而且部分高校由于办学理念滞后、政策引导不到位等，出现定位模糊、发展方向不确定的现象，在一定程度上制约了桂林市高等教育的发展。目前桂林市属高校以政府办学为主，暂无其他办学形式，办学形式也比较单一。

### 2.学科专业设置不合理

桂林高校学科专业设置层次不尽如人意。一是没有紧扣市场需要，无法适应市场的需要。虽然各学校学科专业的覆盖面广，但没有特别突出服务于地方经济的专业特色，学科专业竞争力不强。二是没有很好地适应区域经济发展的需要，专业口径的复合程度不够科学，对新兴职业的开发力度不够大。桂林作为国际旅游胜地，在发展生物制药、动漫、演艺产业方面拥有良好的基础条件和独特的优势。因此，桂林高校应该重点建设适应桂林经济发展、独具个性和特色的学科专业，打造特色品牌或特色专业。

### 3.师资力量不足

师生比是衡量师资力量的重要指标。在国际惯用的高校教学质量评估体系中，认为最适宜的师生比应该是1∶14，我国教育部规定合理的高校师生比例应控制在1∶18范围内。据统计，桂林市高校师生比为1∶24，远远超过教育部规定的标准，因此，教育教学质量难以保证。究其原因，主要是因为近年来高校招生的不断扩大，专任教师增长速度赶不上学生增长数，很多高校难以补充有资质的专任教师，只能由部分本科生或在读研究生充当临时兼职教师，在读研究生由于教学经验不足，致使教学质量也逐步下降。同时，悬殊的师生比使得教师无法顾及每个学生的发展，进而影响学生学习和综合能力的发展，教学任务过重也使得教师无精力和时间从事科研，从而从整体上拉低了教学质量。

### 4.教育经费投入不足

由于近年来高校不断扩招,由最初的专、本科已经扩展到研究生、博士生招生阶段,高校在校人数不断上涨趋势,财政部门对高校拨款的总量也在逐年增长,但高校经费投入规模无法与扩招后的教育规模同增长,因此,桂林高等教育生均教育经费呈递减趋势。由于教育经费投入不足,将导致办学条件无法改善,不仅难以留住或吸引高层次的人才,办学质量的提高也受到严重的制约。同时,因为资金投入不足导致学校教学图书设备缺乏、管理相对滞后等综合因素而使教学质量呈下降趋势。

## (六)特殊教育办学条件有待加强

当前桂林特殊教育事业仍然滞后于发达地区,特殊教育发展中仍然存在着一些亟待解决的问题。

### 1.特殊教育学校规模有待扩建

2015年,桂林市增加至9所特殊学校,目前,全州、兴安、灵川、荔浦、临桂、平乐、阳朔各一所,市区两所,共37个班。据市残联数据不完全统计,全市在校读书存在智力、语言、听力等三类残疾学生共2475人(其中包括随班就读学生),还有193人尚未入学,校均规模为495人。本课题组对桂林市特殊教育学校进行走访,特殊教育学校总体发展呈良好趋势。但是根据市残联相关人员介绍,仍有相当的数量残障儿童因为没有办理残疾证而无法统计,造成了他们接受教育的权利难以保障,失去了接受学校教育的机会。另外,存在一部分适龄三残儿童尚未入学,未能入学的主要原因是当前全市特殊教育学校规模有限,不能满足适龄残疾儿童入学需求。

### 2.特殊教育学校办学条件有待加强

近年来,桂林市特殊教育学校的办学条件虽有改善,但存在一定的局限性,不能使师生均衡地获得更好的成长和发展的需要。一是县镇特殊教育学校建筑面积小、校舍过旧亟须改善。二是特殊教育学校教学设备准备不足,大多数学校存在功能室不全、缺乏必要的设施设备和康复训练器材等问题,现有办学条件远远不能满足广大残疾儿童少年接受康复训练及教育的双重需求,在一定程度上影响了学生正常的教学、生活及康复训练活动。

### 3.特殊教育经费投入不足

虽然桂林市被确定为全国特殊教育改革试验区,但长期以来,桂林市仍受到经济落后、教育经费管理体制的不合理影响,导致特殊教育经费投入仍然不足。特别是当前桂林二元经济特征相对明显,县城之间经济发展与财政状况不平衡的现象比较突出,因而造成了区域内教育资源配置的不均衡和残疾群体所受教育机会不均等的局面,反映出教育的公平和公正性不足。桂林市存在特殊高等教育欠缺的情况,缺少普通高中,针对此现象,应完善非义务教育阶段残疾学生资助政策,积极推进高中阶段残疾学生免费教育。

**4. 特殊教育师资缺乏,教师素质有待提高**

一是桂林市特殊教育学校存在着班额小、寄宿生多、残疾差异大、康复类专业人员需求大、承担随班就读巡回指导任务重等特点,因此,需要完善教师管理制度。桂林市特殊师资队伍的数量和质量还不能完全满足特殊教育事业发展的需要。二是特教教师专业素质不高。特教教师是否受过专业训练在很大程度上影响着教师的工作积极性、工作业绩、自身专业发展乃至学生的成长。而桂林特殊教育专任教师中,经过特教专业培训的教师占教师总数比例不高,这对于提高特殊教育教学质量极为不利,导致了特殊教育的教师素质"贫困"现象。三是专任教师的学历层次较低。2014年,特殊教育教师111人,其中硕士学历只有1人,本科学历61人,专科48人,中专1人。

**5. 特殊教育体系不够完善,办学层次偏低**

当前,桂林市特殊教育体系不够完善,办学层次以小学教育为主体,中等及以上特殊教育发展落后,存在许多薄弱环节。主要体现在当前桂林市特殊教育中高中教育及职业教育的匮乏,高等学校缺少设置特殊教育学院或相关专业,缺少职业培训、就业创业能力,无法满足残疾人接受高等教育的需求等方面。

## (七)继续教育受众参与率低

《桂林市教育事业发展"十二五"规划》中关于继续教育的规划指标是:2010年从业人员继续教育达64.04万人次,2015年达65万人次。而实际的完成指标是:2011年从业人员继续教育达52.01万人次,2012年年度实施完成指标44.07万人次。[1] 由此来看,社会从业人员接受继续教育的程度不高,继续教育的发展尚未达到预期目标,未能跟上社会发展的形势。主要存在的问题是:

---

1 数据来源:桂林市教育局,《桂林市教育事业发展"十二五"规划》中期评估报告,桂林教育信息网,http://www.gledu.cn/Article/jyxz/jcxx/28580.htm。

**1. 继续教育参与率低,供给与需求不平衡**

一是教育的现代化水平还不能充分满足构建桂林市国民教育体系和终身教育体系的需要。这主要体现在:教育投入、办学条件与沿海或内地发达地区差距悬殊;优质教育资源共享机制建设有待进一步加强;学校、家庭、社区教育一体化发展网络尚待完善;学前教育、职业教育、特殊教育、社区教育与普通中小学教育发展程度还不平衡。

二是继续教育的发展状况与未来经济社会发展对继续教育的需求之间存在明显的差距,继续教育参与率较低,供给不能完全满足需求。与桂林市政府的"两基本一进入一名城"[1]的战略目标之间尚存在着差距。

**2. 农村成人继续教育问题突出**

2013年,桂林市总人口为560万,其中市区人口60.35万。桂林农村人口基数大,农村应受教育人口比重高。但是,农民教育仍然是弱势教育,农村成人教育支出远远小于义务教育,加上经济状况不一,不少地方甚至缺乏最起码的办学条件,财政投入明显不够,资金问题仍然是农村成人教育发展的重要制约因素。

另外,农村自给自足的生产方式及封闭式的生活方式禁锢了农民的思想,农民普遍缺乏依据市场变化调整和组织生产的能力。再加上农业技术培训的缺乏,绝大多数农民对农业技术的接受能力不高,他们适应现代社会的能力不强,无法满足农业产业化要求,一定程度上制约了桂林市经济的发展。

## 小结

总体来看,桂林市各个教育阶段均存在的一些突出问题:早期教育中学前教育最大的问题在于"学位"供给不足,幼儿特别是地处农村的学龄前儿童仍存在入园难的问题,不少城市儿童面临"入优质园难""入园贵"问题,学前教育阶段的教师质量有待提高。中期教育中,目前的义务教育均衡发展呈现出新特点和新问题,市区和县域中小学的教育均衡问题仍然需要进一步解决;高中教学质量需进一步提高,"课改"未能有效减负,素质教育需进一步落实;教学资源整合效果欠佳,存在生源的过度竞争问题;此外,亟须创新人才培养模式,可以考虑分类教育,因材施教等。职业

---

[1] "两基本一进入一名城"是指力争在全区率先基本实现教育现代化,率先基本形成学习型社会,进入国内同类城市人力资源强市行列,建成与国际旅游名城、历史文化名城、山水生态名城相互支撑、相互辉映的教育名城。

教育方面,职校的资金投入得到国家大力支持,但由于轻视职业教育的传统观念的影响,职校生源数量不足和整体质量不高,使职业教育难以得到提升式发展。高校发展仍然不能较好地满足服务地方经济的需要,"上规格、上档次、突出特色、服务地方"应是未来发展的方向。继续教育的发展潜力大,特别是职业农民的培训市场空间广大,有望成为拓展继续教育的战略方向。

## 三、收入水平偏低制约着广西职工对其人力资本再投资的能力

人力资本投资的主体是多元的,除了组织如政府、企业以外,还需要个人及其家庭对其自身的人力资本进行再投资。个人及家庭对自身人力资本的再投资的能力取决于个人及家庭的收入分配状况,而收入分配状况是通过初次分配和二次分配来实现的。初次分配是按生产要素来分配,主要指劳动的付出质量和数量等分配,体现效率;二次分配是由政府通过税收的手段来帮助弱势群体的,特别是通过个人所得税来调整收入分配过大的差距,以体现公平。

目前一方面广西职工的工资收入水平偏低;另一方面个人所得税对广西收入分配调整的效果并不理想,影响了广西职工分享经济发展成果,同时也制约了广西职工对自身人力资本再投资的能力。

### (一)广西工资水平在全国的排位靠后,平均工资涨幅排倒数第六

广西与全国工资水平的差距在拉大。广西工资水平自2007年以后,在全国的排位逐年下降,由2007的15位逐年下滑,由中等水平下降为中下水平,2011年下降到最低,排到了29位,2016年回升到第20位(见表4-1),2016年广西城镇居民人均可支配收入达28324元,与全国平均相差5292元,与排名第 位的上海相差29368元,从增幅来看,平均工资涨幅广西在全国排倒数第六,只有7.22%,且没有达到全国平均水平。

表 4-1:2015—2016 年全国 31 省区市城镇居民人均可支配收入

| 位次 | 地区 | 2015 年城镇居民人均可支配收入(元) | 2016 年城镇居民人均可支配收入(元) | 增幅 |
|---|---|---|---|---|
|  | 全国 | 31194.83 | 33616.00 | 7.76% |
| 1 | 上海 | 52961.86 | 57692.00 | 8.93% |
| 2 | 北京 | 52859.17 | 57275.00 | 8.35% |
| 3 | 浙江 | 43714.48 | 47237.00 | 8.06% |
| 4 | 江苏 | 37173.48 | 40152.00 | 8.01% |
| 5 | 广东 | 34757.16 | 37684.30 | 8.42% |
| 6 | 天津 | 34101.35 | 37110.00 | 8.82% |
| 7 | 福建 | 33275.34 | 36014.00 | 8.23% |
| 8 | 山东 | 31545.27 | 34012.00 | 7.82% |
| 9 | 内蒙古 | 30594.1 | 32975.00 | 7.78% |
| 10 | 辽宁 | 31125.73 | 32876.00 | 5.62% |
| 11 | 湖南 | 28838.07 | 31284.00 | 8.48% |
| 12 | 重庆 | 27238.84 | 29609.96 | 8.70% |
| 13 | 湖北 | 27051.47 | 29386.00 | 8.63% |
| 14 | 安徽 | 26935.76 | 29156.00 | 8.24% |
| 15 | 江西 | 26500.12 | 28673.00 | 8.20% |
| 16 | 云南 | 26373.23 | 28611.00 | 8.49% |
| 17 | 新疆 | 26274.66 | 28463.00 | 8.33% |
| 18 | 海南 | 26356.42 | 28453.00 | 7.95% |
| 19 | 四川 | 26205.25 | 28335.00 | 8.13% |
| 20 | 广西 | 26415.87 | 28324.00 | 7.22% |
| 21 | 河北 | 26152.16 | 28249.00 | 8.02% |
| 22 | 陕西 | 26420.21 | 28220.00 | 6.81% |
| 23 | 西藏 | 25456.63 | 27802.00 | 9.21% |
| 24 | 山西 | 25827.72 | 27352.00 | 5.90% |

续表

| 位次 | 地区 | 2015年城镇居民人均可支配收入(元) | 2016年城镇居民人均可支配收入(元) | 增幅 |
|---|---|---|---|---|
| 25 | 河南 | 25575.61 | 27232.92 | 6.48% |
| 26 | 宁夏 | 25186.01 | 27153.00 | 7.81% |
| 27 | 青海 | 24542.35 | 26757.00 | 9.02% |
| 28 | 贵州 | 24579.64 | 26742.62 | 8.80% |
| 29 | 吉林 | 24900.86 | 26530.42 | 6.54% |
| 30 | 黑龙江 | 24202.62 | 25736.00 | 6.34% |
| 31 | 甘肃 | 23767.08 | 25693.50 | 8.11% |

数据来源：《中国统计年鉴》2017年

国内生产总值增长是提高员工劳动报酬的前提和条件。2016年全国人均国内生产总值实现8488.09美元，全国31个省区市人均国内生产总值均超过4000美元大关，达到中等偏上国家水平。但广西人均国内生产总值排名第26位，为5979.56美元，还低于全国平均水平（见表4-2）。根据2010年世界银行对不同国家收入水平的分组标准，按人均国民总收入（GNI）计算：低收入处于1005美元以下；中等偏下水平收入区间1006—3975美元；中等偏上水平收入区间3976—12275美元；富裕为收入在12276美元以上。可见，广西目前已处于"3976－12275美元，属中等偏上水平"阶段。

表4-2：2016年全国31省区市国内生产总值和人均国内生产总值

| 位次 | 省市 | 国内生产总值（亿元） | 常住人口（万） | 人均国内生产总值（元） | 人均国内生产总值（美元） |
|---|---|---|---|---|---|
| | 全国 | 744127.2 | 138271 | 53980 | 8488.09 |
| 1 | 北京 | 25669.13 | 2173 | 118198 | 18586.05 |
| 2 | 上海 | 18178.65 | 2420 | 116562 | 18328.8 |
| 3 | 天津 | 17885.39 | 1562 | 115053 | 18091.52 |
| 4 | 江苏 | 77388.28 | 7999 | 96887 | 15235 |

续表

| 位次 | 省市 | 国内生产总值（亿元） | 常住人口（万） | 人均国内生产总值（元） | 人均国内生产总值（美元） |
|---|---|---|---|---|---|
| 5 | 浙江 | 47251.36 | 5590 | 84916 | 13352.62 |
| 6 | 福建 | 28810.58 | 3874 | 74707 | 11747.31 |
| 7 | 广东 | 80854.91 | 10999 | 74016 | 11638.65 |
| 8 | 内蒙古 | 18128.1 | 2520 | 72064 | 11331.71 |
| 9 | 山东 | 68024.49 | 9947 | 68733 | 10807.93 |
| 10 | 重庆 | 17740.59 | 3048 | 58502 | 9199.15 |
| 11 | 湖北 | 32665.38 | 5885 | 55665 | 8753.05 |
| 12 | 吉林 | 14776.8 | 2733 | 53868 | 8470.48 |
| 13 | 陕西 | 19399.59 | 3813 | 51015 | 8021.86 |
| 14 | 辽宁 | 22246.9 | 4378 | 50791 | 7986.63 |
| 15 | 宁夏 | 3168.59 | 675 | 47194 | 7421.02 |
| 16 | 湖南 | 31551.37 | 6822 | 46382 | 7293.34 |
| 17 | 海南 | 4053.2 | 917 | 44347 | 6973.35 |
| 18 | 青海 | 2572.49 | 593 | 43531 | 6845.03 |
| 19 | 河北 | 32070.45 | 7470 | 43062 | 6771.29 |
| 20 | 河南 | 40471.79 | 9532 | 42575 | 6694.71 |
| 21 | 新疆 | 9649.7 | 2398 | 40564 | 6378.49 |
| 22 | 黑龙江 | 15386.09 | 3799 | 40432 | 6357.73 |
| 23 | 江西 | 18499 | 4592 | 40400 | 6352.7 |
| 24 | 四川 | 32934.54 | 8262 | 40003 | 6290.27 |
| 25 | 安徽 | 24407.62 | 6196 | 39561 | 6220.77 |
| 26 | 广西 | 18317.64 | 4838 | 38027 | 5979.56 |
| 27 | 山西 | 13050.41 | 3682 | 35532 | 5587.23 |
| 28 | 西藏 | 1151.41 | 331 | 35184 | 5532.51 |

续表

| 位次 | 省市 | 国内生产总值（亿元） | 常住人口（万） | 人均国内生产总值（元） | 人均国内生产总值（美元） |
|---|---|---|---|---|---|
| 29 | 贵州 | 11776.73 | 3555 | 33246 | 5227.77 |
| 30 | 云南 | 14788.42 | 4771 | 31093 | 4889.22 |
| 31 | 甘肃 | 7200.37 | 2610 | 27643 | 4346.73 |

数据来源：国家统计局网站、各地统计局网站及各省区市2017年政府工作报告综合整理而成

## （二）广西城镇单位职工工资增速减缓，劳动者报酬滞后于国内生产总值增速

2007—2016年来，广西职工工资增速减缓，呈现劳动报酬增长与经济增长不同步的现象。工资涨幅明显滞后于经济增长涨幅，且差距呈扩大趋势，甚至多年出现负增长的情况，见表4-3。

表4-3：2007—2016年广西国内生产总值和从业人员年工资总额及其增幅

| 年份 | 国内生产总值（亿元） | 从业人员全年的工资总额（万元） | 国内生产总值的年增长率 | 工资总额的年增长率 | 工资增幅与国内生产总值增幅相比 |
|---|---|---|---|---|---|
| 2007 | 5835.33 | 6057126 | 22.95% | 22.85% | −0.10% |
| 2008 | 7038.88 | 7201361 | 20.63% | 18.89% | −1.73% |
| 2009 | 7784.98 | 8106629 | 10.60% | 12.57% | 1.97% |
| 2010 | 9604.01 | 9527361 | 23.37% | 17.53% | −5.84% |
| 2011 | 11764.97 | 11135431 | 22.50% | 16.88% | −5.62% |
| 2012 | 13090.04 | 12805164 | 11.26% | 14.99% | 3.73% |
| 2013 | 14511.7 | 16342044 | 10.86% | 27.62% | 16.76% |
| 2014 | 15742.62 | 18003829 | 8.48% | 10.17% | 1.69% |
| 2015 | 16870.04 | 21153108 | 7.16% | 17.49% | 10.33% |
| 2016 | 18317.64 | 22820116 | 8.58% | 7.88% | −0.70% |

数据来源：《广西统计年鉴》2008—2017年

## （三）广西产业结构升级缓慢，第三产业的工资增长波动较大

从表 4-4、表 4-5、表 4-6 可知，广西仍处于以发展第二产业为主的阶段，自 2013 年以来第三产业生产总值、从业人数和工资增长均呈现上升趋势，但增长的幅度不太平稳，波动较大，目前还没有凸显优势。

表 4-4：2007—2016 年广西国内生产总值和三次产业生产总值（单位：亿元）

| 年份 | 总国内生产总值（亿元） | 第一产业（亿元） | 第一产业占比 | 第二产业（亿元） | 第二产业占比 | 第三产业（亿元） | 第三产业占比 |
|---|---|---|---|---|---|---|---|
| 2007 | 5835.33 | 1241.35 | 21.27% | 2434 | 41.71% | 2159.98 | 37.02% |
| 2008 | 7038.88 | 1453.75 | 20.65% | 3050.82 | 43.34% | 2534.31 | 36.00% |
| 2009 | 7784.98 | 1458.49 | 18.73% | 3400.42 | 43.68% | 2926.07 | 37.59% |
| 2010 | 9604.01 | 1675.06 | 17.44% | 4536.66 | 47.24% | 3392.29 | 35.32% |
| 2011 | 11764.97 | 2047.22 | 17.40% | 5707.57 | 48.51% | 4010.18 | 34.09% |
| 2012 | 13090.04 | 2172.37 | 16.60% | 6287.19 | 48.03% | 4630.48 | 35.37% |
| 2013 | 14511.7 | 2290.64 | 15.78% | 6778.48 | 46.71% | 5442.58 | 37.50% |
| 2014 | 15742.62 | 2413.44 | 15.33% | 7378.14 | 46.87% | 5951.04 | 37.80% |
| 2015 | 16870.04 | 2565.45 | 15.21% | 7766.34 | 46.04% | 6538.25 | 38.76% |
| 2016 | 18317.64 | 2796.8 | 15.27% | 8273.66 | 45.17% | 7247.18 | 39.56% |

数据来源：《广西统计年鉴》2017 年

表 4-5：广西按产业、经济类型分组的从业人员数（单位：万人）

| 年份 | 全部从业人员数 | 增幅 | 第一产业 | 增幅 | 第二产业 | 增幅 | 第三产业 | 增幅 |
|---|---|---|---|---|---|---|---|---|
| 2007 | 2769 | 0.33% | 1521 | 0.00% | 419 | 25.45% | 829 | −8.40% |
| 2008 | 2799 | 1.08% | 1528 | 0.46% | 424 | 1.19% | 847 | 2.17% |
| 2009 | 2849 | 1.79% | 1561 | 2.16% | 516 | 21.70% | 771 | −8.97% |
| 2010 | 2903 | 1.90% | 1571 | 0.64% | 544 | 5.43% | 788 | 2.20% |
| 2011 | 2936 | 1.14% | 1565 | −0.38% | 562 | 3.31% | 809 | 2.66% |

续表

| 年份 | 全部从业人员数 | 增幅 | 第一产业 | 增幅 | 第二产业 | 增幅 | 第三产业 | 增幅 |
|---|---|---|---|---|---|---|---|---|
| 2012 | 2768 | −5.72% | 1481 | −5.37% | 520 | −7.47% | 767 | −5.19% |
| 2013 | 2782 | 0.51% | 1478 | −0.20% | 529 | 1.73% | 775 | 1.04% |
| 2014 | 2795 | 0.47% | 1450 | −1.89% | 540 | 2.08% | 805 | 3.87% |
| 2015 | 2820 | 0.89% | 1427 | −1.59% | 513 | −5.00% | 880 | 9.32% |
| 2016 | 2841 | 0.74% | 1423 | −0.28% | 500 | −2.53% | 918 | 4.32% |

数据来源:《广西统计年鉴》2017年

表4-6:2007—2016年广西城镇单位从业人员平均工资(单位:元)

| 年份 | 第一产业 | 增幅 | 第二产业 | 增幅 | 第三产业 | 增幅 |
|---|---|---|---|---|---|---|
| 2007 | 12409 | 23.2% | 22534 | 16.6% | 22615 | 29.7% |
| 2008 | 13997 | 12.8% | 25409 | 12.8% | 27132 | 20.0% |
| 2009 | 15397 | 10.0% | 26628 | 4.8% | 28661 | 5.6% |
| 2010 | 17023 | 10.6% | 30460 | 14.4% | 31628 | 10.4% |
| 2011 | 18387 | 8.0% | 33960 | 11.5% | 35428 | 12.0% |
| 2012 | 19511 | 6.11% | 35434.34 | 4.34% | 37753.35 | 6.56% |
| 2013 | 23430 | 20.09% | 40077.68 | 13.10% | 42905.51 | 13.65% |
| 2014 | 26186 | 11.76% | 44734.39 | 11.62% | 46559.08 | 8.52% |
| 2015 | 30875 | 17.91% | 47903.19 | 7.08% | 57061.42 | 22.56% |
| 2016 | 33131 | 7.31% | 50827.82 | 6.11% | 63118.54 | 10.62% |

数据来源:根据2008—2017年《广西统计年鉴》《中国劳动统计年鉴》行业细分平均工资计算得到

## (四)广西职工工资收入差距进一步拉大

### 1.不同行业的收入差距拉大

广西行业间收入差距在进一步拉大。2016年从业人员年平均工资最高的是金融业,达 89936 元,超过全区平均水平的 1.56 倍;年平均工资最低的是住宿和餐饮业,只有 31884 元;最高工资是最低工资的 2.82 倍,两者相差 58052 元。在岗职工工资最高的仍是金融业,职工年平均工资为 110653 元,而职工工资最低的仍是农林牧渔业,职工年平均工资为 31996 元。两个行业的工资相差 3.46 倍,两者相差 78657元,可见,行业间收入差距在进一步拉大。从人员分布来看,广西年收入 7 万以上的高薪职工人数少仅占 15.92%,中等薪职工人数多,年平均工资 4 万以下的人数仅占总人数的 3.09%。具体见表 4-7。

表 4-7:2016 年广西从业人员人数及职工平均工资情况表

| 国民经济行业 | 在岗职工平均工资(元) | 单位从业人员平均工资(元) | 从业人员年末人数(万人) | 从业人员占全区的比重 |
|---|---|---|---|---|
| 金融业 | 110653 | 89936 | 14.2951 | 3.56% |
| 信息传输、计算机服务和软件业 | 85050 | 84064 | 4.2259 | 1.05% |
| 电力、煤气及水的生产和供应业 | 75259 | 73851 | 13.7440 | 3.42% |
| 卫生、社会保障和社会福利业 | 73032 | 71529 | 31.6696 | 7.89% |
| 科学研究、技术服务和地质勘探 | 72304 | 68957 | 8.8998 | 2.22% |
| 7 万元以上收入的人数合计 | | | 63.9346 | 15.92% |
| 公共管理和社会组织 | 68927 | 65218 | 50.5363 | 12.59% |
| 交通运输、仓储和邮政业 | 66667 | 65433 | 19.4274 | 4.84% |
| 文化、体育和娱乐业 | 65214 | 62365 | 3.2498 | 0.81% |
| 教育 | 63300 | 60395 | 61.8322 | 15.40% |
| 房地产业 | 54216 | 52588 | 7.9589 | 1.98% |
| 采矿业 | 50746 | 50397 | 3.1114 | 0.78% |
| 制造业 | 50394 | 49835 | 72.4268 | 18.04% |
| 批发和零售业 | 50145 | 49369 | 13.5124 | 3.37% |
| 5 万元以上收入的人数合计 | | | 155.0158 | 38.62% |
| 租赁和商务服务业 | 49419 | 48058 | 9.9695 | 2.48% |
| 建筑业 | 48479 | 47079 | 64.8694 | 16.16% |

续表

| 国民经济行业 | 在岗职工平均工资(元) | 单位从业人员平均工资(元) | 从业人员年末人数(万人) | 从业人员占全区的比重 |
|---|---|---|---|---|
| 居民服务和其他服务业 | 47511 | 45729 | 0.7417 | 0.18% |
| 水利、环境和公共设施管理业 | 43467 | 40320 | 8.5160 | 2.12% |
| 4万元以上收入的人数合计 | | | 84.0966 | 20.94% |
| 农、林、牧、渔业 | 38069 | 33131 | 7.8057 | 1.94% |
| 住宿和餐饮业 | 31996 | 31884 | 4.5976 | 1.15% |
| 广西平均 | 60239 | 57878 | | |
| 3万元以上收入的人数合计 | | | 12.4033 | 3.09% |

数据来源:《广西统计年鉴》2017年

### 2.地区间收入差距进一步拉大

广西区统计局的研究报告披露,2016年广西12个市均低于全区工资平均水平,只有南宁、柳州、贺州三个市的城镇单位在岗职工工资高于全区平均水平,而工资最高的南宁市(66225元)比最低的梧州市(50066元)高出16159元。同一行业内收入的地区差距也是比较明显的。以制造业为例,2016年广西南宁、北海、钦州、玉林四地的制造业从业人员年平均工资分别为126817元、38750元、35186元、77565元,最高的与最低的相差91631元,见表4-8。

表4-8:2016年广西12个市城镇单位的平均工资水平

| 市别 | 职工平均工资(元) |
|---|---|
| 南宁市 | 66225 |
| 柳州市 | 58800 |
| 贺州市 | 58583 |
| 河池市 | 57218 |
| 来宾市 | 56499 |
| 桂林市 | 56285 |
| 百色市 | 54553 |

续表

| 市别 | 职工平均工资(元) |
|---|---|
| 北海市 | 52076 |
| 贵港市 | 51917 |
| 崇左市 | 51343 |
| 钦州市 | 51340 |
| 玉林市 | 51175 |
| 防城港市 | 50100 |
| 梧州市 | 50066 |
| 广西平均 | 57878 |

### 3.不同单位类型的职工收入差距拉大

2016 年广西不同单位类型的职工收入差距拉大,如表 4-9:

表 4-9:2016 年广西不同单位类型的职工收入

| 单位类型 | 平均工资(元) | 工资增长额(元) | 工资增幅 | 扣除物价因素实际增长 |
|---|---|---|---|---|
| 企业单位 | 54245 | 3320 | 6.52% | 4.84% |
| 事业单位 | 62155 | 6216 | 11.11% | 9.36% |
| 机关单位 | 66863 | 9482 | 16.52% | 14.69% |
| 总体 | 57878 | 4896 | 9.24% | 7.52% |

## (五)个人所得税调节广西收入分配差距的效果还不理想

个人所得税调节收入分配的效果包括调节方向与调节程度两个方面的内容。目前,衡量税收再分配效应时最常用的指标是由 Musgrave & Thin(1948)提出的 MT 指数,其基本算法是用税前收入基尼系数减去税后收入基尼系数的差值来衡量税收的收入分配调节效应。用公式可表示为:

$$MT = GB - GA \quad \cdots\cdots\cdots\cdots\cdots\cdots\cdots\cdots\cdots\cdots\cdots\cdots\cdots\cdots\cdots\cdots (1)$$

其中,GB 和 GA 分别表示税前和税后的收入分配基尼系数。如果 MT 指数为正数,表明税前基尼系数大于税后基尼系数,说明税收降低了收入分配不均等的程度,缩小了收入分配的差距,其值越大,则税收缩小收入分配差距作用的程度也就越大。反之,若 MT 指数为负,则说明税前基尼系数小于税后基尼系数,税收实际上反而扩大了收入分配差距,其调节收入分配差距的效果是负向的。若 MT 指数等于零,则说明个人所得税不影响收入分配差距,既不缩小也不扩大收入分配差距。

经济学家 Kakwani(1977)曾经证明,税前和税后基尼系数之间存在着如下的关系:

$$GA = GB - 1 - t \quad \cdots\cdots\cdots\cdots\cdots\cdots\cdots\cdots\cdots\cdots\cdots\cdots (2)$$

将公式(1)与(2)结合,可以得到:

$$MT = GB - GA = 1 - t \quad \cdots\cdots\cdots\cdots\cdots\cdots\cdots\cdots\cdots\cdots (3)$$

公式(4)中,$t$ 表示平均有效税率,即全体居民所缴纳的个人所得税总额与全部总收入的比率,P 是 Kakwani 定义的专门用于衡量税制累进程度的指标,通常称为 P 指数或 K 指数(后文用 P 指数表示),其值等于:

$$P = C - GB \quad \cdots\cdots\cdots\cdots\cdots\cdots\cdots\cdots\cdots\cdots\cdots\cdots\cdots\cdots (4)$$

其中,GB 为税前基尼系数,C 表示税收集中度指数,其计算原理类似基尼系数的计算(在计算时,用税收曲线代替收入分配曲线,用计算基尼系数的方法即可计算出 C)。若 P 指数为正,表明税收是累进的,即收入越高,其税率越大,收入越低,其税率越小;如果 P 指数为负,表明税收是累退的,即高收入者的税率反而小于低收入者的税率;若 P 指数等于零,则表示税收是等比例的,即高收入者与低收入者的税率是相同的。

因此,用 MT 指数来衡量个人所得税的收入再分配效果时,其结果取决于个人所得税的平均有效税率和税制累进性程度两个因素。从公式(4)中可以看到,MT 指数的符号取决于 P 指数的符号,即当个人所得税为累进税时,P 指数大于零,MT 指数也大于零,个人所得税改善了居民收入分配差距;当个人所得税为累退税时,P 指数小于零,MT 指数也小于零,个人所得税扩大了收入差距,发挥着逆向调节的作用;当 P 指数等于零,即个人所得税为等比例税时,MT 指数也等于零,个人所得税不影响收入分配差距。当 P 指数大于零且一定时,平均税率 $t$ 越大,MT 指数越大,说明个人所得税对收入分配的调节作用越大;平均税率 $t$ 越小,MT 指数越大,说明个人所得税对收入分配调节作用越小。当平均税率 $t$ 一定且 P 指数为正时,P 指数越大,MT 指数越大;反之,P 指数越小,MT 指数越小。总之,MT 指数的符号由 P

指数的符号决定,MT 指数的大小由 P 指数和平均有效税率 $t$ 共同决定。

本文利用 MT 指数、P 指数(税收累进性指数)及平均税率,实证研究个人所得税对广西居民收入分配差距的调节效果。

**1.个人所得税调节收入分配的总体效果测度**

首先计算 2003—2015 年广西区内城镇居民税前基尼系数和税后基尼系数,根据这两者计算 MT 指数以及 MT 指数与税前收入基尼系数的比值,分析个人所得税调节收入分配的总体效果。

数据来源于 2004—2016 年《广西统计年鉴》中城镇居民家庭基本情况。[1] 在计算不同收入组的个人所得税额时,本文借鉴王亚芬(2007)的计算方法,以人均总收入与人均可支配收入之差估计人均所缴纳的个人所得税。计算结果见表 4-10。

表 4-10:广西 2003—2015 年 MT 指数

| 年份 | 税前基尼系数 $G_B$ | 税后基尼系数 $G_A$ | MT 指数 | MT/$G_B$ |
|---|---|---|---|---|
| 2003 | 0.3543 | 0.3625 | −0.0082 | −0.0233 |
| 2004 | 0.2908 | 0.2909 | −0.0001 | −0.0005 |
| 2005 | 0.3212 | 0.3191 | 0.0021 | 0.0066 |
| 2006 | 0.3152 | 0.3118 | 0.0034 | 0.0107 |
| 2007 | 0.3194 | 0.3194 | −0.0001 | −0.002 |
| 2008 | 0.2883 | 0.2974 | −0.0091 | −0.0316 |
| 2009 | 0.2819 | 0.2954 | −0.0135 | −0.0480 |
| 2010 | 0.2767 | 0.2809 | −0.0041 | −0.0149 |
| 2011 | 0.2951 | 0.2991 | −0.0040 | −0.0134 |
| 2012 | 0.2849 | 0.2888 | −0.0040 | −0.0139 |
| 2013 | 0.3134 | 0.3252 | −0.0118 | −0.0118 |
| 2014 | 0.3004 | 0.3125 | −0.0121 | −0.04023 |
| 2015 | 0.2968 | 0.3080 | −0.0113 | −0.03796 |

数据来源:根据 2004—2016 年《广西统计年鉴》相关数据整理计算得到

---

[1] 由于 2013 年后统计局采用新的统计口径,《广西统计年鉴》缺失 2014 年和 2015 年城镇居民按收入分组的人均总收入,本文根据人均可支配收入增长率预测人均总收入增长率,从而计算出 2013—2015 年我国城镇居民按收入分组的人均总收入。

从表 4-10 中,我们可以看到在 2003—2015 年中仅有 2 年(2005 年和 2006 年)的 MT 指数为正数,表明这 10 年中广西区内仅有 2 年个人所得税对收入分配差距起正向调节的作用;其余各年 MT 指数均为负,表明个人所得税扩大了收入分配差距,对收入分配具有逆向调节的作用。表 4-10 中最后一列为 MT 指数与税前基尼系数的比值,代表基尼系数的变化程度,同样也反映着个人所得税对收入分配的调节作用。表 4-10 总体反映出个人所得税难以实现有效调节收入分配差距的作用,不仅没有缩小收入分配差距,反而扩大了收入分配差距。

2011 年我国实行个人所得税改革,将工资薪金的免征额从 2000 元提高到 3500 元,根据表 4-10 的结果我们可以看到,此次改革对个税调节收入分配的效果并没有起到改善作用。这可能源于近年来工资水平虽大幅提高,但物价水平也大幅上涨,提高个人所得税的起征点并不足以减少中低收入者的负担,加之高收入者收入来源广泛,存在偷税漏税的现象,亦不能缩小收入分配差距。

**2. 个人所得税的累进程度**

通过计算 P 指数来衡量个人所得税的累进程度,其计算方法采用公式(4),由税收集中度 C 减去税前收入基尼系数的差来表示。2003—2015 年广西个人所得税 P 指数的计算结果如表 4-11 所示:

表 4-11:广西 2003—2015 年个人所得税的 P 指数

| 年份 | 税收集中度指数 C | P 指数 |
| --- | --- | --- |
| 2003 | 0.2246 | −0.1297 |
| 2004 | 0.2888 | −0.0020 |
| 2005 | 0.3504 | 0.0292 |
| 2006 | 0.3609 | 0.0457 |
| 2007 | 0.3187 | −0.0007 |
| 2008 | 0.1845 | −0.1038 |
| 2009 | 0.1486 | −0.1333 |
| 2010 | 0.2346 | −0.0421 |

续表

| 年份 | 税收集中度指数 C | P 指数 |
|---|---|---|
| 2011 | 0.2575 | −0.0376 |
| 2012 | 0.2419 | −0.0430 |
| 2013 | 0.1758 | −0.1376 |
| 2014 | 0.1599 | −0.1404 |
| 2015 | 0.1648 | −0.0379 |

数据来源:根据2003—2015年《广西统计年鉴》整理计算得到

计算结果显示,2003—2015年间,2005年和2006年的P指数为正,这表明2005年和2006年广西区内个人所得税是累进的,低收入者群体的有效税率低于高收入者群体的有效税率;其余各年份的P指数均为负,表明这些年份广西区内个人所得税是累退的,低收入者群体的有效平均税率反而高于高收入者群体的有效平均税率。

**3.个人所得税平均税率**

通过前面的分析知道,平均税率对个人所得税调节收入分配的效果起着很重要的作用。当税收为累进税且累进程度一定时,平均税率越高,个人所得税改善收入分配差距的程度越大;平均税率越低,个人所得税改善收入差距的程度越小。用城镇居民各年度人均缴纳的个人所得税除以人均总收入,便得到各年度个人所得税的有效税率,计算结果见表4-12。

表4-12:广西2003—2015年个人所得税的有效税率

| 年份 | 人均个人所得税(元) | 人均总收入(元) | 有效税率 |
|---|---|---|---|
| 2003 | 535.416 | 8958.456 | 0.0598 |
| 2004 | 580.552 | 9206.455 | 0.0631 |
| 2005 | 695.658 | 10246.29 | 0.0679 |
| 2006 | 783.428 | 11387.44 | 0.0688 |
| 2007 | 1007.541 | 13504.69 | 0.0745 |

续表

| 年份 | 人均个人所得税(元) | 人均总收入(元) | 有效税率 |
| --- | --- | --- | --- |
| 2008 | 1278.576 | 15841.07 | 0.0807 |
| 2009 | 1618.138 | 17551.23 | 0.0922 |
| 2010 | 1705.64 | 19145 | 0.0891 |
| 2011 | 2011.501 | 21093.99 | 0.0954 |
| 2012 | 1996.895 | 23700.88 | 0.0823 |
| 2013 | 2122.238 | 26903.14 | 0.0789 |
| 2014 | 2291.553 | 28926.69 | 0.0792 |
| 2015 | 2443.569 | 31066.33 | 0.0787 |

计算结果显示，从各年度数据的纵向比较来看，2003—2011年间个人所得税的有效税率不断提高，从2003年的5.98%上升到2011年的9.54%，说明个人所得税对个人收入分配差距的影响力日益增强；而2012—2015年间个人所得税的有效税率整体呈下降趋势，这可能和2011年我国个人所得税改革中提高工资薪金免税额有关。

综上所述，广西区2003—2015年个人所得税对收入分配差距的调节作用并不乐观，除了2005年和2006年起到缩小收入差距的作用外，其余年份均为逆向调节。进一步分析发现，个人所得税对收入分配发挥逆向调节作用的关键在于个人所得税表现出累退性，即高收入者的税率低于低收入者，低收入人群的税收负担反倒大于高收入人群。这可能和个人所得税征收采用分类征收模式有关，目前居民的收入来源广泛，除了工资薪金外还存在很多其他形式的收入。收入相同的纳税人，可能会因为收入的来源和性质不同而承担不同的税负，这就破坏了税收的横向公平性。不同收入的纳税人，一般情况下高收入者收入来源更广泛，低收入者收入形式相对单一。比较而言，高收入者在大多数情况下可以通过改变收入性质及税收筹划来逃避纳税义务。而低收入者的收入主要来源于工资薪金，难以进行税收筹划，且工资薪金采用代扣代缴的征收方式，这就有可能造成高收入者所纳税额小于实际应纳税额的情况，从而影响了个人所得税的累进性程度。2003—2011年有效税率呈增长趋势，在个人所得税为累进税的情况下，有效税率增长有利于提高个人所得税调节收入分配的效果,2012—2015年有效税率整体呈下降趋势,是降低个人所得税调节收入分配的功效。可见,改善个人所得税收入分配调节功能的关键在于增加个人所得税的累进性和适当提高平均有效税率。

## 小结

广西职工工资水平偏低,工资涨速慢于国内生产总值的增速,且低于全国平均水平,个人所得税调节收入分配差距的效果仍不理想等,均不利于广西职工分享经济发展的成果,不利于劳动力自我积累能力,不利于劳动力市场竞争,不利于经济发展方式的转变,不利于产业结构升级调整,不利于广西的经济发展和社会和谐。因此,提高劳动报酬在初次分配中的比重和改善个人所得税收入分配调节功能对于提高广西职工人力资本再投资能力、增强广西经济增长的发展后劲刻不容缓。

## 四、广西少数民族地区人力资本外流严重
## ——大学生回生源地就业意愿的调查

大学生作为知识型人才,是经济发展依靠的重要人力资本。少数民族生源地大学生是少数民族地区经济发展必须依靠的新生力量,也是少数民族地区最有可能吸引并留住的人力资本,吸引生源地大学生回乡工作应当作为少数民族地区人才政策的重要内容。虽然国家实施"西部大开发"战略和对少数民族地区优惠的财政政策,少数民族地区得到了不同程度的发展,但少数民族地区仍然由于地理环境限制,经济比较落后,缺乏对人才的吸引力。少数民族大学生回生源地就业意向如何？如果不愿意回家乡工作,究竟哪些因素影响着他们的就业取向？为了深入地了解情况,课题组采取就近原则,选择桂林市各大高校的在校大学生作为调查对象,通过问卷调查了解少数民族大学生回生源地就业意愿,旨在为少数民族地区吸引大学生回乡就业制定相关政策提供建议。

### (一)关于调查的说明

#### 1.调查地点

调查的地点选在桂林,因为桂林市是少数民族集聚的地方,对桂林进行调查而

得出的数据能够具有一定的代表性,而且桂林市高等学府密集,大学生的数量都很多,便于调查。

2.**调查对象**

本次调查是桂林市 8 大高校的学生,为了让调查更具特色,我们用分层抽样的方法分为一本、二本、三本的层级,分别对相关学校进行调查。我们选取的桂林 8 大高校是:广西师范大学、桂林理工大学、桂林医学院、桂林电子科技大学、桂林航天工业学院、桂林旅游高等专科学校、广西师范大学漓江学院、桂林师范高等专科学校。

3.**调查内容**

主要包括基本信息、就业意愿、就业影响因素等几个方面。调查主要采用网上发放调查问卷和个别访谈的方式进行,在调查中总共发放调查问卷 1000 份,回收了 952 份,回收率为 95%,其中有效问卷为 926 份,有效率为 92.6%。我们主要关注的是少数民族地区大学生回生源地就业意愿方面的内容,所以对调查问卷进行了筛选与整合,共得到 467 份"来自少数民族地区学生"的有效问卷,其中男生占 235 人,女生占了 228 人。最后通过采用 SPSS 软件对这些资料进行分析。

## (二)关于调查结果的分析

1.**少数民族地区大学生回生源地就业意愿**

面对当前的就业形势,大学生的就业去向是一个重要的社会问题。从总体上的趋势水平来看,在当今的社会化大发展潮流与社会经济发展的大背景中,少数民族地区大学生对回生源地就业的意愿是很低的。从数据中(见图 4-5)可看出,58.5% 的少数民族地区大学生比较不愿意回生源地就业,12.3% 的少数民族地区大学生非常不愿意回生源地就业,有 24.9% 的少数民族地区大学生比较愿意回生源地工作,然而非常愿意的只占 4.3%。这样的就业意愿显示了少数民族地区大学生普遍的就业意愿,随着经济全球化的发展与知识经济的大力冲击,拥有较高人力资本与丰富的专业知识的大学生就业的优势日益突出,他们更愿意选择其他大城市就业。

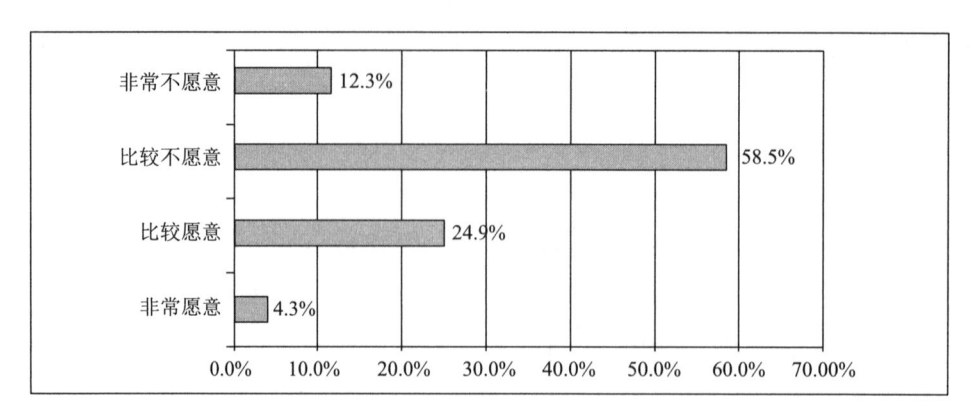

图 4-5：少数民族地区大学生回生源地就业的意愿情况

**2.影响回生源地就业意愿的因素分析**

(1)个人情况对大学生回生源地就业的影响

第一,性别影响。在高校扩招与人才市场双向选择等多重社会大背景下,性别对少数民族地区大学生的就业形势也会产生一定影响。男生与女生在自身优势、发展特点及生理心理结构上的不同直接导致了他们在就业趋向上的不同,对于男生来说,他们更不愿意回到生源地工作。从调查数据来看(见图 4-6),少数民族地区大学生中的男生不太愿意回生源地工作的占 59.5%,女生占 45.8%;非常愿意回生源地工作的男生只占 5.8%,女生占 12.3%。这意味着在少数民族地区大学生中,女生比男生更愿意回生源地工作,因此可以进一步说明性别在一定程度上影响了就业趋向,男女之间的生理心理差异因素需要严肃分析考虑。对这一现象进一步访谈时发现,男大学生之所以更不愿意回乡主要有两个原因:一是在外面找工作的机会多胜算大,用人单位招聘员工时比较偏爱男生;二是认为回乡工作成功的机会少,而男生对于事业的成功的需求更强烈。可见,鼓励男性少数民族地区的大学生回生源地工作,使得男女比例相对平稳是生源地人才工作的一个难点。

| | 非常愿意 | 比较愿意 | 不太愿意 | 非常不愿意 |
|---|---|---|---|---|
| 男 | 5.80% | 26.50% | 59.50% | 8.20% |
| 女 | 12.30% | 31.80% | 45.80% | 10.10% |

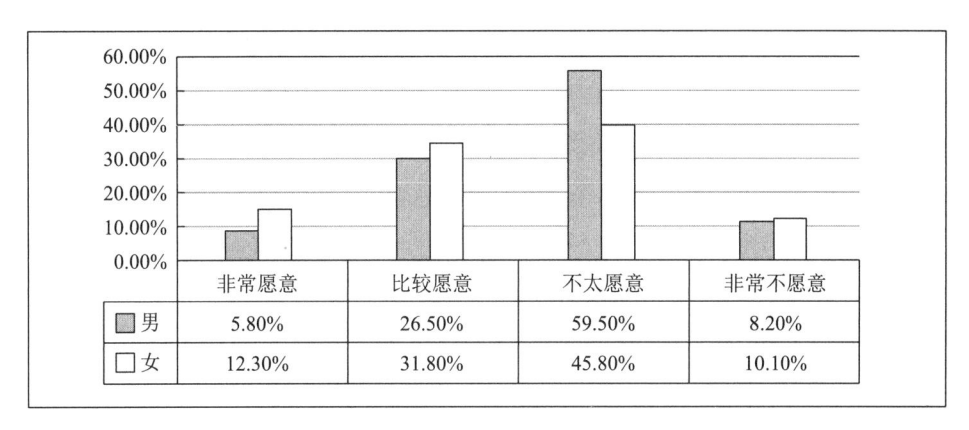

图 4-6:少数民族地区不同性别的大学生回生源地就业意愿情况

第二,政治面貌差异。在对少数民族地区大学生政治面貌的调查中(见表 4-13)显示,此次调查的党员占总调查人数的 53.17%,其中非常愿意回生源地工作的占 28.6%,比较愿意的占 39.8%;调查的共青团占总调查人数的 65.85%,其中非常愿意回生源地工作的占 26.3%,比较愿意的占 30.5%;调查的群众占总调查人数的 29.76%,其中非常愿意回生源地工作的占 23.8%,比较愿意的占 28.9%。通过此次政治面目的数据调查分析,我们了解到大学生党员更愿意回生源地工作。少数民族地区的大学生通过在校期间的思想政治教育及各种认知能力的培养,思想觉悟得到了很大的提高,因此政治面貌也在一定程度上对少数民族地区大学生是否愿意回生源地工作的趋势会产生一定的影响。

表 4-13:少数民族地区不同政治面貌的大学生回生源地就业意愿情况

| 政治面貌 | 所占调查人数比例 | 非常愿意 | 比较愿意 | 不太愿意 | 非常不愿意 |
|---|---|---|---|---|---|
| 党员 | 53.17% | 28.6% | 39.8% | 20.3% | 11.3% |
| 共青团 | 65.85% | 26.3% | 30.5% | 22.6% | 20.6% |
| 群众 | 29.76% | 23.8% | 28.9% | 32.9% | 14.4% |

第三,学历层次差异。在此次调查中,我们对学历层次进行了调查,以便于进一步去了解学历是否会影响少数民族地区大学生回生源地工作,以及影响范围的大小。此次对专业的调查我们涉及专科、本科和硕士三个层次,通过调查结果分析(见图 4-7),发现学历层次在就业意向上存在矛盾性。总体来看,选择"非常不愿意"和

"不太愿意"的人群中硕士生占比最大,达59.3%,但同时在选择"非常愿意"的人群中硕士生占比也最多,略高于本科生和专科生。为什么会出现这样的情况呢?我们进行了深度访谈,发现那些选择"非常愿意"回乡工作的高学历大学生是由于他们更了解国家的民族政策,更理解政府近年来的少数民族地区政治经济扶持政策,而且学历越高回乡施展才华的可能性越大,因而坚定了回乡工作的决心。而不愿意回乡工作的大部分硕士是由于个人的追求和个人的期望不同,他们的行动表现出帕森斯模式变量理论中的"先赋性与自获性"[1]特点,即从社会学的角度来看,大学生在提升教育水平的过程中,就更在乎别人从就业出向来评价和看待自己,就会使回生源地就业的意愿发生改变,可见,后天教育水平的提高对于自身的职业期望是有影响的。

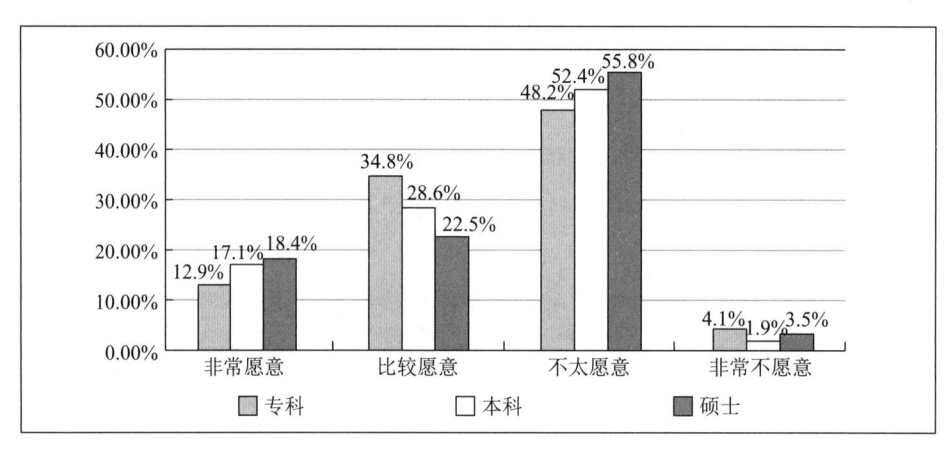

图 4-7:少数民族地区不同学历层次的大学生回生源地就业意愿情况

(2)家庭情况对大学生回生源地就业意愿的影响

在调查的过程中,我们主要考虑家庭情况对回生源地就业的影响。中国社会的家庭本位观念根深蒂固,中国社会实质上是乡土社会。家庭也是大学生社会资本的基本来源,所以大学生回生源地就业意愿往往会受到家庭背景的影响。

---

[1] 先赋性的识别标准着眼于对方是"谁",即对方的先天品质及其身份背景;自获性标准主要根据对方"做什么",即对方的表现和成就来识别和评价对方。

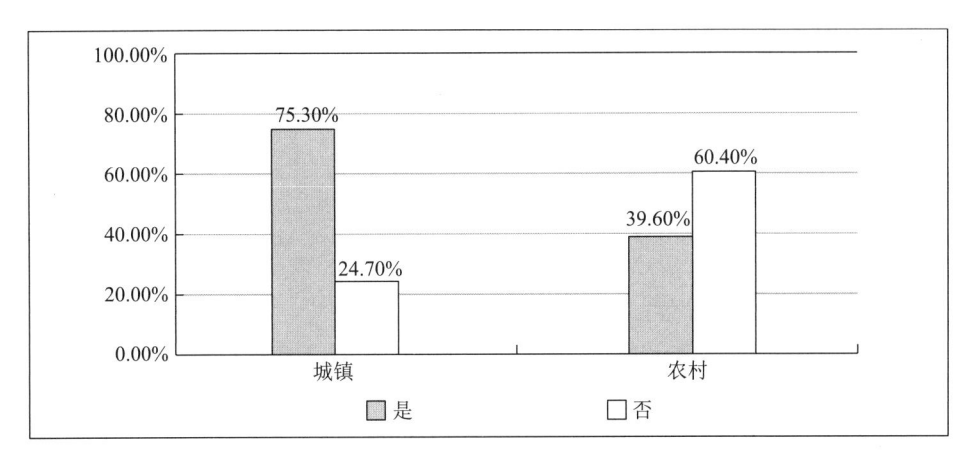

图 4-8：不同家庭背景的少数民族地区大学生回乡就业意愿

从图 4-8 中，我们可以清晰地了解到，在打算回生源地工作的人群中，来自城镇的大学生比例为 75.3%，来自农村打算回生源地工作的大学生比例为 39.6%，来自城镇的大学生愿意回生源地工作的比例远远高于来自农村的大学生。原因之一，是城镇大学生一般家庭经济条件比较好，并且在家乡工作能有更多的人脉，方便就业找工作。而来自农村的大学生，家庭条件相对较差，农村家庭不能给他们带来就业市场上需要的社会关系和经济实力，读大学就是为了改变自己的命运，所以一般大部分农村大学生都不愿再回生源地工作。

（3）生源地经济发展情况

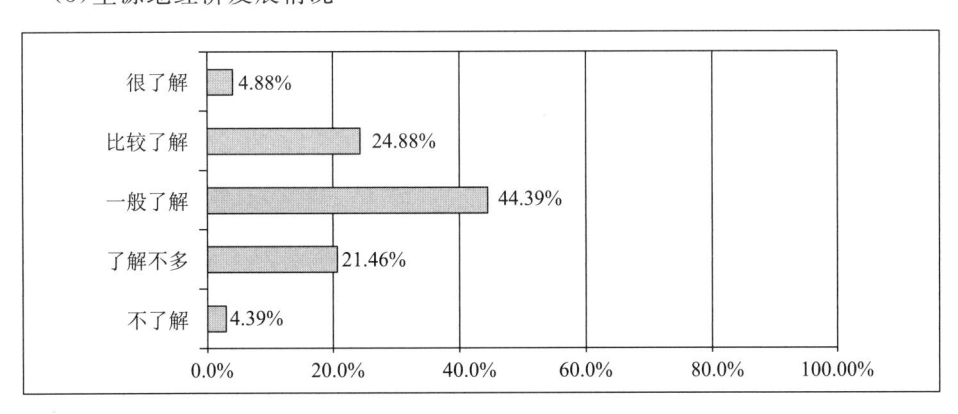

图 4-9：大学生对生源地经济发展了解情况

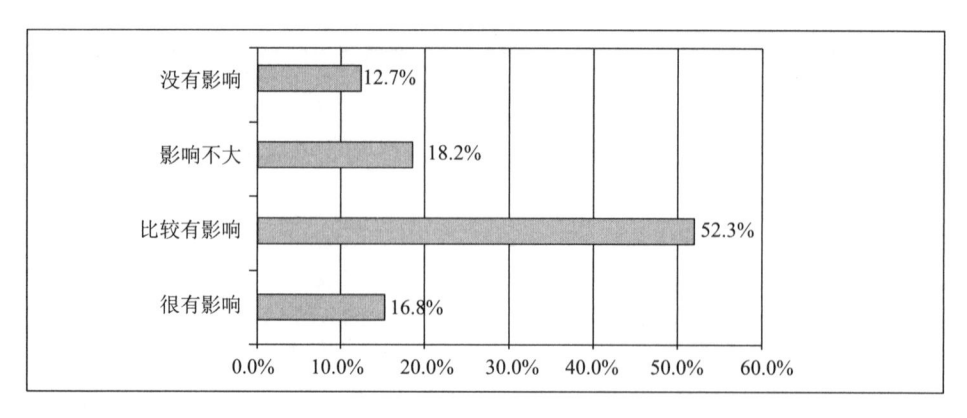

图表数据：
- 没有影响：12.7%
- 影响不大：18.2%
- 比较有影响：52.3%
- 很有影响：16.8%

图 4-10：生源地经济发展情况对大学生就业意愿影响程度

随着我国经济体制的转变和政府对少数民族地区人才开发战略的政策倾斜、资源投入、学校的宣传教育工作的开展和就业引导、鼓励高校毕业生回流就业的若干优惠政策的出台,以及经济发达地区的人才市场已经进入了相对饱和状态,都会影响到少数民族地区大学生回生源地就业的就业意向。

根据调查显示,生源地的经济发展状况在少数民族地区的大学生就业回流行为中有着重要的影响。调查中,有 44.39% 的大学生对生源地经济有一般的了解,24.88% 的大学生比较了解,4.88% 的大学生很了解(见图 4-9)。这说明了大多数大学生对生源地经济的发展是有一定的了解的。同时,有 52.3% 的大学生认为生源地的经济发展状况对大学生的就业意愿比较有影响,16.8% 的大学生认为很有影响(见图 4-10)。从而我们可以看出生源地的生产成本及生活质量等会对少数民族地区大学生的回流产生一定程度的影响,所以只有加快少数民族地区的经济建设,加大经济扶持力度,才能不断吸引大学生的回流。

(4)生源地基础设施建设

近年来,国家愈来愈注重少数民族地区的基础建设,致力于提高少数民族地区的经济文化水平,努力为少数民族地区提供良好的基础设施,例如农田水利设施,生态环境建设,交通、饮水安全、电力、沼气,以及教育、医疗、卫生、文化等基础设施建设明显加强,少数民族生产生活条件明显改善,对促进经济的稳定发展、农业持续增收和社会和谐,发挥了重要作用。在对少数民族地区大学生回生源地工作的意愿调查中,有 53.8% 的大学生对生源地基础设施比较了解,12.3% 的大学生非常了解(见图 4-11)。同时,有 48.8% 认为生源地基础设施建设对大学生就业意愿比较有影响,25.5% 认为很有影响(见图 4-12)。因此可以看出生源地基础设施建设对生源地的回流问题起到至关重要的影响,故要大力发展少数民族地区的基础设施建设,吸引少数民族地区大学生回到生源地工作。

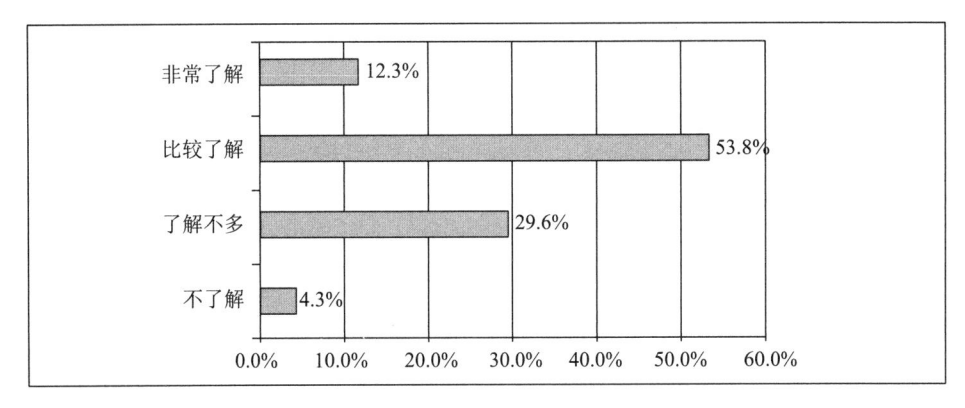

图 4-11:大学生对生源地基础建设的了解程度

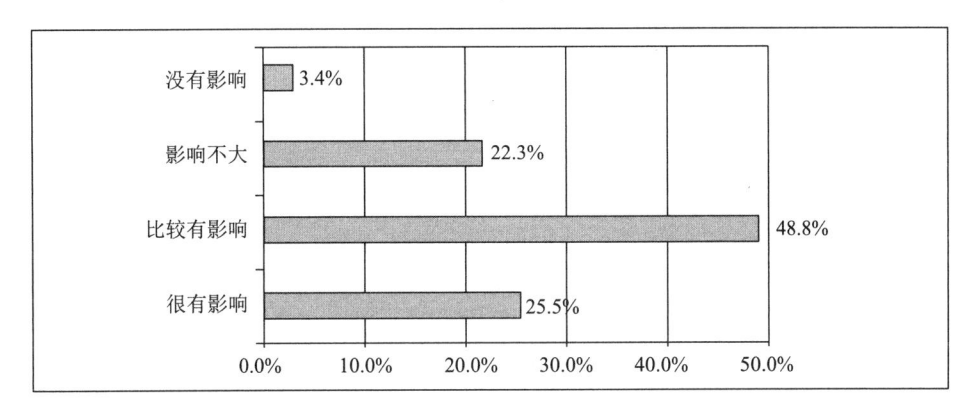

- 非常了解 12.3%
- 比较了解 53.8%
- 了解不多 29.6%
- 不了解 4.3%

图 4-12:生源地基础设施建设对大学生就业意愿的影响程度

- 没有影响 3.4%
- 影响不大 22.3%
- 比较有影响 48.8%
- 很有影响 25.5%

(5)生源地的福利政策

随着市场经济的高速发展,各个地区的经济发展不平衡日益加剧,东部沿海地区经济发达,福利政策比西部地区高,少数民族地区多属于经济相对落后地区,也大多处在西部地区,在部分人的思想观念里,这些地区吸引人才的福利政策应该是少之又少,就连许多少数民族地区的大学生都对自己家乡对大学生回生源地就业的福利政策了解甚少(见图4-13),这就成为很多少数民族大学生不愿意回自己家乡就业的原因之一。

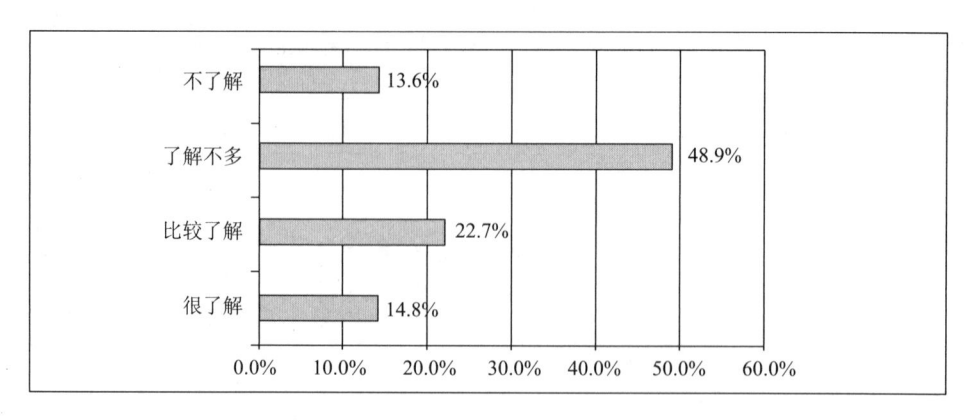

图 4-13：大学生对生源地福利政策的了解程度

由此可以看出，只有真正落实了福利政策，并大力宣传福利政策，让少数民族大学生真正切实地了解到自己工作时福利情况，才能让人心甘情愿地回到生源地开展自己的职业生涯。

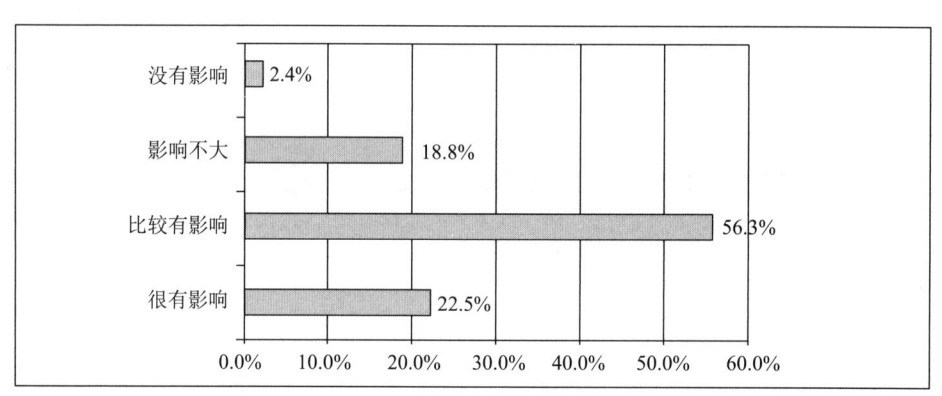

图 4-14：生源地福利状况对大学生就业意愿的影响程度

由调查表可以看出，约 78% 的大学生表示生源地福利状况对就业意愿有比较大的影响，这表明大多数人更需求福利待遇，当然这也是人之常情。而只有 2.4% 的学生认为没有影响，18.8% 的觉得影响不大（见图 4-14）。这也从侧面体现了为什么在面临巨大的就业竞争压力的情况下仍有一半的少数民族大学生不愿意回生源地就业的原因。对于经济相对落后的地区，福利状况也自然相对悲观，这就导致了大多数的大学生感觉回生源地就业前景不容乐观。

### 3.就业领域选择分析

对于少数民族的学生选择到生源地就业领域这一题,38.6%的人选择了"政府机关",13.7%的人选择了"国有企业",而13.8%的选择"自主创业",也有7%左右的人选择了"民营或私营企业",这表明了大多数人比较倾向于政府机关和国有企业就业,而不倾向于私营或民营企业。究其原因,在于他们认为在政府机关和国有企业就业拥有更好的福利,社会地位更高;而民营或私营企业面临的失业风险更大,工作性质不稳定。

但是值得鼓励的是,现在越来越多的大学生有自主创业的意愿,他们有些宁愿自己创业也不愿意到私营企业就业,这说明大学生的创新创业意识日渐加强。他们虽然有可能面临自主创业带来的资金、人际网络等条件挑战,但是仍能响应国家的号召,愿意自食其力、自强不息。

## (三)结论

通过对问卷结果的分析,我们发现民族地区生源地大学生回乡工作意愿呈现以下特征:

1.总体来看民族地区生源地大学生回乡工作意愿很低,70.8%的学生是"比较不愿意"或"非常不愿意"回乡工作的,非常愿意的只占4.3%。

2.大学生回乡意愿受性别、政治面貌、学历和家庭背景等个人因素的影响。(1)大学生回乡工作呈现出性别差距。男生比女生更不愿意回乡工作,原因有二:一是在外面找工作比较容易;二是家乡的各种环境落后,回乡工作未来事业成功的概率低,难度大。(2)政治思想觉悟影响着大学生回乡工作的意愿。大学生党员更愿意回乡工作,更有担当意识。(3)学历层次的高低在回乡工作就业意向上呈现矛盾性。总体来看,大部分的人是学历越高,越不愿意回乡工作,表现出帕森斯模式变量理论中的"先赋性与自获性"特点。但是也呈现出学历越高越愿意回乡的趋势,这说明随着学历的提高,大学生的需求呈现出多元化的特点。(4)家庭来源影响着大学生的就业意愿。来自城镇的大学生愿意回生源地工作的比例远远高于来自农村的大学生。一方面是由于来自城镇的大学生家庭社会关系相对优越一些,回乡工作更便利;另一方面也说明城乡有一定差别,来自农村的大学生由于社会关系不多,担心回乡工作条件差,回乡无用武之地。

3.大学生回乡意愿受当地经济发展状况、基础设施建设、福利等外部因素的影响。当地经济越发展,信息越公开,大学生回乡工作的意愿越强;当地基础设施建设对生源地的回流问题起到至关重要的影响,建设得越好,大学生回乡工作的意愿越强;地方的福利和工作单位的福利越好,大学生回乡工作的意愿越强。以上说明大部分大学生的就业需求仍处于马斯洛的生存需求层面。这就要求地方政府在吸引大学生回乡工作方面关键要做到"筑巢引凤",搞好民生工程。

4.政府机关和国有企业仍是大学生就业的理想单位,但也有一部分大学生自主创业的意愿较强,他们宁愿自己创业也不愿意到私营企业就业,这就提醒地方政府应加强营造创新创业的平台和公平透明的市场环境,帮助大学生成就创业梦想。

## 五、广西企业新员工工作满意度调查——基于组织信任视角[1]

新员工是组织中一种代表着新生力量的人力资本,是组织的活力和可持续发展能力的象征。自"90 后"成为职场新员工[2]的主力军以来,新员工离职情况日益突出,甚至出现"闪辞"现象,导致用人单位不得不陷入"短、频、快"的"招人—走人—再招人"怪圈。因此,当下研究新员工的工作满意度成为实务界,特别是中小企业——"闪辞族"[3]泛滥的重灾区——需迫切解决的人力资源管理问题。

已有的研究发现,员工的离职与员工的工作满意度有关,而工作满意度受组织信任影响。目前大多数研究探讨的是组织信任某个维度与整体工作满意度间的关系,如 Driscoll 发现员工对组织决策的信任度越高,其工作满意度就越高;林碧华研究发现主管信任对合作满意度具有正向影响,同事信任对合作程度具有正向影响。但是,现有研究对组织信任各维度与工作满意度各维度间的内在关系探讨并不多。因此,为了进一步揭示组织信任各维度与工作满意度各维度的内在关系,本文以南京、广州、南宁、桂林、柳州五个地区中小企业新员工为研究对象,探讨组织信任两个维度——制度信任和关系信任,与新员工工作满意度三个维度,即工作适应、制度的认可和离职倾向之间的关系。

---

1 阳芳、韦晓顺:《组织信任对新员工工作满意度影响的实证研究》,《江西社会科学》2016 年第 6 期。
2 新员工是指在组织中就职未满 1 年的员工。
3 "闪辞族"是指入职时间短(不到 1 年的)就想换工作的一类人。其辞职具有"快速、频繁"、辞职前没有前兆、"失踪式"的特点,由于这类闪电般辞职的员工人数众多、共性突出,所以简称"闪辞族"。

## （一）相关概念界定

### 1.工作满意的界定

对工作满意的研究最早始于20世纪30年代。美国经济学家Hoppock运用瑟斯通态度表来测量员工满意度，之后引发了学者们的研究热潮。目前，关于此研究主要有三种代表性观点：一是综合观，将工作满意度视为一个整体，即对工作整体的满意情况，其并不涉及影响工作满意度的因素或原因；二是期望差距观，将工作满意度视为一种对比后产生的情感，由工作中员工期待的报酬和实际报酬的差距来定，差距越大，满意度越小，反之亦然；三是参考架构观，即强调不同的个人自我参考架构影响着他对工作中各方面客观特征的主观评价与解释，因而产生的满意度存在个体知觉差异。

在工作满意的构成方面，不同学者提出了不同的观点。Vroom认为，工作满意包括组织本身、升迁、工作内容、直接主管、待遇、工作环境和工作伙伴等七方面的满意；Smith认为，工作满意包括工作本身、升迁、报酬、上司和工作伙伴等五方面的满意；胡蓓指出，工作满意包括工作本身、工作关系、工作环境三个维度；有学者认为，工作满意包括组织管理、人际关系、工作本身、自我实现、薪酬福利、家人和朋友对工作的支持等多个维度。可见，工作满意至少包括工作本身的满意和人际关系的内容。Mobley等认为离职倾向包括工作不满意、离职念头、寻找其他工作机会或工作可能性的一系列表现，因此，本文认为离职是工作不满意的结果，但离职倾向可视为一个考察工作满意度的重要维度。

综上可知，对工作满意并没有统一的定义，但唯一可以确定的是工作满意是用于衡量员工对工作本身和组织整体的综合态度的指标。因此，本文把工作满意划分为工作适应（即工作本身的满意）、组织制度认可、离职倾向三个维度。

### 2.组织信任的界定

关于组织信任的界定目前主要有两种观点：一是组织信任中的组织间信任，指某组织对另一组织的信任程度；二是组织信任中的组织内信任，包括组织成员之间、员工对上级和组织整体的信任。多数人认同第二种观点。Fox提出企业（组织）信任包括横向信任和纵向信任两类。Costigan等认为组织信任可分为关系信任和系统信任，即组织成员之间的信任和组织成员对高级管理者、组织整体的信任。

综上所述，本文把组织信任分为两个维度：组织关系信任，即组织中员工与上级、同事间的信任；组织制度信任，即员工对组织管理制度、组织价值观、组织沟通和组织实力的信任。

## （二）组织信任对工作满意度影响的假设

本文在借鉴前人对组织信任和工作满意度关系研究的基础上，进一步探讨组织信任两个维度与新员工工作满意度三个维度之间的关系，提出假设模型（见图4-15，图中的"＋"表示正相关，"－"表示负相关），并对两者各维度之间的关系提出如下假设：

H：组织信任对新员工工作满意度有显著影响；

H1：组织制度信任对新员工工作满意度有显著影响；

H1－1：组织制度信任对新员工工作适应有显著影响；

H1－2：组织制度信任对新员工组织制度认可有显著影响；

H1－3：组织制度信任对新员工离职倾向有显著影响；

H2：组织关系信任对新员工工作满意度有显著影响；

H2－1：组织关系信任对新员工工作适应有显著影响；

H2－2：组织关系信任对新员工组织制度认可有显著影响；

H2－3：组织关系信任对新员工离职倾向有显著影响。

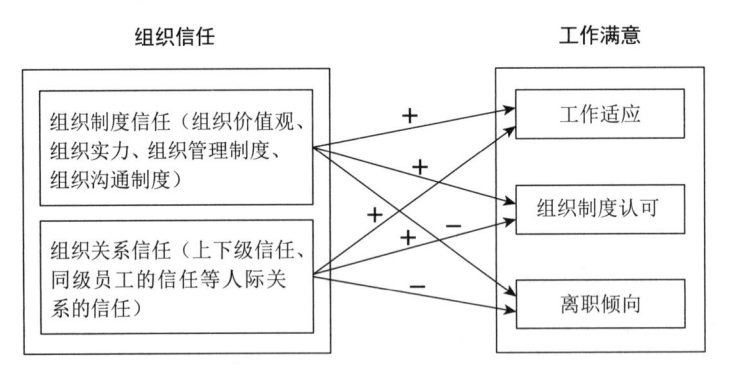

图4-15：组织信任与工作满意度的关系图

## （三）研究设计

### 1.样本与抽取过程

本文选择了南京、广州、桂林、南宁、柳州等五地近20家中小企业新员工作为调查对象，被调查者涉及制造业、零售业、服务业和房地产业四个不同行业，来自生产、销售、财务、研发等不同部门。共发放问卷300份,实际收回的问卷275份,其中合格问卷为256份,问卷有效回收率为85.3%。

在有效样本中,女性占比52.8%,男性占比47.2%;25岁及以下(即"90后")的年轻人占比91.8%,25岁以上占比8.2%;本科及以上学历占比55.9%,大专学历占比38.3%,高中/中专以下占比5.8%;未婚人群占比94.1%;有两次和两次以上的工作经历占比为77.7%。

2.问卷设计

(1)组织信任问卷。这部分问卷借鉴李宁的组织信任量表,同时采取了个别访谈与听取专家意见相结合的方式对量表进行修正,共设计了34个题目。其中,13个题目从制度的完备程度、执行的程序公平、组织的目标等来测量员工对组织制度的信任,21个题目从能力、品行和技术来考察员工对企业、领导和同事的信任程度。

(2)工作满意问卷。这部分问卷主要参照明尼苏达工作满意调查表(MSQ)和工作满意指标量表(JIS)来拟定,因对工作满意度的维度划分与MSQ、JIS量表不尽相同,故本文只借鉴了上述量表的部分题目,其余题目是自拟的。该量表由三部分构成,测量工作适应有12题,测量对组织制度认可情况有16题,测量员工离职倾向有4题。

本文的组织信任问卷与工作满意问卷均采用Likert五点计分法计分,完全不同意、不同意、不确定、同意、完全同意分别赋予1—5分,分值越高,信任度越高(离职倾向反之)。

(3)控制变量。为能更真实了解组织信任与新入职员工满意度之间的关联,本文将员工部分个体特征(年龄、性别、婚姻、学历、工作经历)作为控制变量,探讨不同个体特征对研究项目是否有影响。

3.数据处理方法

本文利用主成分分析法检验问卷的信度、效度,运用独立样本T检验和方差分析探讨个体变量在各维度上是否存在显著差异,运用相关分析和回归分析探讨组织信任两个维度与新员工工作满意三个维度之间的内在关系。

## (四)实证分析

1.组织信任问卷信度、效度分析

第一次对组织信任问卷进行KMO和巴特勒球形检验时,KMO=0.930,KMO

的值较高可做因子分析,但是测量组织制度信任的第 11 题的 P=0.468＜0.5,故删掉该题。另外,测量组织制度信任的第 19 题对总得分影响不大,也将其删掉。再次进行检测,结果显示 KMO=0.942,P=0.000＜0.05,各变量间相关性强,适合做因子分析。同时,在该因子分析中提取的两个因子,与本文对组织信任的双维度设计一致,且旋转后的因子载荷量均＞0.5,说明问卷的问题变量与问卷结构相关度较高,公因子累计方差贡献率为 66.636%,问卷的问题变量对问卷总体累计有效程度较好。信度分析结果显示,克朗巴赫系数=0.977＞0.7,问卷具有较好的信度。

### 2.工作满意度问卷信度、效度分析

对问卷的分析步骤同上,首次对工作满意度问卷做效度分析,KMO=0.687,可以做因子分析,将得分系数偏低的题目删掉后,KMO=0.864,P=0.000＜0.05,比较适合做因子分析。根据结果提取出 3 个因子(符合本文对工作满意维度的设定),旋转后的因子载荷量大于 0.5,公因子累计方差贡献率 65.727%,故该问卷有较好的结构效度。信度分析结果显示,克朗巴赫系数=0.876＞0.7,可知问卷具有较好的信度。

### 3.差异分析

(1)性别对各维度的差异分析。性别在组织关系信任维度的检验中,sig=0.042＜0.05,故男女员工在组织关系信任水平上存在差异,女员工在组织关系信任上的均值(51.67)大于男员工在组织关系信任上的均值(47.71),女员工对组织关系的信任度高于男员工。其余维度均得出 Sig＞0.05,故性别对其他维度的认知不存在差异。

(2)婚姻状况对各维度的差异分析。婚姻在离职倾向维度的检验中,sig=0.029＜0.05,故不同婚姻状况的人在离职倾向上存在差异,未婚人群的均值(2.703389831)大于已婚人群的均值(2.45),未婚人群的离职倾向比已婚人群的高,未婚人群具有更高的不稳定性。其余维度均得出 Sig＞0.05,故婚姻状况的对其他维度的影响不存在差异。

(3)年龄、学历、工作经历对各维度的差异分析。各变量均有 sig＞0.05,故这三个变量对所要研究的各个维度的影响不存在差异,这一结果可能与研究对象的特征有关,研究对象均为就职不到 1 年的新员工,在年龄、学历、工作经历方面存在很多共性。

**4.各变量之间相关性的分析**

表 4-14 是由各个变量的相关分析结果综合所得。

表 4-14:各因素相关性分析

| 维度 | | 组织制度信任 | 组织关系信任 | 制度认可 | 工作适应 | 离职倾向 | 组织信任 | 新员工工作满意 |
|---|---|---|---|---|---|---|---|---|
| 组织制度信任 | Pearson 相关性 | 1 | .000 | .624** | .230** | −.111 | .720** | .601** |
| | 显著性(双侧) | | 1.000 | .000 | .010 | .219 | .000 | .000 |
| 组织关系信任 | Pearson 相关性 | .000 | 1 | .333** | .381** | −.249** | .693** | .484** |
| | 显著性(双侧) | 1.000 | | .000 | .000 | .005 | .000 | .000 |
| | N | 125 | 125 | 125 | 125 | 125 | 125 | 125 |
| 制度认可 | Pearson 相关性 | .624** | .333** | 1 | .000 | .000 | .681** | .716** |
| | 显著性(双侧) | .000 | .000 | | 1.000 | 1.000 | .000 | .000 |
| 工作适应 | Pearson 相关性 | .230** | .381** | .000 | 1 | .000 | .431** | .692** |
| | 显著性(双侧) | .010 | .000 | 1.000 | | 1.000 | .000 | .000 |
| 离职倾向 | Pearson 相关性 | −.111 | −.249** | .000 | .000 | 1 | −.250** | .055 |
| | 显著性(双侧) | .219 | .005 | 1.000 | 1.000 | | .005 | .540 |
| 组织信任 | Pearson 相关性 | .720** | .693** | .681** | .431** | −.250** | 1 | .771** |
| | 显著性(双侧) | .000 | .000 | .000 | .000 | .005 | | .000 |
| 新员工工作满意 | Pearson 相关性 | .601** | .484** | .716** | .692** | .055 | .771** | 1 |
| | 显著性(双侧) | .000 | .000 | .000 | .000 | .540 | .000 | |

综上,虽然组织信任各维度与工作满意各维度之间存在相关性,但组织信任维度是否对工作满意维度存在显著影响还需要进行回归分析才能做出判断。

**5.回归分析**

用字母 $X$ 代表组织信任,$X_1$ 和 $X_2$ 分别代表组织关系信任维度和组织制度信任维度;字母 $Y$ 代表工作满意,$Y_1$、$Y_2$、$Y_3$ 分别代表工作适应、制度认可、离职倾向。

(1)组织信任各维度与新员工工作适应的回归分析。运用逐步多元线性回归分析汇总后得到表 4-15。由表 4-15 可知,组织关系信任、组织制度信任对新员工工作适应的方差变异解释比例分别为 0.145 和 0.198,线性方程能反映真实数据;1.2<DW=1.882<2.8,则不存在序列相关;Anova 中的 sig=0.000<0.05,回归方程有效,组织制度信任与组织关系信任两个维度中至少有一个维度对新员工工作满意有显著影响。VIF=1.000<5,则自变量之间不存在共线性。根据表中的系数模型可以得到回归方程:

$$Y_1 = 0.381X_1 + 0.230X_2 + 1.391E-17$$

故组织关系信任对新员工工作适应有显著影响;组织制度信任对新员工工作适应有显著影响。

表 4-15:组织信任各维度与新员工工作适应的回归分析

| 模型 | | 非标准化系数 | | 标准系数试用版 | t | Sig. | 共线性统计量 | | Anova[c] | |
|---|---|---|---|---|---|---|---|---|---|---|
| | | B | 标准误差 | | | | 容差 | VIF | F | Sig. |
| 1 | (常量) | −6.985 E−17 [1] | .083 | | .000 | 1.000 | | | 20.935 | .000[a] |
| | 组织关系信任 | .381 | .083 | .381 | 4.575 | .000 | 1.000 | 1.000 | | |
| 2 | (常量) | 1.391E−17 [2] | .081 | | .000 | 1.000 | | | 15.087 | .000[b] |
| | 组织关系信任 | .381 | .081 | .381 | 4.705 | .000 | 1.000 | 1.000 | | |
| | 组织制度信任 | .230 | .081 | .230 | 2.836 | .005 | 1.000 | 1.000 | | |
| 模型 | | R | R 方 | 调整 R 方 | 标准估计的误差 | | Durbin−Watson | | | |
| 1 | | .381[a] | .145 | .138 | .92817084 | | | | | |
| 2 | | .445[b] | .198 | .185 | .90269228 | | 1.882 | | | |

(2)组织信任各维度与制度认可的回归分析。运用逐步多元线性回归分析汇总后得到表 4-16。由表 4-16 可知,组织关系信任、组织制度信任对新员工工作适应[3]

---

1 工作适应与组织关系的回归方程的截距。
2 工作适应与保留下来的显著性较强的自变量的回归方程的截距。
3 新员工工作适应是根据前人研究所得,侧重对员工工作内容为主要视角所考察的工作满意的维度。

的调整 R 方分别为 0.384 和 0.491,故线性方程能反映真实数据;1.2<DW=1.953<2.8,则不存在序列相关;Anova 中的 sig=0.000<0.05,回归方程有效,组织制度信任与组织关系信任两个维度中至少有一个维度对制度认可有显著影响。VIF=1.000<5,则自变量之间不存在共线性。根据表中的系数模型可以得到回归方程:

$$Y_2=0.333X_1+0.624X_2+1.137E-16$$

故组织制度信任对制度认可有显著影响,组织关系信任对制度认可有显著影响。

表 4-16:组织信任各维度与制度认可的回归分析

| 模型 | | 非标准化系数 | | 标准系数试用版 | t | Sig. | 共线性统计量 | | F | Sig |
|---|---|---|---|---|---|---|---|---|---|---|
| | | B | 标准误差 | | | | 容差 | VIF | | |
| 1 | (常量) | 2.017E−16 [1] | .070 | | .000 | 1.000 | | | 78.291 | .000a |
| | 组织制度信任 | .624 | .070 | .624 | 8.848 | .000 | 1.000 | 1.000 | | |
| 2 | (常量) | 1.137E−16 [2] | .064 | | .000 | 1.000 | | | 60.907 | .000b |
| | 组织制度信任 | .624 | .064 | .624 | 9.738 | .000 | 1.000 | 1.000 | | |
| | 组织关系信任 | .333 | .064 | .333 | 5.195 | .000 | 1.000 | 1.000 | | |

| 模型 | R | R 方 | 调整 R 方 | 标准估计的误差 | Durbin−Watson |
|---|---|---|---|---|---|
| 1 | .624a | .389 | .384 | .78487112 | |
| 2 | .707b | .500 | .491 | .71314973 | 1.953 |

(3)组织信任各维度与新员工离职倾向的回归分析。由之前的相关分析可知,在组织信任的两维度中,只有组织关系信任与离职倾向存在相关性,故对两者进行一元回归分析,结果汇总如表 4-17。由表 4-17 可知,1.2<DW=1.579<2.8,则不存

---

[1] 制度认可与组织制度信任的回归方程的截距。
[2] 制度认可与保留下来的显著性较强的自变量的回归方程的截距。

在序列相关；Anova 中的 sig＝0.005＜0.05，回归方程有效，组织关系信任对新员工的离职倾向有显著影响。VIF＝1.000＜5，则自变量之间不存在共线性。根据表中的系数模型可以得到回归方程如下：

$$Y_3 = -0.249X_1 + 1.455E - 16$$

故组织关系信任对离职倾向有显著影响。

表 4-17：组织信任各维度与新员工离职倾向的回归分析

| 模型 | | 非标准化系数 | | 标准系数试用版 | t | Sig. | 共线性统计量 | | Anova[b] | |
|---|---|---|---|---|---|---|---|---|---|---|
| | | B | 标准误差 | | | | 容差 | VIF | F | Sig |
| 1 | （常量） | 1.455E−16 [1] | .087 | | .000 | 1.000 | | | 8.100 | .005[a] |
| | 组织关系信任 | −.249 | .087 | −.249 | −2.846 | .005 | 1.000 | 1.000 | | |

| 模型 | R | R 方 | 调整 R 方 | 标准估计的误差 | Durbin−Watson |
|---|---|---|---|---|---|
| 1 | .249[a] | .062 | .054 | .97254548 | 1.579 |

（4）组织信任各维度与新员工工作满意的回归分析。运用逐步多元线性回归分析汇总后，得到表 4-18。从表知，组织关系信任、组织制度信任对新员工工作适应的调整 R 方分别为 0.586 和 0.601，故线性方程能较好地反映真实数据；1.2＜DW＝2.305＜2.8，则不存在序列相关；Anova 中有两个 sig＝0.000＜0.05，回归方程有效，组织制度信任与组织关系信任两个维度中至少有一个维度对新员工工作满意有显著影响。VIF＝1.000＜5，则自变量之间不存在共线性。根据表中的系数模型可以得到回归方程：

$$Y = 0.481X_2 + 0.164X_1 + 1.087$$

由以上方程可知，$X_2$ 系数＞$X_1$ 系数，故有组织制度信任对工作满意的影响大于组织关系信任对工作满意的影响。

---

1　离职倾向与组织关系信任的回归方程的截距。

表 4-18:组织信任各维度与新员工工作满意的回归分析

| 模型 | | 非标准化系数 | | 标准系数试用版 | t | Sig. | 共线性统计量 | | Anovac | |
|---|---|---|---|---|---|---|---|---|---|---|
| | | B | 标准误差 | | | | 容差 | VIF | F | Sig |
| 1 | （常量） | 1.200 | .177 | | 6.782 | .000 | | | 174.366 | .000a |
| | 组织制度信任维度 | .620 | .047 | .766 | 13.205 | .000 | 1.000 | 1.000 | | |
| 2 | （常量） | 1.087 | .182 | | 5.959 | .000 | | | 91.959 | .000b |
| | 组织制度信任维度 | .481 | .080 | .593 | 5.990 | .000 | .333 | 3.002 | | |
| | 组织关系信任维度 | .164 | .077 | .211 | 2.130 | .035 | .333 | 3.002 | | |

| 模型 | R | R 方 | 调整 R 方 | 标准估计的误差 | Durbin－Watson |
|---|---|---|---|---|---|
| 1 | .766a | .586 | .583 | .4130887316 | |
| 2 | .775b | .601 | .595 | .4072739480 | 2.305 |

## （五）结果讨论

### 1.差异分析结果与讨论

性别在组织关系信任维度存在显著差异。这可能是因为女员工比男员工能够更容易感知、接受与上级或同事之间的情感,女员工对组织关系信任高于男员工,而关系信任有利于降低离职倾向。因此,从性别层面来说,女员工的离职倾向低于男员工的离职倾向。

婚姻状况在离职倾向维度存在显著差异。未婚人群的离职倾向均值大于已婚人群的离职倾向均值,反映出已婚人群可能由于要承担家庭责任等因素,更为理性,更倾向于稳定,未婚人群则因负担轻,责任少,更多追求自由,其表现出较高的不稳定性,离职倾向较已婚人群高。

年龄、学历、工作经历在组织信任各维度和工作满意各维度均不存在显著差异。出现这种结果的原因可能与研究对象的特征有关,研究对象是在中小企业的新员工,即就职时间在 1 年以内,而 25 岁以下没什么工作经验的大学毕业生是这些新员工的主要组成人员。

**2.组织信任对工作满意影响的分析结果与讨论**

通过相关分析可知,组织制度信任、组织关系信任分别与工作适应、制度认可存在正相关;组织制度信任与离职倾向不存在相关,出现这些结果可能是因为组织制度信任并不能直接对离职倾向产生影响;组织关系信任与离职倾向存在负相关;组织制度信任、组织关系信任均与新员工工作满意存在正相关。

## （六）对策建议

除了"组织制度信任对离职倾向有显著影响"的假设不成立外,其余假设均通过验证。因此,为了提高当前中小企业新员工工作满意度可以有如下作为：

企业应重视员工个体特征,实行差别管理。一是情感归属的差别管理。研究结论表明,女性新员工在组织关系信任高于男性新员工,男性新员工在组织制度信任上高于女性新员工。因此,企业在管理中要针对性别特点实行差别管理。企业可以通过营造组织关系信任,如工作中耐心指导和关照来增加女员工的归属感,以降低她们的离职倾向;对于男性新员工则应注重让其尽快认同企业的制度、规范来树立制度信任,以降低离职倾向。二是工作追求差别管理。研究结果表明,未婚员工的离职倾向高于已婚员工。已婚新员工更倾向于稳定,合理的薪酬福利和一定的发展空间是稳定他们的主要措施。未婚新员工更在意工作的趣味性和工作的发展性,因此,企业可以通过丰富工作岗位内容或实行轮岗制来提升工作的趣味性、挑战性,同时,合理、透明的晋升制度也有利于提高未婚新员工的工作满意度。

加强组织关系信任的构建。研究结果表明,组织关系信任对工作适应、制度认可、离职倾向均存在显著影响,但对工作适应和离职倾向的影响更为显著。在上下级关系构建中,领导层处在主导地位,领导层的积极行为很容易使员工产生信任。在工作中,领导层要提升自身能力,并及时对新员工进行工作指导和工作经验的分享,适当放权,提升员工参与度;领导层要自省德行,杜绝官僚作风,公平公正地对待员工,激发员工的工作热情;领导层要给予员工适当的关怀,要对新员工的工作和生活提供力所能及的帮助,培养良好的上下级关系。同级关系是组织内信任的重要组成部分,中小企业要注重以"师傅带徒弟"的形式来对新员工实施技能培训,通过团队建设来增加员工的合作和相互间工作能力的认可;通过企业制度、企业文化等途径帮助新员工形成正确工作理念,让员工学会分享知识和技能,创造融洽的工作氛围。此外，在新员工人数和能力足够的情况下，企业可以考虑从内部调派员工任职空缺岗位，以此保持较高的初始信任和团队稳定性。

加强组织制度建设。研究结果表明，组织制度信任较组织关系信任对工作满意影响大，组织制度信任对制度认知的影响最为显著，但其对于离职倾向没有直接影响。强大的组织实力能够让员工对企业制度产生更多的信任。因此，企业要不断提升自身实力，建立行业地位，从而来建立员工的信心和对组织的信任；建立科学的沟通制度，加强员工沟通来提高员工对组织的信任；员工可以通过企业人力资源管理政策和措施判断企业对自己的信任情况，因此，企业可以通过奖惩和绩效考核来增加员工对企业管理的信任度，以共同参与的方式构建企业成员共同认同的工作情景。

## 六、新员工"闪辞"现象的信任危机成因分析[1]

自2012年以来，和"闪婚""闪恋""闪离"一样，"闪辞族"一个闪字，带着一点青春叛逆的冲动，释放着任性和选择的自由，使用人单位不得不陷入了"短、频、快"的"招人—走人—再招人"怪圈。"闪辞族"是指入职时间短（不到1年的）就想换工作的一类人，由于人数众多、共性突出，所以被称为闪电般辞职的一类人，简称"闪辞族"。这一类人职场的特点是"快速、频繁"的辞职和"短暂"的工作体验，辞职前没有前兆，"失踪式"的辞职占比大，表现出对职场的焦虑、不耐烦和不忠诚等特性，"闪辞族"以"90后"的职场新人为主，以独生子女居多；且中小企业和民营企业的"闪辞族"突出。

"闪辞族"作为职场伦理的新现象，因为来势凶猛而引发了人们热切关注。"闪辞"现象表面上是"闪辞族"对工作不满意的辞职，实质上是信任危机问题。试想，当企业里"闪辞族"居多且普遍存在时（"90后"终将成为企业的职场主体），"闪辞族"生产出来的产品如何可信？当"闪辞族"生产出来的产品打上"Made in China"出口外销时如何能让世界相信？可见，"闪辞族"现象不可小觑。本文试图从个人的信任能力、组织信任、制度信任、社会转型四方面对"闪辞族"这一职场现象进行伦理审

---

1　阳芳：《"闪辞族"现象的信任理论成因分析》，《社会科学家》2016年第1期，第41—45页。

思,提示这一信任危机现象背后的深层次原因,这对于修复职场信任、解构职场信任危机、改善职场伦理生态意义重大,同时也是从管理学的视角回答如何通过信任管理来实现和提高最具活力的人力资本对组织、对经济增长的贡献。

## (一)个人信任能力不高是"闪辞族"产生的主观原因

为了更好地了解"闪辞族"的"闪辞"的原因,我们对南京、广州、南宁和桂林等城市有过辞职经历的近100名企业员工进行深度访谈,访谈中发现这些被贴上"心高气傲、眼高手低、心浮气躁"种种标签的"闪辞族"的"闪辞"主要的个人原因有:没有找到自己喜欢的工作;还没能让自己安定下来;工作失去了新鲜感;不喜欢上司的管理方式;想换一个城市看看;喜欢迁移式的工作尝试;等等。这些原因表现为"闪辞族""青春的任性"和"选择的迷惘",而实质是现实社会让个人在人的存在即"我以何种方式在?"和"我如何与他人同在?"问题上陷入困惑,制约了个人信任能力,而个人信任能力低下又导致"闪辞族"的"闪辞"行为。

所谓信任,是在一个团体之中,成员对彼此常态、诚实、合作行为的期待,基础是团体成员共同拥有的规范,以及对个体隶属于那个团体的角色。也就是说,信任是指个人"以何种方式在"于这个生活的世界,并"如何与他人同在"的状态,反映了一种现实存在的关系,体现了一种人与人之间相互承诺及合理地期待的共生共在的存在范型。

一方面,"闪辞族"在职场"'我'以何种方式在?"中迷失。在进入职场之前,人的存在是由身份地位关系决定的,这种被承认是一种先验的普遍承认,从不依赖于个人的承认。而进入职场之后,人们则以独立的个体而存在,每一个个体都有了自己固有的权利、尊严与价值,呈现出一个个"完全独立的自我",而且在市场经济条件下,人们表达自己的权利、人格尊严的平等、权利资格的平等均以契约关系的法定形式表现出来。这样,由身份地位关系存在方式向契约关系存在方式的转变使当事人(职场的新人)面临着一种新的选择困境:"我"是以绝对自我主体身份方式还是以共生共在的主体方式存在?是以固守于纯粹自我的身份地位方式还是以一种积极主动的态度构建共生共在主体的契约交往方式存在呢?这是进入职场的新人都必然面对的现实问题。"闪辞族"中"90后"居多,这些"90后"的职场新人是在社会转型中成长起来的一代人,也是独生子女比例最高的一代,他们与70后、80后相比,他们拥有全新的价值观、独立的个性、活跃的思维,表现欲强,注重自我成长,不易妥协。又由于独生子女的成长经历,使这些个体的自我主体意识过强,当不得不以共生共在的主体方式存在时,往往会需要更长的一段时间来调适自己,当职场中感受不可预期、不可信赖的心理袭击时,在构建自己安全感、感受对人与物的可靠性中,更容易受到伤害,更容易萌生出一种普遍的信任危机感。"闪辞"就自然成了他们自我保护的本能避害行为。可见,"闪辞族"如果能在入职前端正职场中共生共在的主体存在方式的认识,有利于实现从身份关系向契约关系的角色转变,也就可以有效地控制"闪辞"行为。

另一方面,"闪辞族"在"'我'如何与他人,即'家外人'在一起?"时有困惑。中国传统社会是一个"熟人"的社会,这样的社会依托血缘情感与内在信仰所维系、承认、接纳的信任关系特别注重以血缘、家族的交往方式,"家"对于个人而言既是个人利益的单位,又是彼此承认、认同、接纳的界域,更是唯一值得信任与依赖的生存方式。因此,人们对待"家里人"和"家外人"是内外有别的,"家里人"是值得信任的,"我"可以、也应当对"家里人"敞开一切,而家外人非"熟人",因此,必须对"家外人"保持戒备和不信任。"闪辞族"中以20—25岁的年轻人居多,而且大多数人是独生子女,是家中的宝贝,是被捧在手心长大的一代,"家"对他们的关爱极多,使得他们对"家"的依恋更大。当进入职场之后,他们不得不从"家"中独立出来,不得不进入到一个充满着"家外人"的戒备和不信任的世界,这时他们常会陷入一种无"家"可归的紧张惶恐的境地。在这里(职场),他们以依托外在契约合同的交往方式与陌生的"家外人"的交往,容易感到原"家"中的熟悉、轻松的信任氛围的缺失,感受到原个体"在家"的稳定安全感和原有的和谐状态的毁灭,于是心理上会产生种种不适应,而且职场中的个人必须独立地各司其职、各尽其责、各担风险,这种独立的离散关系使刚离开"家"的职场新人倍感"生人"社会的"孤独",信任危机感也会进一步加深。所以,当"闪辞族"在职场中的新鲜感一过,还无法产生归属感时,就会迫不及待地"闪"人。可见,认识"生人"社会和学习与"家外人"在一起是"闪辞族"急需提升的能力。

个人要学习"'我'如何在职场中与'家外人'在一起",就需要提升个人信任能力,建立个人信任。职场中的个人信任不是预先给定的,它需要个体主动构建。在市场经济条件下的职场中,个体随着个体意识的日益觉醒,往往表现出"经济人"、有限理性人的特点,尽可能地趋利避害,甚至可能为更大的个人利益而不择手段。而且,在物质世界日益丰富的今天,这些"理性人"还沦为自己的创造物的奴隶,成为依附于纯粹物的"单面人",唯"利"是图。在调研中发现,"闪辞族"趋"利"的特点突出,这个"利"往往是从个人出发的各种好处,可能是高的薪酬,也可能是好的机会或其他,总之,为了个人"利益",他们突出的"单面人"的特质让他们既为所欲为,又无可信赖。这些"单面人"的相处表现出的互竞共生,实际反映了人的存在危机。因此,如果没有道德、承诺、信誉、信任等约束,个人信任能力低下,个人信任难以建立,个人是难以与"家外人"共生共存在一起的,"闪辞"现象是难以解决的。

## (二)企业组织信任缺失是"闪辞族"产生的组织原因

"闪辞族"的"闪辞"是个体对组织(或职场)信任不足的经验习得下的无奈选择。信任的反面就是不信任,"闪辞族"对组织的不信任主要源自三种层次的信任不足:契约信任、人际信任、系统信任。

首先,契约信任不足。契约信任是建立在契约(或明或暗)和法律准则基础上的保证双方在公平、平等的基础上履行契约承诺而确立的信任关系。企业与员工违约的成本都不高,导致当前中国企业并没能树立员工契约信任的信心,反而企业作为经济组织的工具理性的决策使员工难以信任企业。自2007年底中国某著名民营企业为了逃避新《劳动合同法》的责任,让7000多名员工辞职,后重新聘用之举就公然撕开了企业不值得信任的面纱。新《劳动合同法》对试用期和无固定劳动期限的规定意在保护员工的利益,但是也促使企业更"理性"。一些企业为节约人工成本且规避法律责任,就采用了"管培生"的政策,大量招录实习大学生,使得这些处于实习期间的"准员工"一方面要按试用期员工的要求工作,但另一方面却没有试用期员工相应的权利保障,而且还有长达一年的"准见习期"(《劳动合同法》规定新员工见习期最长时间为六个月)。企业这些用人的"小伎俩"让还没有正式入职的员工提前感受职场的冷暖和契约信任的苍白。

其次,人际信任不足。人际信任是以工作团体为基础,在工作环境下的共事成员之间的关系信任。人际信任主要包括认知性信任和情感性信任两种类型。"闪辞族"由于在组织中的时间短,情感性信任作用并不充分,人际信任主要还是表现在认知性信任不足。当前人与人之间存在着普遍的不信任心理,而且人际信任水准急剧下降。1990年,由美国学者英格雷哈特(R.Inglehart)主持的"世界价值研究计划"调查显示,在中国,相信大多数人值得信任的人,占到被调查者的60%。1996年,在英格雷哈特的再次调查中,这个数字已经跌到50%。而到1998年,王绍光的调查显示,只有约30%的中国人相信社会上大多数人值得信任。在调查中我们也发现,离职或有离职倾向的新员工在职场中的人际信任普遍很低。而相反的,如果在新员工入职的头一个月能帮助新员工快速地建立起良好的职场人际关系则可以大大降低新员工的离职率。如广州某一外资企业,通过"一对一老带新"的帮扶新员工的办法使新员工在入职一个月内快速建立起良好的职场人际关系,缓减了新员工的不适应感,使员工的离职率从23%下降到4%。

最后,系统信任不足。系统信任是指员工对组织的信心和组织对员工支持的双向信任。"闪辞族"现象反映出企业组织系统信任的不足,一方面表现在员工在求职和入职后的工作体验中产生的低组织信任,如"人往高处走,水往低处流"。员工选择就业单位的时候想去好的单位本无可厚非,但现在一些经济效益好的企业、规模大的企业不愿投入更多的时间、精力和财力去培养新人,往往恃强凌弱,高薪"挖角",设高入职门槛,要求"有工作经验",强硬地把应届生排除在外,导致一些应届生为了获得"工作经验"就会暂时选择到一些入职门槛不高的民营企业和中小企业去历练,一旦略有经验了就会选择跳槽,致使民营企业和中小企业成为"闪辞族"最活跃的主战场。反过来,也说明了企业组织对新员工的支持不足,培训机会少、锻炼机会少,容易使新员工产生不被信任和不被重视的感受,当组织的期待与员工的期待不同步时,员工的离职就势在必行。又如,入职后员工对单位无法认同,不看好单位发展前景,对工资待遇不满,不喜欢自己从事的工作,不适应工作环境,等等,都会让员工对组织产生不信任,特别是当招聘时企业开出的承诺无法兑现时,"闪辞"被视为对其最有力的回击。

由此可见,企业需要重建组织信任体系,构建值得信任的组织,给予"闪辞族"以信心,当员工对企业产生认同感、归属感和安全感,形成心理契约之后,就可以让员工能够从主观上愿意服务于自己所在的单位,"闪辞"行为自然终结。

## (三)制度体制的不完善是"闪辞族"产生的制度原因

制度体制因素是"闪辞族""闪辞"的又一重要原因。西方社会契约论思想的提出者霍布斯认为没有公共权威体制的社会必定是人们尔虞我诈互相残杀的社会,在那种状况下,人们无法相互信任。之后卢曼、巴伯尔进一步发展了这一思想,巴伯尔提出信任的不完全充分性可以社会机制来填补,"这一填补主要是源于社会制度、法律等对社会成员的普遍约束力。当缺失的信息不足以让行动者做出关于信任的判断时,行动中所涉及的制度因素将会给予行动的达成以有力的支撑"[1]。可见,现代社会信任除了对当事人的信任外,还应包括对维持生活信任机制的信任,制度体制的建设与完善已成为人们控制所处世界的重要的手段。在调查中我们发现,"闪辞"行为与现代社会交往方式的改变、制度体制缺失、失信成本低等原因有关。

自信息化媒体广泛运用以来,人们的交往手段发生了革命性变化,人们的社会交往打破了时空的界限,从"在场"向"缺场"交往方式转变、从"现实世界"向"虚拟世界"延展,随之而来的是冲突加剧和信任危机。社会交往方式的巨大变化,动摇和转变了传统社会信任基础的"在场"承诺或当面承诺的交往方式。"在场"承诺表达是"熟人"社会的有限交往关系,其可信任性是以"家"的血缘、个人熟悉了解为依据的信任,是以"熟人"群体的风俗、习惯为有效监督的信任,其实质是以对传统"熟人"社会性交往规范制度的信赖为基础的。[2] 而"缺场"承诺表达则超越"熟人"社会的普遍交往关系,由于失去了原有信赖的制度规范依据,随之容易引致信任危机。因此,"在场"交往向"缺场"交往转变和"在场"承诺向"缺场"承诺转变,急需制定具体监督机制和具体规章制度,以保障交往的信任。"闪辞族"是伴随着计算机成长起来的一代人,他们熟悉网络空间的"缺场"交往方式,也对"缺场"承诺难以兑现司空见惯,现代社会交往方式的规范制度建设的滞后与不完善是"闪辞"现象产生的制度原因。另外,"缺场"的招聘,如网络招聘、电话招聘等形式,使"闪辞族"更容易转换工作。虽说生产要素的合理流动特别是人力资源的流动是市场经济运行的基本条件,但是生产要素过于频繁地流动也会造成资源的浪费,不利于市场经济的运行,因此,需要政府有所作为。如建立全国范围的个人职业信息档案和诚信档案制度等方式来规范,通过调整人力资源的合理流动来有效地解决"闪辞"问题。

除了制定相关制度规范外,还需要严肃制度的执行,方能保证制度的权威性和严肃性,才能保证社会信任的建构。现代社会信任有两种形式:一是对当事人的信

---

[1] 梁克:《社会关系多样化实现的创造性空间——对信任问题的社会学思考》,《社会学研究》,2002年第3期。
[2] 杨太康:《当今我国信任危机现象存在的深层原因解析》,《唐都学刊》2003年第3期。

任,这种个人承诺的信任是建立在人的相互关系上,相信当事人则是肯定个人主体的诚实和可靠;二是对生活信任机制,即制度的信任,这种制度信任是非个人的制度性承诺,这种信任不是满足个人承诺的信任关系,而是把对社会中所有成员做出承诺置于社会结构制度体系之中,置于社会整体秩序与功能的正常发挥之中。如果说个人承诺的信任以个人人格为担保,并以个人的经验感觉为依据,具有主观的不确定性,那么非人格的制度承诺则是以对社会中所有成员做出承诺为保证,具有客观的确定性。只有保证制度承诺的权威性、严肃性,人们才会真正地对非当面的制度承诺信任。目前,我国的市场经济制度建设还很不完善,对制度承诺监督的社会制度运作机制还不正常,现实生活的世界中仍存在着各种各样的背离承诺的诱惑,而抵制诱惑的制度性监督缺失或执行不力,致使人们逐渐失去了对非当面的制度性承诺的信任,进而加剧了信任危机感。因此,除了加强制度建设外还应加强制度承诺的执行和监督,加强制度承诺的执行和监督必须提高制度承诺违约的成本。

违约(失信)成本不高是"闪辞"事件频发的重要原因。成本－收益原则在市场经济条件可诠释为"两利相权取其大,两害相权取其小"的理性原则,这是人们行为选择的基本原则。人们之所以选择放弃使用私人理性的私人领域,进入使用公共理性的公共领域,是因为人们愿意相互信任、彼此愿意合作,愿意遵循合作共生的法则。但是,信任与承诺是个人内在的主观因素,易受外部因素影响且极难度量,其本身不会自动产生出长期稳定的合作行为,因此,在集体行动中普遍出现了个人承诺信任危机。对此类现象进行理性批判反思,发现个人和组织(企业)在集体行动中主要遵循着成本－收益分析原则来选择行动的,是否守信或兑现承诺要看当时情境下能否获得对自己或组织尽可能多的净收益,也就是说,只要守信或背信能实现长期净收益大于暂时守信或背信的短期策略的净收益时,满足了"两利相权取其大,两害相权取其小"原则时,个人和组织会理性选择遵守或背弃协定准则,做出有利于自己的承诺。如由于不诚信行为所付出的成本过于低下,各种诸如"毒奶粉""瘦肉精""地沟油""染色馒头"的食品安全事件、造假事件就会层出不穷。职场中的"闪辞"现象频繁出现,自然也是由于"闪辞"违约成本过低导致的。因此,提高"闪辞"的违约成本是有效消减"闪辞"现象的重要手段。

## （四）社会转型出现的信任危机是"闪辞族"产生的社会根源

"闪辞族"现象出现在中国社会转型变革时期，其根源是社会转型变革导致的信任危机。当前，中国正处在社会转型变革时期，这种转型变革，不仅仅是一种事物、环境、制度的转化，而且几乎是所有社会规范准则的转化，更是一种发生在人自身、灵魂和精神中内在结构的本质性转化，也是一种人的实际生存方式和价值判断标准的改变。这种社会转型，是现代社会与传统社会的决裂，人们在从传统的秩序轨道向全新的生活状态的巨大社会转型中，感受到了普遍的信任危机。

转型之初孕生了价值信仰危机。价值信仰危机是指在思想文化、意识形态领域中所表现出来的信任危机。传统生活中原有的价值法则与规范早已内化成人内心的信念和信仰，在情感上滋生为信任，使人们从中体会到安全与踏实。而现在，要将人们"带离"传统，与传统决裂，使人原本赖以安身立命的信任感突发断裂、塌陷，使生命处于无根基的悬浮空虚状态而岌岌可危，陷于"绝望"之中。于是，人们在"决裂"中演化出一种"怨恨""绝望"情绪，孕生出信仰危机。

在抛弃传统的过程中，社会转型陷入了信任危机。辩证否定性要在"破、立"中有继承。而在当今我国转型实践过程中，时常出现全盘否定传统的冲动行为，这就导致了文化价值的虚无存在与现实的无根漂泊状态。如诚实与守信是传统社会中的重要美德，也是一个社会共享的伦理规范。然而，在中国社会转型中出现了一些不诚信的现象，食品不可信、老板不可信、医生也不可信等，一些人陷入了迷惘与恐惧："我们还可以相信谁？""闪辞族"的闪电辞职实际上就是对自己的不自信和对组织不信任的最初反映，但最后往往是对社会的不信任。中华传统文化中的信任精神资源非常丰富，如儒家把信任视为"进德修业之本""立人之道"和"立政之本"，孔子说："人而无信，不知其可也。"他还把信任提到"民无信不立"的高度，强调"言必信行必果""与朋友交，言而有信"。但是，中华民族在向现代文明的过渡转型中，这些信任精神资源没有形成深层的伦理力量来维系社会秩序，再加上缺失现代市场经济精神文化准备的基因，使得社会转型出现信任危机。从这一角度来讲，职场中的"闪辞族"现象只是中国社会转型出现的信任危机的一个局部现象。由于中国社会转型缺乏传统文化精髓的支撑而潜伏着不少深层次的安全风险，因此，我们需要挖掘传统文化中有益的精神资源，倡导学习国学，树立社会主义的核心价值观，从社会文化根源的层面来消减社会普遍的信任危机，从而从根本上减少"闪辞"现象，促进职场人力资源的合理流动,推动市场经济生产要素的健康发展和社会的健康转型。

综上所述,"闪辞族"的出现并不是一种个别的社会现象,而是从个人诚信到职场信任再到社会信任的一个缩影,反映了中国社会在转型过程中多层次的信任危机。要解决这一问题,需要从提高"闪辞族"自身人格素质和个人信任能力,构建值得信任的企业组织,完善职场人士的诚信制度,倡导诚信制度的奖罚机制,弘扬信任正能量,从个人、组织、制度和文化四方面来构建职场信任和社会信任,从而改善职场伦理生态和推动中国社会健康转型。也就是说,要提高最具活力的人力资本对企业、对经济增长的贡献,需要从微观层面,从信任管理的角度来提高"闪辞族"这一人力资本的信任能力。

# 第五章

## 提高劳动报酬在初次分配中的比重，保障广西职工可行能力的伦理价值[1]

---

[1] 阳芳:《提高广西职工劳动报酬在初次分配中比重的研究》,《社会科学家》2014年第1期,第60—64页。

经济与伦理犹如人类的两面镜子。人们通过经济展现自己的力量,实现自己改造自然、取得巨大收益的目的;通过伦理,人们审视自己的内在发展,确立人本身的主体价值,实现人们幸福与善良的最高理想。社会的发展需要经济与伦理的对话和融合。如今,广西少数民族地区经济发展了,人们如何能分享到经济发展的红利和改革的成果。成果的分配既是一个重要的经济分配问题,也是一个重要的伦理价值问题。收入水平影响到人们自由权利的实现,即影响人们获得社会机会和拥有可行能力。以下从提高劳动报酬在初次分配中的比重来探讨保障人的可行能力的伦理价值。

# 一、劳动者报酬在初次分配中比重的演变规律

## (一)劳动者报酬在初次分配中的比重随经济发达程度的提高而提高

经济发展水平的提高是改善初次分配结构的重要前提。有着较为成熟的市场经济体制的发达国家,随着经济的发展,在全社会生产成果中,分配给劳动者的比例也越来越大。从平均水平来看,美、法、德、日、韩五国劳动者报酬占国内生产总值的平均比重在人均国内生产总值3000美元时为48.7%;在人均国内生产总值6000美元时,比人均国内生产总值3000美元时提高4.4个百分点,达到53.1%;在人均国内生产总值10000美元时,又比人均国内生产总值6000美元时提高了2.3个百分点,达到55.4%。从各国各自发展历程看,也呈同样的特征。如美国在1964年时,人均国内生产总值就达到了3000美元,其劳动者报酬占国内生产总值的比重为58.1%;1973年时人均国内生产总值达到6000美元,其劳动者报酬占国内生产总值的比重突破60%,为61.2%;自1977年人均国内生产总值达到10000美元之后,直到2000年,美国的劳动者报酬占国内生产总值的比重始终稳定在60%以上。劳动者报酬占

国内生产总值比重还表现出先发展国家高于后发展国家的特征。二战以后,美国作为实力最强的发达国家,在人均国内生产总值 6000 美元时,劳动者报酬占国内生产总值的比重达到 60％以上。第二梯队的法国、德国、日本在人均国内生产总值 6000 美元时的劳动者报酬占国内生产总值比重为接近或超过 50％。第三梯队韩国的劳动者报酬占国内生产总值的比重在 45％左右。[1]

## （二）产业结构升级带动了劳动者报酬在初次分配中比重的提高

产业结构升级,特别是服务业崛起对改善初次分配结构发挥了重要作用。美、德、日、韩等发达国家产业结构不断升级,服务业迅速崛起,服务业比重与劳动者报酬占国内生产总值比重呈同步提高的态势。见表 5-1 所示：

表 5-1：美、德、日、韩发达国家劳动者报酬随产业结构升级的变化情况

|  | 服务业比重 | 服务业比重的增长额 | 劳动者报酬占国内生产总值的比重 | 劳动者报酬占国内生产总值比重的增长额 |
|---|---|---|---|---|
| 人均国内生产总值 3000 美元 | 44.3％ |  | 48.6％ |  |
| 人均国内生产总值 6000 美元 | 51.3％ | 7.0％↑ | 53.1％ | 4.5％↑ |
| 人均国内生产总值 10000 美元 | 53.1％ | 1.8％↑ | 55.2％ | 2.1％↑ |

产业结构升级能带动劳动者报酬在初次分配中比重提高的理由有二：一是从整体来看,当人均国内生产总值达到 3000 美元之后,产业结构由第二产业主导向第三产业主导转变,就业结构也由随之转向第三产业主导,而第三产业吸纳劳动力能力更强,扩大就业规模更快,劳动密集型、智力密集型特点更突出,更有利于促进劳动者报酬占国内生产总值比重的提高。二是从第三产业内部来看,涌现出现代金融业、房地产业、中介服务业、电子信息等新兴服务行业均属于高收入产业,从而进一步带动了劳动者报酬在初次分配中比重的提高。

---

[1] 数据来源：http://www.stats－tj.gov.cn/Article/news/tjxx/tjbg/200810/10390.html。

## （三）人力资本贡献率的提高将要求初次分配中劳动者报酬比重的提升

随着经济的发展，创新驱动成为经济增长的主要动力，投资率由升高转为逐渐降低，人力资本贡献率越来越突出。美、法、德、日四国在人均国内生产总值3000美元时的投资率平均为27.5%，劳动者报酬占国内生产总值的比重平均为51%；人均国内生产总值6000美元时，四国投资率平均为24.8%，比人均国内生产总值3000美元时降低2.7个百分点，劳动者报酬占国内生产总值的比重平均为55%，比人均国内生产总值3000美元时提高4个百分点；人均国内生产总值10000美元时，四国投资率平均为23.9%，比人均国内生产总值6000美元时降低0.9个百分点，劳动者报酬占国内生产总值的比重平均为57.3%，比人均国内生产总值6000美元时提高2.3个百分点。[1] 目前，发达国家的投资率已经基本稳定在18%左右，经济增长由投资驱动过渡到创新驱动和财富驱动阶段，高智力型劳动要素在国内生产总值中的贡献占主体地位。

因此，从以上劳动者报酬在初次分配中比重的演变规律来看，提高劳动报酬在初次分配中的比重是一个系统工程，既需要扩大经济总量、提高发展水平，也需要推进产业结构升级换代，还需要以人为本，转变经济增长方式。

## 二、提高广西职工劳动报酬在初次分配中比重的建议

提高劳动报酬在初次分配中的比重意义重大。然而关键问题不在于要不要提高劳动报酬的比重，而在于提高多少和如何提高的问题。

广西在初次分配中劳动报酬的比重应提高多少呢？首先，应遵循工资在国内生产总值中的比重与经济发展程度成正相关的规律，当经济发展了，应提高劳动报酬在国内生产总值中的比重。其次，应根据国情和区情，确定劳动报酬在初次分配中的合理比重。从市场经济成熟国家的实践经验来看，如美、法、德、日、韩五国在人均国内生产总值3000美元时劳动者报酬占国内生产总值的比重平均为48.7%；在人均国内生产总值6000美元时，平均比重为53.1%。但在中国这个仍处于市场经济

---

[1] 数据来源：http://www.stats-tj.gov.cn/Article/news/tjxx/tjbg/200810/10390.html。

初级阶段的国度里,要按市场经济成熟国家的标准来确定初次分配中劳动报酬的比重是不现实的。根据杜西平等人的研究,中国国内发达城市劳动报酬在初次分配中的比重也呈现出随着经济的发展而阶梯状提高的特征。如北京人均国内生产总值为 7370 美元,劳动者报酬占国内生产总值的比重为 43.3%;上海人均国内生产总值为 8594 美元,劳动者报酬占国内生产总值的比重为 35.0%;广州人均国内生产总值为 9443 美元,劳动者报酬占国内生产总值的比重为 34.4%;天津人均国内生产总值为 6065 美元,劳动者报酬占国内生产总值的比重为 31.5%。[1] 广西 2011 年的人均国内生产总值为 3945 美元,介于 3000 美元和 6000 美元之间,再按人均 GNI(国民总收入)分组标准来衡量,目前广西经济发展还处于中等偏下水平,因此,本人认为广西应借鉴国内外的经验,结合广西的区情逐步提高劳动报酬,且在提高生产率的基础上使劳动报酬比重提高到 30% 左右。如何来实现这一目标呢?本文认为实现它需要一个系统工程来完成,也就是既要依靠市场机制,又要依赖政府、企业和劳动者三方的共同努力。

## (一)发挥市场机制的主导作用

在市场经济条件下,市场机制既是生产要素优化配置的主导力量,也是根据各生产要素在生产中的贡献来确定其报酬分配的决定力量。而在一定的国民收入前提下,各生产要素报酬是零和博弈关系,提高了某一要素的报酬比例,意味着必须降低其他要素报酬的比例。因此,我们不可能撇开市场机制来增加劳动报酬,不可能通过直接的行政干预使利益的分配向劳动力要素倾斜,这是违背市场经济规律的,是对市场经济的破坏。我们应该明确,增加劳动报酬最终必须由市场决定和实施。只有在不违背市场经济规律的前提下,发挥市场机制的作用,提高劳动者的素质和市场博弈的能力,才能促进劳动报酬稳定、持续地增加。当然,囿于市场机制的不完善,仅凭市场的单一力量难以提高劳动报酬在初次分配中的比重,政府是可以有所作为的。

## (二)强化政府监管和服务功能

1.政府应大力发展经济,加快产业结构的升级和市场经济的建设。(1)经济增

---

[1] 数据来源:http://www.stats-tj.gov.cn/Article/news/tjxx/tjbg/200810/10390.html。

长是劳动报酬提高的基础,因此,政府以经济建设为中心,发展经济是硬道理。(2)大力发展创新创业产业,促进产业结构升级,有利于扩大就业规模,有利于提高劳动报酬的比重。(3)维护好市场秩序,为劳动力供需双方提供公平的市场竞争平台。在市场经济体制下提高劳动报酬的比重必须按市场经济的规律办事,顺应市场机制。而顺应市场机制则需要良好的市场秩序,只有良好的市场秩序才能确保劳动力市场上供需双方公平竞争,只有公平竞争才能客观地决定劳动报酬在初次分配中的比重。而良好的市场秩序必须依靠政府来营造和维护。

政府应制定和健全与劳动者权益相关的法律、法规和政策,提供劳动者权益保护。具体包括:(1)加大劳动保障执法力度。目前买方市场下,劳动力要素相对于资本等生产要素来说,仍处于弱势,他们的正当的合法的权益常受到强势的资方的损害。因此,应要求政府严格执法,保护劳动者的合法权益。只有劳动者的合法权益得到保护,劳动报酬的比重才有可能得到提高。(2)政府制定了切实可行的富民政策,扭转在初次分配中劳动报酬比重过低的现象。如 2013 年 2 月 1 日广西正式启动"广西城镇居民人均可支配收入倍增计划"。"倍增计划"指出将从发展经济、提高企业职工工资收入、促进就业、完善社会保障、增加转移性收入、强化制度改革和政策调节、加强组织领导等七个方面提高居民收入,以此推进广西富民战略。其中持续提高劳动报酬比重是这一计划的核心内容。在"倍增计划"中还提出,每两年至少调整一次最低工资标准,每次调整的增幅在 15% 以上。上调最低工资标准既是政府提高初次分配中劳动报酬比重的一项保底工作,也是实现工资正常增长机制的一个刚性措施。广西于 2013 年 2 月 7 日再度上调最低工资标准:一至四类最低工资标准由原来的 1000 元、870 元、780 元、690 元分别调整为 1200 元、1045 元、936 元、830 元。非全日制用工的小时最低工资标准也由原来的每小时 8.5 元、7.5 元、6.5 元、6 元分别调整为 10.5 元、9.5 元、8.5 元、7.5 元。[1] 这次上调具有时间间隔短和上调幅度大的特点,以往 24 个月才上调 21% 左右,此次仅时隔 12 个月就平均提高了 20%。可见,广西是下决心提高职工劳动报酬的,我们相信如果广西能扎扎实实地落实"倍增计划",是有望几年内扭转劳动报酬在初次分配中的比重偏低的局面的。截至 2018 年 3 月,全国各省的最低工资标准出台,广西 2018 年 2 月 1 日起实行新的最低工资标准在全国 31 个省中排名第 19 位,一至三类最低工资标准分别为 1680

---

[1]《广西从 2 月起上调最低工资标准,一类地区达 1200 元》,http://news.hexun.com,2013 年 2 月 22 日。

元、1450元、1300元。

2. 应健全企业劳动标准管理体系,建立企业职工工资正常增长机制和支付保障机制。目前我国关于国有竞争性企业的工资正常增长机制和农民工的工资支付保障机制还是空白。这需要政府从战略和经济政策上统筹落实。如2007年9月玉林市人民政府出台的《玉林市解决企业工资拖欠问题工作方案》值得各地借鉴。

3. 政府应做好劳动者的职业培训和信息服务工作。市场经济体制下,劳动者的经历、受教育程度及其形成的技能和素质,决定着劳动者人力资本的价值,从而影响着劳动报酬。人力资本的价值提高需要投资来支持。一般而言,由于收入水平的低下,普通劳动者缺少对自己进行人力资本投资的能力,因而要想通过自身人力资本投资来提高劳动报酬比较困难。这就需要政府投资,在普及义务教育的同时,向普通劳动者提供职业培训,帮助他们增加人力资本存量,进而提高他们的收入。在这方面广西区政府已有行动,发布的《关于加强职业培训促进就业的实施意见》(桂政发〔2011〕66号)提出了提高劳动者职业能力、优化技能人才结构、增强职业培训基地能力三项主要目标。其中在增强职业培训基地能力方面指出:从2012年到2020年,全区共建成30个高技能人才培训基地,基本形成覆盖重点产业和中心城市的高技能人才培养网络。其中,到2015年底,完成自治区重点支持的20个高技能人才培训基地建设。各地市同步开展本地区重点支持的高技能人才培训基地建设工作,到2020年底,完成全部30个高技能人才培训基地的建设任务和终期评估。[1] 此外,解决劳动力市场上信息的不对称问题也是政府应有所作为的工作。政府应免费提供劳动力市场供求信息,尽可能地减少劳动力市场信息的不对称,引导劳动力资源合理流动,帮助劳动者提高劳动报酬。目前广西劳动力市场信息唯一官方网站是广西人才网,除此之外,民间网站如八桂人才网、广西英才网、桂林人才网等也比较活跃,各级政府要注意对这些网站的利用和监管,使其真正地为劳动者服务。

## (三)鼓励企业履行社会责任

现代社会,企业应承担社会责任已经不容置疑。让劳动者收入伴随企业发展增长,是企业最起码的责任。企业自觉落实国家、政府的各项政策法规,自觉改善对劳

---

[1] 《广西壮族自治区人民政府关于加强职业培训促进就业的实施意见》,http://zc.k8008.com/html/guangxi/zizhiquzhengfu/2012/0313/276861.html。

动者的劳动时间、劳动强度、劳动条件等方面,完善对劳动者安全保障、伤亡事故等情况的处理方式,能让广大劳动者在一个良好的环境中工作,安全情况能得到企业的基本保障,是企业的道德责任。同时,企业也应该重视人力资本对企业的作用,尽量增加劳动者的其他福利,注重对劳动者的培训,提高劳动者的技能和素质。另外,明确工会的地位和权利,完善现行工会制度,畅通职工利益诉求的渠道。

## （四）发挥劳动者的市场主体作用

市场经济体制下,劳动力供给与需求的相互作用决定劳动的报酬。要提高劳动报酬就必须提高劳动力市场供给方(即劳动者)的博弈力量。要提高劳动力的博弈力量,首先,劳动者要提升自身劳动的质和量,也就是能被市场承认的社会必要劳动的质和量,这种劳动者劳动的质越高、量越多,劳动力商品的价值就越高,劳动报酬就越多。而劳动者劳动的质和量与劳动者的知识、技能、能力和素质有关,需要劳动者加强自身人力资本的投资。当然,这是需要劳动报酬的提高来支撑的。其次,提高劳动者在劳动力市场上议价能力。一般来说,劳动者在劳动力市场上的讨价还价能力越强,其劳动的报酬就越高。劳动者个体和群体在市场上的讨价还价能力依赖于劳动者群体自身的组织程度及对这种组织程度的运用。工资集体协商制度就是劳动者组织起来实现自身利益的有效形式,也是市场经济条件下调节劳动关系、维护劳资权益的一种通用手段。为提升工资集体协商的专业化水平,推动工资集体协商制度的落实,2011年12月,广西成立了自治区总工会工资集体协商专家委员会,该委员会负责调研广西职工工资分配问题和培训区工资集体协商指导员队伍,并为区总工会有关政策措施的制定出谋划策。目前全区工资集体协商指导员队伍已扩大到1600多人,使工资集体协商的专业化水平有了新提高。再次,劳动者要主动了解劳动力市场信息,对劳动力市场的信息了解越充分,议价的能力越强,实现劳动力价值的可能性越大,劳动报酬就越多。最后,劳动者应学会运用相关劳动法规维权,遵循市场法则,善于利用市场的力量来提高自己的劳动报酬,而不是把政府的行政力量当作增加劳动报酬的决定性因素。以上素质都必须通过劳动者自身修炼来实现,只有这样,劳动者才能真正扮演市场主体,在市场博弈中利用市场的力量来提高自己的劳动报酬,进而提高劳动报酬在初次分配中的比重。

# 第六章

## 提高人力资本积累能力和分享发展成果的权利机制

收入分配一直都是经济社会关注的焦点。改革开放30多年以来,我国经济飞速发展,并取得了显赫的成就,人民生活水平更是上了一个新台阶。但是,受我国非均衡经济发展战略的影响,国民经济增长与人民收入增长之间出现了严重的失衡,成为制约我国经济进一步发展的瓶颈。因此,尽快实施居民收入倍增计划,保障经济增长与居民收入增长协调发展,使人民切实享受到经济发展带来的美好成果,就成为当前实现"中国梦"的重要举措和迫切任务。广西为谱写好中国梦的广西篇章,广西第十二届人民政府第一次常务会议通过了《广西城镇居民人均可支配收入倍增计划》以下简称"倍增计划"。

# 一、城镇居民收入倍增计划实施的伦理价值

"倍增计划"是基于广西区情提出来的富民政策,是提高人力资本积累能力和让人们分享发展成果的重要举措。十多年来,广西经济持续高速增长,经济增速已处于全国中等偏上水平。但由于广西经济增长主要依赖投资拉动,投资与消费比例关系失衡,经济增长速度快和城乡居民收入增长慢的矛盾凸显。因此,基于区情的考虑,广西提出了"倍增计划",目标是:扣除物价上涨因素,从2012年到2020年,广西城镇居民人均可支配收入年均实际增长8.9%,略高于全国平均水平。到2020年,按当年价,广西城镇居民人均可支配收入达5.14万元,比2010年翻1.59番;按2010年不变价达到3.82万元,比2010年翻1.16番。为了更好地推进"倍增计划",广西还提出了八条措施:一是进一步提高企业职工工资收入;二是提高城市最低生活保障标准;三是完善机关事业单位收入增长机制;四是创新服务民间投资方式,大力发展微型企业,积极发展创意机构,大力发展城镇第三产业,增加居民经营净收入;五是坚持消费制度转型与城镇职工工资货币化改革同步推进;六是发挥好税收政策和转移支付政策作用;七是努力实现充分就业,消除"零就业家庭";八是提高城镇社会

保障水平。虽然以上八个方面都有利于推进广西城镇居民收入倍增,但是由于现代家庭中工资收入是普通居民家庭收入最主要的来源,因此,"进一步提高企业职工工资收入"这一措施对于推进城镇居民收入"倍增计划"最为重要。而进一步提高企业职工工资收入又要靠完善企业工资分配机制来实现。

那么,如何才能完善企业工资分配机制呢?市场经济条件下,企业工资分配主要取决于劳动力市场需求与供给情况,取决于劳资双方力量对比与博弈。目前由于劳动力市场属于买方市场,市场竞争和资本具有对利润追求的本性,单个劳动者如果不组织起来提出集体诉求是很难实现自身的合理诉求的,因此,工资集体协商制度越发显得重要,它可在维护职工利益和保障企业发展间找到一个最佳平衡点,可以缓解因收入分配引发的诸多问题,有利于协调稳定劳动关系的建立。

## 二、工资集体协商在实现居民收入倍增计划中的作用——基于广西的调查

工资集体协商是在职工和企业代表平等对话的原则下,双方对企业内部工资分配制度、工资分配形式、工资支付办法等事项进行协商,在得到一致结论后签订工资协议的行为。工资集体协商机制是保障职工合法权益的重要手段,也是市场经济国家工会的通行做法。

根据我国《集体合同规定》《工资集体协商试行办法》等有关规定,工资集体协商主要包括以下内容:职工年度平均工资水平及调整幅度、职工工资最低水平、工资支付办法、双方认为应当协商的其他有关事项等4个方面。其中,主要通过企业与职工每年签订工资集体协议,按当地国内生产总值的涨幅、物价上涨指数及企业效益变化来确定工资的涨幅。

### (一)广西工资集体协商的实施概况

#### 1.如期落实工资集体协商的覆盖目标

在2011年广西就出台了《2011—2013年深入推进工资集体协商工作规划》,明确提出2011年至2013年的3年时间内,工资集体协商制度将全面覆盖广西各类已建立工会的企业。截至2013年12月,广西区已建工会企业中已有11.03万家建立

工资集体协商制度,覆盖职工307.13万人。广西区总工会在全国总工会开展的工资集体协商重点工作考核中连续三年受到表彰,2013年已跃居全国第8位,目前已步入全国先进行列。广西各地市工会组织在进一步扩大工资协商制度的覆盖面上做了大量工作,成绩斐然。其中,到2011年末,各类已建立工会的企业工资集体协商建制率达到75%,世界500强在广西的企业工资集体协商建制率达到85%;到2012年末,将分别达到80%和95%;2013年则要分别达到85%和100%。截至2014年1月2日,桂林市12县5城区已建成工会企业27948家,按《2014年度桂林市集体合同、工资集体协商工作绩效考评工作方案》的要求以此为基数,年底要完成70%的集体合同签订任务,即达到19564家;工资集体协商建制率达80%,即22359家;25人以上已建工会企业3397家中,工资集体协议签订率要达85%,即2890家。目前集体合同覆盖职工609499人,要实现90%的对集体协商的知晓率,即覆盖职工数548550人。此外,还要把农民工、劳务派遣工纳入工资集体协商范畴,做到加快企业发展和维护职工利益的统一,扩大收入倍增的受益面。

**2.建立了工资集体协商指导员队伍**

广西是全国较早建立工资协商专职指导员队伍的地区。目前,区总工会特聘了146名具有相关经验和能力的人员担任专职指导员,实现了全区每个市平均配备3名、每个县(区)配备1名专职指导员的建设目标。此外,全区还有1600多名兼职指导员活跃在各地市,在一定程度上缓解了协商指导力量薄弱的问题。

**3.成立了区域性、行业性工资集体协商组织**

据统计,截至2013年6月,广西全区企业实有户数32.54万,其中,小微企业和职工分别占企业和职工总数的80%以上,而且有进一步扩大的趋势。如广西因大力发展微型企业和创意机构,2013年新增微型企业达2.4万户,新增就业12万人以上。由于中小企业数量多、职工人数少、单独开展工资集体协商难度大。对此,广西总工会大力推行区域性、行业性工资集体协商,帮助职工维权,解决中小企业工资集体协商的困境。这是因为,私营小企业主谈判意愿低,分散的、小规模的工人谈判能力低,工会组建率低,如果单个劳动者不能组织起来提出集体诉求,是很难实现自身的合理诉求的。因此,通过区域性、行业性工会代表职工进行工资集体协商,集中集体协商专家的优势和力量,提高劳动者整体协商力量。目前,广西各级工会组织在市、县(区)大力推行区域性、行业性工会组织建设,在街道、乡镇和社区推行区域性工会建设,在同行业的非公企业中突出抓好行业性工资集体协商。例如,在崇左市,红木家具行业企业规模小,大多数企业职工数不超过 10 人,对此工会部门成立"红木行业工会组织",保障整个行业职工的权益。另外,还重点培育了北流市陶瓷行业、北海市渔业、凭祥市红木行业、贺州市平桂区石材行业等 50 多个行业性工资集体协商示范点。

**4.建立协调劳动关系三方四家机制**

广西借助各级人力资源和社会保障部门、企业和企业家联合会三方协调机制作用,以及各级工商联的力量,推动工资集体协商机制向乡镇(街道)、社区(村)、开发区及行业、产业延伸。广西劳动关系协调三方联席会议制度、劳动关系协商机制的建立,从客观上解决了目前体制上存在的单个企业工会在协调本企业劳动者利益上的无能为力的局面,进一步明确了上级工会代表下级工会依法维权的责任。

## (二)工资集体协商在居民收入倍增计划中的作用

为了真实地考察工资集体协商工作在提高职工工资收入、落实居民收入倍增计划的作用,笔者于 2013 年 12 月 6 日至 12 月 16 日到桂林 10 个不同类型的企业进行了实地访谈和问卷调查。所调查的企业是:燕京啤酒有限责任公司、桂林皮尔顿安全玻璃有限公司、桂林依恋大饭店有限公司、桂林紫竹乳胶公司、桂林电力电容器有限责任公司、桂林漓江大瀑布饭店、桂林微笑堂实业发展有限公司、桂林三花股份有限公司、中国石油天然气第六建设公司、北京王致和食品有限公司 10 家企业,共发放了 330 份问卷,回收了 300 份,有效问卷为 300 份,有效率 91%。另外,还采取个别访谈的形式与各企业的工会干部进行了访谈。调查结果如下:

**1.被调查者的基本情况**

在被调查的对象中,男性为 167 人,占比 55.7%,女性占 44.3%,男女比例基本合适。调查的企业以国有企业为主,占 50%,其次是民营企业,占 20%,股份制企业占 10%,外商投资和中外合资企业各占 10%。这些企业主要分布在生产型企业,占 70%;其次是服务行业,占 30%。调查的岗位主要分三种:管理人员、技术人员和一线生产员工,分别占 44.6%、21.7%、33.7%,这些岗位的职工签订劳动合同的比例达到了 98.7%,法律维权意识比较强。在已签订劳动合同的职工中,大部分职工直接与用工企业签订劳动合同,属于正式员工,只有 7% 的员工是与劳务派遣公司签订劳动合同,劳动关系属于劳务派遣制。在与单位签订劳动合同期限方面,三年及以上占比 53.4%,33.3% 签订的是一年以上三年以下期限合同,只有 13.3% 的员工签订劳动合同的期限为一年以下。同时,由于职工服务年限较长,98%的职工加入了工会组织。

从以上的基本情况可知,被调查人员来自不同类别的企业、不同的工作岗位,性别比例合适,具有代表性。绝大多数被调查人员是企业的合同制工人,签订了集体合同并加入了工会,其中签署1年以上劳动合同的占88.7%,说明本次调查的对象有条件较好地了解工资集体协商和收入"倍增计划"实施的情况,其答卷有一定说服力。

**2.职工对工资集体协商工作的了解与认同情况**

(1)工会工作得到普遍认同。在第9题"您单位是否有工会或职工代表?"答卷者选择"有"占97%,而在选择"有"的问卷中对在第10题"若有工会或职工代表,请问您对其发挥的作用满意吗?"的回答中选择"非常满意"占30%,"满意"占52.6%,"一般"占16.7%,"不满意"占0.7%,说明工会的工作是得到职工的认同的。

(2)企业集体合同签订情况一般,但实施的效果上得到职工的认可。在对"您单位是否签订了集体合同"回答中选择"已签订"占65.3%,"未签订"占12%,"不清楚"占15%,"不知道什么是集体合同"占7.7%。说明集体合同的实际覆盖率上还未达到预期目标。

在"您认为签订集体合同对于保护职工利益"一题中,选择"非常有利"和"有一定好处"的达94%,选择"没什么用"仅占6%,说明集体合同能较好保护职工利益,得到职工的认可。但不同岗位的职工对集体合同的作用认识不同,技术人员对"集体合同带来的好处"满意度最差。

(3)对工资集体协商制度的看法和评价

不同类别的职工对工资集体协商制度了解不同。其中仍有40.5%技术人员、30.6%生产线工人和25.4%管理人员对工资集体协商不了解,技术人员中对工资集体协商制度"非常了解"的也仅占3.5%,说明工资集体协商制度宣传得还不够,特别在技术人员中宣传得最不够。

职工认为"工资集体协商内容"按重要性大小依次排序为"调整工资水平和调整比例"占37.8%,"工资总额"占35.4%,"奖金分配"占26.8%。说明"调整工资水平和调整比例"是目前工资集体协商最主要的内容,也是做得比较好的方面。但由于各项分值都不高,说明工资集体协商的作用发挥得还不够充分。

目前影响工资集体协商制度实施效果的负面因素中,按其严重性依次是"缺少一个产业或行业的工资标准""协商谈判机制尚未充分发挥作用""谈判双方力量悬殊,集体谈判法规欠缺"等,说明目前要提高工资集体协商效果最重要的是:一要尽快制定产业或行业的工资标准;二要发挥协商谈判机制;三要解决谈判双方力量悬殊、集体谈判法规欠缺的问题。

不同岗位的职工对企业开展工资集体协商的态度虽有差别,但差别不明显。主张工会和职工协商代表共同代表职工进行工资集体协商仍是主要的诉求,说明光靠工会的力量来进行工资集体协商还不足以保障职工的利益。

大部分职工对企业开展工资集体协商效果是认同的,但不同岗位的职工对其具体的评价上略有不同,如生产线人员认为"有明显作用"的比例最多,而技术人员认为"有明显作用"最少。说明生产线人员感受到工资集体协商的好处大一些。职工认为工资集体协商的作用主要表现在"使自己的工资增长了"(占38%)、"工资分配更加透明合理了"(占36%)、"职工对工资分配有发言权了"(占26%)。

在对"工会代表职工开展工资集体协商的希望"中,绝大部分的职工是希望工会能代表职工实现工资集体协商的,说明工会取得了职工信任,并希望工会在协商上敢于代表职工与企业行政方协商,要多听取职工意见,要真协商,不要流于形式,要加强对企业行政方对工资集体协商合同的监督。在"是否希望外聘专家或工资集体协商指导员"这个问题上仍有近20%的职工认为"不希望"或"无所谓",一方面说明职工对工资集体协商认为是本企业内部的事情,主张自决;另一方面说明工资协商外聘专家或指导员在工资集体协商中发挥的作用不明显,还没有让职工感受到好处。职工希望工资集体协商每年开展一次,同时希望有更多条件和机会参与到工资集体协商中,说明工资集体协商对于工资的稳定增长还是有一定好处的。

**3.职工对工资收入的看法**

(1)不同类别的职工的工资收入水平、工资年增长率不同。调查得知,绝大多数的职工月平均货币收入在1500元(即最低工资标准)以上,月平均货币收入在"2000—3000元"职工人数最多。说明最低工资标准实施到位。在访谈中,我们对"低于1500元的工资收入"的情况进行了询问,得知主要是因为职工对题目不理解,把应该算在工资收入中的"五险一金"等没有包括进去,以致没达到1500元。

(2)职工的收入年增长情况较好。收入年增长在"5%—10%"和"5%以下"的职工人数最多,在收入年增长率达30%的生产线职工最多,技术员工其次。在访谈中进一步了解到,这种情况一方面体现了多劳多得,另一方面主要是原来生产线工人的工资基数小、水平低，实行最低工资标准后基本工资提高了，单位小时工资提高了，加班工资也相应增加，以至于涨幅最大，也说明提高低收入水平职工的收入，有利于缩小工资收入差距，有利于收入"倍增计划"的落实。

(3)职工对自己的工资收入还是较满意的。但不同岗位职工对工资收入的满意情况是不同的。选择"满意或较满意"最多的是管理人员，选择"不满意"最多的是技术人员。

(4)关于涨薪的办法。大多数职工认为"通过工会或派代表与用人单位进行协商"是涨薪的主要方法，其中24.6%的技术人员和22%的管理人员还选择"自己与领导商量"。

#### 4."倍增计划"的实施情况

职工对广西城镇居民收入"倍增计划"了解不多。生产线职工、技术人员和管理人员的不了解度均达到50%以上，说明"倍增计划"在企业中宣传不够。

在对"倍增计划"有所了解的职工进一步调查，发现这些职工认为影响"广西城镇居民收入倍增计划"实现的因素按其重要性排序依次为"经济发展""法律强制和政策导向""企业家的社会责任感""工资集体谈判制度"。说明工资集体协商制度在"倍增计划"实施过程中有一定的作用，但作用还不是很明显。

对于"改善自己工资水平的最有效途径"，职工认为"企业建立完善的薪资福利体系"是最主要的，占29.8%；其次是"通过工资集体协商"，占19.9%；再次是"找企业工会出面反映"，占11.9%。关于"劳动付出与劳动所得是否一致"，职工的满意度不高，且不同岗位的职工看法不一样。管理人员选择"一致"占61.2%，"不一致"占38.8%；技术人员选择"一致"占46.2%，"不一致"占53.8%；生产线人员选择"一致"占56.4%，"不一致"占43.6%。说明技术人员对劳动付出与所得上的满意度比起管理人员和生产线人员来说要低一些。

## （三）研究结论

通过对桂林10家企业的调查，我们发现：(1)工资集体协商在提高职工工资收入水平上发挥了重要作用，并已逐步得到职工的认可。虽然"倍增计划"在企业中宣传不够，职工对"倍增计划"的具体内容了解不多，但是近年来，随着工资集体协商的开展，职工工资收入逐步增长，职工实实在在地感受到了收入的倍增，据调查，工资年增长率为5%—10%的职工人数最多，实际实现的工资年增长率与收入倍增计划中提出的8.9％目标相符,而且职工认为工资集体协商在工资增长、工资分配更加透明合理、职工对工资分配有发言权上发挥了重要作用;职工希望工资集体协商每年开展一次,实现工资的稳定增长,说明工资集体协商作为提高职工工资收入的手段和长效机制已得到职工的认同。(2)要更好地开展工资集体协商,实现收入倍增,还需要一些前提条件,如经济发展、法律强制和政策导向、企业家的社会责任感、产业或行业的工资标准等。(3)在开展工资集体协商过程中,一方面工会要发挥主导作用,要真正地代表职工利益与企业协商,另一方面还要真正地发挥三方四家机制,才能切实实现真正的协商,切实地落实职工收入倍增的目标。(4)还需加大对工资集体协商和收入倍增计划的宣传,才能消减和改变企业与职工由于信息不完全、不了解而产生的误解和不认同,才能更好地推进收入"倍增计划"。特别是要加大面向对技术人员的宣传,提高他们对工资集体协商和收入"倍增计划"的了解。

## 三、工资集体协商是实现居民收入倍增计划的基础、载体和长效机制

可见,企业职工工资收入是工资集体协商的重要内容,反过来说,工资集体协商对实现企业职工工资收入增长有着意义。

### (一)工资集体协商有利于推动企业发展,为实现居民收入倍增提供物质基础

当前人力资源已经成为企业中最为重要的资源,企业的发展从根本上说要依靠人力资源,即职工的工作积极性、主动性和创造性的发挥来实现。工资集体协商只有通过建立有效的协商沟通机制,使职工利益诉求得到实现,从而激励职工工作积极性、主动性和创造性的发挥,解决企业经营发展的动力源泉问题,进而使企业持续发展;同时还可以使职工对未来收入有了良好预期,能稳定职工队伍,留住人才、降低流失率,促进企业的持续发展。反过来,企业发展了,提高职工工资收入才有条件,居民收入倍增计划实现才有可能。所以说,工资集体协商为居民收入"倍增计划"实现提供物质基础。

## （二）工资集体协商有利于推动工资协商共决机制，为实现居民收入倍增提供载体

市场经济下，工资水平是由劳动力需求与供给等因素决定的。劳动力供求状况是影响工资集体协商的重要外部因素，也是影响企业工资水平的重要外部因素。长期以来，我国劳动力总量供给大于需求，尤其是低端劳动力供给过剩，由于劳动力资源过剩和资本相对稀缺，必然造成强资本弱劳动的现实局面，这样，在强资本弱劳动背景下，单个职工与资方进行工资协商会因力量悬殊，使职工维权难度增大，因此，采取由工会或职工选拔代表代表职工整体与资方进行集体协商，才能调整和平衡强资本弱劳动的局面，才有可能使企业与职工就工资与劳动生产率实现同步增长进行平等协商、讨价还价、达成协议，才有可能建立工资正常增长机制，从而才能落实居民收入"倍增计划"。可见，工资集体协商是居民收入"倍增计划"实现的路径和载体。

## （三）工资集体协商有利于实现劳资共赢，为落实居民收入提供长效机制

工资集体协商是为了促进和谐稳定的劳资关系，保障劳资双方的合法权益。工资集体协商并不是要以牺牲资方的正当利益或者侵害资方的合法权益为代价，相反，工资集体协商是通过加强劳资双方的沟通和协商，增进相互之间的理解，解决劳资冲突和纠纷，在劳资双方利益中间寻找最佳的契合点，通过将劳资双方利益凝聚在一起，从而实现双方共赢。工资集体协商是实现企业和职工之间双赢的手段，在保证企业盈利的前提下，提高了职工的工资，按照这种方法去做，就可以为落实居民收入倍增计划提供长效保障。

# 四、提升倍增计划中的工资集体协商作用的对策

## （一）完善与工资集体协商制度相关的法律法规

一方面，应着手研究类似集体合同等与工资集体协商相关的法律法规，规范和保障双方集体合同的签订，通过立法来保证工资集体协商的顺利进行。法律法规应对工资集体协商做出详细和具体的规定，并规范集体合同签订的内容、做出具体的

权利义务、组织实施方案、集体合同效力及出现争议时的处理办法等。

另一方面,促进工资集体合同行业性、区域性协商制度建设,规范协商主体和内容,制定行业性、区域性工资标准或最低标准。职工工资收入增长幅度小、企业工会制度建设不健全等问题主要集中在中小企业,这些企业对职工收入"倍增计划"和工资集体协商还没有形成正确的认识,在日常经营管理中还没有能力或者往往忽视了这些方面的建设,这就需要自治区及市级工会组织根据行业、地域和企业自身的特征规范进行不同层面的工资集体协商制度的制定,明确该区域、行业的协商主体和协议认定程序及法律效力的强制实施方案等,使得不同层面的职工都能不同程度地享受工资集体协商带来的好处,逐步实现收入"倍增计划"。

## (二)加大对企业工资集体协商工作重要性和必要性的宣传力度

按市场经济规律要求,建立和完善工资共决机制、工资增长机制、工资支付保障机制和"市场机制调节、企业自主分配、职工民主参与、国家监控领导"的企业分配新机制。

## (三)培育和发展多层次的协商主体

协商主体是保证工资集体协商效果、维护公平正义、保障劳资双方合法权益的沟通桥梁,其重要性不言而喻。独立的协商主体也是开展工资集体协商的基本条件。这就要求协商主体在身份和地位上与劳资双方无隶属关系,是一个具有独立主体资格的组织代表,在此前提和基础上进行平等协商,维护企业和谐、稳定的劳动关系。这首先就需要在非公有制经济领域大力培育和发展工会组织。我国是以公有制经济为主体、多种所有制经济共同发展的经济体制,目前,非公有制经济在我国占有非常大的比重,因此,要加强推进中小民营企业和具有较大影响力的外商投资企业的工会建设。

同时,在已有工会组织中,要积极履行工会职能,提高工会干部的协商能力。这就要求工会组织积极履行自身职能,工会不要只是成为一种形式,更重要的是要能够有效而准确地表达和维护职工的基本利益,真正代表职工的利益与企业进行平等协商。另外,省市级工会组织要不断加强不同层面工会组织的协商能力建设,指导、监督和引导基础工会人员的集体协商能力培训,不断培养工会中集体协商专职人员,并不断提升他们的协商能力和技巧,切实为企业职工服务。

## （四）提高协商主体的认识

### 1.提高企业对集体协商的认识

应该使企业认识到，工资集体协商是在双方平等的原则下所进行的一种内部沟通和合作，通过工资集体协商，可以产生劳资双方"双赢"效果，通过宣传、解说、答疑等方式来提高企业对集体协商的认识，帮助企业认识到开展集体协商、推进收入"倍增计划"有利于企业的长期利益和持久的稳定发展，事实上是一种"利己"的行为，也是企业承担社会责任的一种表现。企业只有勇于承担社会责任，才能在激烈的竞争中保持市场份额，实现企业的收入倍增。

### 2.提高职工对集体协商的认识

首先，要使职工认识到工资集体协商是维护自身利益的一种有效手段，职工应该积极参与到企业的工资集体协商机制中来，对于企业一些不公平的制度和规定提出自己的意见，积极与企业进行沟通，配合工会部门开展工资集体协商工作。另外，不断提升职工的素质和法律意识，通过大力推广基础培训，使劳动者熟悉相关的劳动法律法规，从源头上有效规范企业用工，即使劳动者的合法权益被侵犯时，也能通过法律手段维护自身的利益。

### 3.正确发挥政府作用

首先，应大力发展当地经济。只有经济水平提高了、企业利润增长了，居民的收入水平才能提高，职工才有机会与企业进行工资集体协商，实现收入"倍增计划"。第二，提供服务，做好政策向导。政府应该通过定期发布工资指导线、行业人工成本信息，颁布基本劳动标准，帮助制定劳动定额和各产业、行业的工资标准，对集体合同进行审查备案等相关工作，为劳资双方顺利开展集体协商提供服务。同时，制定推动开展集体协商的相关政策，应把集体合同、工资集体协商工作作为绩效考评工作的重要内容，鼓励企业积极开展工资集体协商，最后，切实履行监督义务。依法行使劳动监督检查权，加强对集体合同等方面的监督检查，确保各方协商达成的集体合同能够为双方自觉遵守。对于不能履行集体协商义务的，按照相关法律规定启用法律强制方案，并监督法律强制的实施效果。

## 五、增强个税的收入分配效应，提升人力资本的开发能力

个人所得税是社会财富的二次分配，坚持"量多税多"和"增低、扩中、调高"所得税总原则。目的是通过调节收入不均，缩小贫富差距，让利于民，普惠民生，其实质就是帮助中低收入者增强获得感，提高人力资本自我开发的可能性。因此，完善个人所得税，增强个税的收入分配效应是提升人力资本自我开发能力的重要举措。

### （一）拓宽税基，利用最优税模型改进现有税表

近些年来个人所得税改革对缩小居民收入差距起到有效的调节作用，但我国基尼系数还维持在 0.45 左右，为了抑制收入差距的进一步扩大，仍需不断优化与改革。因而拓宽税基，扩大税收来源，利用最优税模型来改进现有个人所得税税表的不足，就显得十分必要。

优化个人所得税较紧急和基础的问题就是税基的问题，个人所得税税基＝个人所得－费用扣除[1]，税基除了取决于我国征收的 11 类税目外，还受费用扣除的影响。随着国民收入日益多样化、隐性化、复杂化，原来的 11 类税目的划分已经不适用，需要对收入来源进行精细划分，并且将一些福利、补贴、津贴等项目货币化、量化，进行税源监控；此外还可以通过扩大资本利得的征税范围来拓宽税基，除了外延拓宽，也可以通过费用扣除标准来间接拓宽税基，比如减少部分不必要的税收优惠政策或者调整税收减免的条件来拓宽税基。借鉴国外的做法，税基要根据收入的影响因素变动来调整，从而适时依据新的收入结构形式设置新税目，定期审议来决定维持还是调整税基。

借鉴国内学者诺敏、张世伟、曙光设计的最优税模型模拟税表（表 6-1），将现有税表改成四档税率，取消 25%、30%、35% 三档税率，最高档税率为 49.8%。我国目前的税率档次是七级，最高边际税率是 45%，结合我国目前税率设计现状，若直接由七级改为四级跨度太大，可能会对个人所得税的税收产生逆向作用（比如会大幅降低来自高收入人群的个税收入）。因此，建议将七级适当降低两级改为五级，以后随着我国的经济更进一步的发展、国民收入的改善、小康社会的建成、扶贫攻坚的攻克等条件更成熟的时候可以考虑再适当降低税率档次，跟国际接轨；最优税率表模拟

---

1 郭景：《论我国个人所得税法的改革和完善》，中国政法大学硕士学位论文，2007 年。

出的最高边际税率为49.8%,和我国目前的45%相差不多,而且国际上平均的最高边际税率在40%—50%之间,因此,建议维持45%不变。最优税模型税表将超过起征点8000的定位为高收入人群,并实行49.8%的税率,但在我国这部分人群仅属于中等收入者,此举无疑又加速形成"二八原则",与发达国家美国最富裕的人群1%缴纳40%的个税现状差距较大,因此,建议提高其税率级距起点,比如月工资大于4万元(国家统计局中高收入划分)的实行49.8%的税率。改进后的税表能适当纠正最近一次个人所得税改革导致的高收入群体税负减少的偏差,增加其税收累进性,改善收入差距现状,更好地实现个人所得税改革目标。[1]

表6-1:最优税模拟税表(单位:元)

| 档次 | 免征额 | 一档 | 二档 | 三档 | 四档 |
| --- | --- | --- | --- | --- | --- |
| 超过免征额的收入范围 | 3500 | 0—1500 | 1500—4500 | 4500—8000 | >8000 |
| 对应税率 | —— | 3% | 10% | 20% | 49.8% |

数据来源:《个人所得税改革对调节收入差距的影响及对策》

## (二)实行综合与分类相结合的税制模式

综合与分类相结合的计征方式下,需要把预征代扣代缴和年终汇缴结合起来,将源泉扣缴和综合申报相结合,平时对各项分类所得预征,年终对纳税人的全部收入所得进行汇缴清算。

实行综合与分类相结合的个人所得税制首先需要对收入进行划分,借鉴大量学者的结论,建议将收入所得项目分成两大类:一是对具有稳定收入来源的劳动报酬(工资、薪金、劳务报酬等)实行综合征收的方式;二是对一些按次、不稳定的收入,如资本利得、利息、稿酬等实行分类征收。具体设计上包括预征税款、纳税申报、定税、年终汇缴清算进行补退税四个步骤。

实行综合与分类相结合的税制不仅需要逐步完善上述四个步骤,还需要完善相关配套措施,需要完善综合性的费用,扣除和实行以家庭为单位的纳税申报;提升税务机关的征管水平,推进税务信息化的建设,增强执法的透明度和民众的知情度,实

---

[1] 诺敏、张世伟、曙光:《个人所得税改革对调节收入差距的影响及对策》,《经济纵横》2016年第7期,第93—97页。

行实名制和财产登记制度;加强对纳税人的纳税意识宣传(以让纳税人变被动为主动纳税申报)及信用管理等配套措施。

## (三)完善费用扣除机制

目前的费用扣除机制存在一定的问题,扣除范围窄,扣除不充分,扣除不公平,对同属于劳动收入的工资,薪金和劳务报酬以稿酬的费用扣除差别对待,对本国国民和国外国民的费用扣除标准区别对待,对有多项收入的居民会出现重复扣除,等等。因此我国费用扣除标准有待进一步的完善。

因此,把费用扣除标准分为基本费用扣除(最低生活费用、赡养人数等)、经济指数扣除(物价指数、消费指数、通货膨胀、房贷租金、地区发展状况)、专项扣除(教育、医疗、保险等支出)、特殊费用扣除(自然灾害等)四类。具体如表6-2。

表6-2:费用扣除设计标准

| 扣除类别 | 扣除依据 | 扣除标准说明 |
| --- | --- | --- |
| 基本费用扣除 | 基本生活费用<br>家庭赡养人数<br>家庭成员的构成<br>最低生活保障等 | 基本生活费用是要根据个人的年龄、性别、身体状况、生活能力和当地最低工资标准确立的赡养的老人要考虑是否有退休工资,是否有其他工资来源,以及当地老人最低生活保障标准等因素 |
| 经济指数扣除 | 根据物价、房价、居民消费水平、通货膨胀等扣除 | 物价可以通过物价指数确定<br>房价要分省市区县镇村等确定<br>消费水平根据地区平均消费指数 |
| 专项扣除 | 教育、医疗、就业、养老等 | 根据其教育、医疗的费用总额的百分比确定一个费用扣除标准 |
| 特殊费用扣除 | 家庭突发状况、意外损失、自然灾害、公益性支出、残疾、烈士等特殊情况扣除 | 如根据残疾程度确定其扣除基数<br>根据自然灾害损失程度确定其扣除基数 |

赡养老人的费用往往不好计算,所以其费用扣除可以按最低生活标准和老人的

退休工资及赡养人数进行确定,比如可以按基数(最低生活标准与其退休工资、养老金的总和较高者)×赡养人数系数(比如可以规定赡养一个老人系数为0.5,赡养两个就是1)以此来计算,充分考虑到一个有赡养义务的家庭的税负。我国目前老龄化越来越严重,此举能够很好地鼓励当代年轻人好好善待老人。

通货膨胀影响居民的消费和生活,若费用扣除标准一成不变,那么随着通货膨胀的影响,纳税人的税负会受到影响,为此需要对通货膨胀进行指数化,可以借鉴加拿大的做法,如若年度通货膨胀率超过3%,则按高于3%的部分进行调整扣除。

对于低收入人群的医疗、教育等支出,可以规定一个基数(比如人均教育=教育支出总费用/接受教育的总人数),按其超过基数的医疗、教育费用的一定百分比进行扣除,比如规定年医疗费用超过600元以上的按30%进行费用扣除。

对于区域经济发展,可以以全国的平均收入作为基准,地区经济平均收入低于全国平均收入的,可以按其差额进行费用扣除,或者按其差额的百分比给予扣除,甚至对于部分差额较大的可以按其倍数给予扣除,以缩小收入差距。

特殊扣除,针对一些重大变故或意外灾害,如地震、洪水,可以考虑当年或者最近几个月给予其大概损失的60%扣除,以鼓励他们更好地创业,重建家园。

总而言之,费用扣除不能一成不变、一刀切,要根据当时的经济发展状况和影响居民基本生活的因素进行合理化设计,采用标准化+差异化的设计,充分考虑纳税人税负,建立费用扣除动态调整机制,比如规定一个两年的基本期,即两年内调整一次,以适应物价房价的变化。另外如果当年有重大事情发生或者有重大的改变影响到人们的基本生活等,应该随时进行一次调整,以更好地完善费用扣除。下面以广西各市为例说明费用扣除的具体设计。

表6-3展示了广西14个市,可以看出广西的市级最低工资分为1000元和870元两个级别;广西城镇人口的平均工资大概在4000—6000元,我们可以划分为三个级别,40000—50000元有6个市,50000—55000元有5个市,55000元以上有5个市;消费价格指数相差不大,划分为两个级别101.1—101.5和101.5—101.9,等等。本文仅以上述几个费用扣除因素对广西的费用扣除进行设计:首先对于平均工资,可以按其从低到高的三个级别分别对其平均工资的10%、8%、5%给予扣除,对于消费指数也是一样的,消费指数代表了这个地方的消费水平,间接反映其经济发展状况,消费水平的两级划分可以给予其1%、2%的扣除,对于最低工资标准可以给予全额扣除。最好就是对影响国民税负的费用扣除因素进行调查和回归分析,从而确定

各主要因素的权重系数,统一对其进行级别划分,这样的费用扣除就很好地克服了一刀切的弊端。当然也要考虑税务机关的征管成本和相关调查分析成本,所以,应循序渐进,借用各方的力量,从调查一步一步来,待时机成熟时再进行设计。

表 6-3:广西各市部分费用扣除因素统计分析

| 广西各市 | 2015年城镇单位在岗职工年平均工资(元) | 2015年居民消费价格指数(以上年价格为100) | 2017最低工资标准(元) |
| --- | --- | --- | --- |
| 南宁市 | 63820 | 101.9 | 1000 |
| 柳州市 | 54223 | 101.7 | 1000 |
| 桂林市 | 53925 | 101.9 | 1000 |
| 梧州市 | 47471 | 101.0 | 1000 |
| 北海市 | 49562 | 100.4 | 1000 |
| 防城港市 | 51230 | 101.1 | 870 |
| 钦州市 | 46502 | 101.1 | 870 |
| 贵港市 | 52653 | 101.4 | 870 |
| 玉林市 | 47658 | 101.7 | 870 |
| 百色市 | 49809 | 101.9 | 870 |
| 贺州市 | 55407 | 101.8 | 870 |
| 河池市 | 53638 | 100.7 | 870 |
| 来宾市 | 55665 | 101.2 | 870 |
| 崇左市 | 47630 | 100.4 | 870 |

数据来源:《广西税务年鉴》

## (四)调整优化税率结构

税率结构主要是指税率级次、税率级距、最高边际税率。税率结构设计不仅影响着政府的税收收入总额,而且会在一定程度上减轻或者加重纳税人的税负,如果税率设计的过高,则纳税人的税负加大,政府税收收入增多,如果税率较低,又达不到调节收入的作用。因此,必须合理设计税率结构,根据纳税人的税负、其支付能力与财政收入找到一个平衡点,从而更好地实现税收保障。

表6-4依据国家统计局对中等收入人群的界定(年收入6万—50万元,月收入5000—41667元),以及结合2006—2015年广西和全国的平均工资为例进行税率优化设计。

表6-4:2006—2015年全国及广西城镇单位就业人员平均工资(单位:元)

| 年份 | 广西年平均工资 | 广西月平均工资 | 全国年平均工资 | 全国月平均工资 | 个人所得税/税收收入 |
|---|---|---|---|---|---|
| 2006 | 17571 | 1464 | 20856 | 1738 | 7.05 |
| 2007 | 21251 | 1771 | 24721 | 2060 | 6.98 |
| 2008 | 24798 | 2067 | 28898 | 2408 | 6.86 |
| 2009 | 27322 | 2277 | 32244 | 2687 | 6.64 |
| 2010 | 30673 | 2556 | 36539 | 3045 | 6.61 |
| 2011 | 33032 | 2753 | 41799 | 3483 | 6.75 |
| 2012 | 36386 | 3032 | 46769 | 3897 | 5.78 |
| 2013 | 41391 | 3449 | 51483 | 4290 | 5.91 |
| 2014 | 45424 | 3785 | 56360 | 4697 | 6.19 |
| 2015 | 52982 | 4415 | 62029 | 5169 | 6.90 |

数据来源:依据国家统计局数据整理计算而来

表6-5:2006—2015年月收入年份分布表

| 月收入分布(元) | 全国年份分布数量(个) | 全国年份分布占比(%) | 广西年份分布数量(个) | 广西年份分布占比(%) | 适用税率(%) |
|---|---|---|---|---|---|
| 3500以下 | 6 | 60% | 8 | 80% | 0% |
| 3500—5000 | 3 | 30% | 2 | 20% | 3% |
| 5000—8000 | 1 | 10% | 0 | 0% | 10% |
| 8000—12500 | 0 | 0% | 0 | 0% | 20% |

由表 6-5 可知,2012 和 2015 年我国城镇居民月平均工资分别达到 3500 元、5000 元;广西的城镇居民月平均工资 2014 年才达到 3500 元,2015 年还没达到 5000 元。由此可见 3500 元的起征点近两年才起到应有的作用。从税率级距上看,3500 元以下全国占 60%,广西占 80%;3% 的税率对应的级距为 3500—5000 元,级距长度为 1500 元,全国占 30%,广西占 20%;10% 的税率对应的级距为 5000—8000 元,级距长度为 3000 元,全国占 10%,广西为 0。在税率水平确定的情况下,若税率级距较小,则纳税人的整体税负上升,若税率级距较大,则纳税人的的整体税负较小。由上分析,可知 3% 的税率相对于 10% 的税率,其税率级距较窄,占比较高,20% 的相对于 10% 的税率也是这种情况,由此可见中低收入者薪资分布较密,设计较窄,税负相对较重,而高收入的级距相对来说较宽,占比较少,所以本文建议适当拓宽中低收入者的税率级距,以平衡整体的税负。

从税率级次上看,全国月平均工资只有 3% 和 10% 两个税率级次有年份分布,广西月收入只有 2 年适用 3% 的税率,其他年份没有适用的税率,这间接反映出我国目前的 7 级税率级次不适用,部分级次形同虚设,应该降低税率级次,参考国际平均级次 4—5 级,我国应该继续推行简化政策,将税率级次降低为 5 个级次。

从税率水平上来说,适用于 3% 的全国有三年,占比 30%;广西有两年,占比 20%;适用于 10% 税率的全国有一年,广西没有;更高税率的年份分布没有。由此暴露出我国税率设计过高的弊端。我国最高边际税率为 45%,但只有很小一部分较高收入者才适用,反而会适得其反,促使高收入者加速隐匿财产。此外美国作为经济发达大国,最高边际税率仅为 39.6%,因此建议降低最高边际税率为 40%,由上表分析可知无论全国还是广西,税率在 3%—10% 相对占有优势,而大多数年份的平均工资根据就达不到起征点,若在起征点升高的同时降低税率会导致一大部分中低收入者免税,从而导致税收收入总额无法保证,且会严重打击高收入者的积极性。从个人所得税对税收收入的占比可以看出,2011 年之后先是降低后缓慢增长,但是占比始终没有达到 2011 年之前的 7% 以上,而且根据表 6-5 中 2006 年到 2015 年的个人所得税环比增长数据,2011 年改革后的环比增长明显低于改革之前的,这也从一定程度上说明我国 2011 年个税改革后个税收入总额的相对减少,因此建议将最低税率适当提高到 5%,以平衡起征点升高后收入在 2000—3500 元之间减少的个税收入。综上所述,对工资、薪金税率结构设计如表 6-6。

表 6-6：工资、薪金等劳动报酬的税率设计（单位：元）

| 税率级次 | 全月含税应纳税所得额（税率级距）（综合） | 税率（税率水平） |
|---|---|---|
| 1 | 1500 以下 | 5％ |
| 2 | 1500—5000 | 10％ |
| 3 | 5000—40000 | 20％ |
| 4 | 40000—80000 | 30％ |
| 5 | 80000 及以上 | 40％ |

注：全月含税应纳税额是指按照税法的规定，以每月收入额减去 3500 元后的余额或再减除附加减除费用后的余额。

对于按次取得收入的，比如股息红利、利息等收入的都是高收入人群，考虑到目前的物价水平、房贷房租和按次收入的不稳定性等因素，同时也为了更好地鼓励他们创作、投资，其免税点应该高于 3500 元，本文在借鉴刘军（2010）做法下，提倡对按次收入的高收入者在原来的 20％的基础上适当提高比例，采用加成的比例税率但不应该设置得太高，对 50 万元以上的高收入者实行 30％的比例，50 万元以下保持不变，仍然是 20％的比例，以防打击高收入人群的积极性。同时鼓励纳税人勤恳工作，抑制投机心理。个体工商户的五级税率结构比较符合国际发展水平，因此建议维持不变。

## （五）逐步推行以家庭为单位的纳税申报制度

我国目前采用的是分类制的税制模式，一直都是以个人为纳税单位，并以此为基础进行个人所得税免征额、费用扣除设计，实现的只是对个人的量能纳税。然而实际上纳税人负担的不仅仅是其个人的基本生活费用支出，更多的是其整个家庭的各项支出，比如单身个人和已婚家庭的纳税能力不同，有抚养义务的和没抚养义务的已婚家庭纳税能力不一样，双薪家庭和有残疾重病的家庭纳税能力不同，等等。所以对个人收入进行纳税申报，往往不能很好地体现纳税人的真实税负，也不符合"量能纳税"的原则，因此衡量纳税人纳税能力时应将家庭变量考虑在内，提倡以家庭为单位的个人所得税纳税申报制度。

我国目前的家庭人口结构有三口、四口、五口之家等，但以人数确定家庭结构往往不具有代表性,孩子、老人和成年人的生活、收入等能力是不能同日而语的,所以本文借鉴国家统计局的年龄划分,将0—15岁确定为需要抚养的未成年人,64岁以上为需要赡养的老人,15—64岁的人口为成人主体。家庭的类型可以分为双亲、单身和孤儿三种情况,同时根据上述年龄划分来确定需要赡养的孩子和老人数量。实行以家庭为单位的纳税申报可以按家庭人口数量来确定免征额,根据家庭的结构、残疾低保情况、接受捐赠和政府补助等情况来确定其起征点,应借鉴法国的家庭系数法,建议规定大人的系数为1,孩子的系数根据年龄段来设计,比如0—7岁,系数为0.6(0—7岁完全无工作能力且家庭需要支出较多的教育、医疗费用),7—15岁系数为0.4(孩子的身体状况相对来说改善且孩子大多数懂事,可以减轻父母一定的负担),老人的系数为0.5,然后对整个家庭一定时期(最好按季度)的全部收入(包括老人的退休再就业收入、辍学的未成年人收入)和相应的整个家庭的各项支出(家庭费用扣除和减免的税收优惠政策)进行汇总(具体可以参照前文完善费用扣除),汇总后除以家庭系数,然后再根据税率表确定适用税率,从而计算家庭应纳税所得额,详见表6-7。

以家庭为单位的费用扣除建议借鉴日本的做法,分为三类:(一)对各种单项扣除设置一个权数进行一个综合性扣除;(二)相关成本扣除,即对取得各项收入时所发生成本进行扣除;(三)税收抵免,即特殊情况所做的减免,同时也避免了重复征税。

表6-7:家庭纳税申报

| 家庭的类型 | 家庭的抚养情况 | | 家庭申报要考虑扣除因素 |
| --- | --- | --- | --- |
| 双亲家庭 | 有需要被抚养的 | | 家庭赡养人口数量 |
| | 无需被抚养的 | | 家庭工作人口数量 |
| 单身家庭 | 未结婚 | 有需要被抚养的 | 家庭人均收入 |
| | 离婚或者一方去世的 | 无需被抚养的 | 家庭最低生活水平 |
| | | | 家庭教育、医疗成本 |
| | | | 家庭债务情况 |
| 孤儿 | 有抚养人(收养) | | 家庭的政策性补助 |
| | 无抚养人(流浪/政府救助) | | 房贷房租等成本 |

例如一个家庭有一个大病病人、一个正常工作的成人、一个6岁小孩和一个老人,首先要核算其家庭的所有收入来源A,包括成人的工资、老人的退休工资,以及再就业工资,然后根据其提供的大病证明和贫困证明等确定相应的等级,给予其收入总额一定百分比的扣除甚至免税,以上与整个家庭的其他费用扣除、税收减免额、家庭起征费用合计为B,(A-B)/(0.5+0.6+2),然后再根据其对应的税率计算应缴纳的税款。

以家庭为纳税单位的纳税申报,实行过程中会遇到婚姻中性、奖懒罚勤等问题,比如假离婚、女性的就业取向问题,可以通过婚姻处罚及一些补贴予以解决。家庭纳纳税申报根据家庭结构和家庭的整体收入来进行综合汇总申报,充分考虑到一个家庭的税负,也能避免一些重复的费用扣除,更加的人性化,更适合我国的现状。

# 第七章

广西少数民族县域人力资本开发型经济发展模式的探讨

# 一、人力资本开发型县域经济发展模式的经济—伦理价值

人力资本是现代经济中最活跃的生产力构成要素,也是一个区域内经济可持续增长和发展得以实现的核心要素和重要支撑。人力资本开发是指将大量的人力资源投入生产,并且以各种形式来发展或提高人的智力、体力、道德素质,使人力资本产生更高的效率,为团体或组织创造更大的价值的过程。人力资源开发型的县域经济发展模式就是在物质资源相对稀缺的县域充分发挥区域内劳动力要素的比较优势,通过全面开发县域内的人力资源,整合带动县域内的其他生产要素获得推动县域经济长期发展动力的一种经济发展模式。[1] 使人力资本在民族经济增长中主要发挥四种角色作用。

## （一）人力资本是将自然资源优势转化为经济优势的实现者

少数民族县域大多资源丰富,资源类型主要有四种:一是土地资源,特别是相当数量的天然草场、耕地及可开垦的荒地;二是矿产资源,如煤炭、石油、天然气等能源;三是丰富的自然旅游资源和少数民族文化旅游资源等;四是珍稀的野生药材、土特产等动植物资源。这些资源统称为自然和文化资源。在广西少数民族地区自然资源主要有土地资源、人文旅游资源、动植物资源三种。自然和文化资源往往是少数民族县域经济的竞争优势所在,但这些资源不能自己发挥作用,也不会自我开发,要想利用这些资源则必须依赖人对其开发来实现。如图7-1所示,人(开发者)能力的高低就决定了自然和文化资源开发利用的程度和范围,只有提高了人力资源的能力,才能提高对自然文化资源开发和利用的能力,才能充分发挥县域经济的竞争优

---

[1] 贾修斌:《人力资本在西部欠发达县域经济增长中的作用——基于甘肃省武威市凉州区的实证分析》,兰州大学硕士学位论文,2012年。

势,才能使县域经济得到可持续发展。

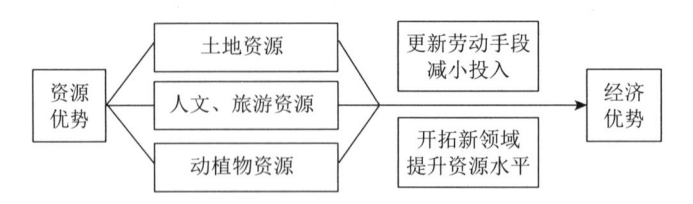

图 7-1:人力资本使资源优势转化为经济优势路径图

## (二)人力资本是少数民族县域经济增长方式转变的推动者

科学技术是第一生产力,科技进步是现代经济增长的重要源泉,反过来说就是经济增长依赖于科学技术的进步,提高科学和技术的进步依赖于人才。人力资本是最具有主观能动性和创造性的生产要素,不仅是技术创新和进步的研究主体,而且是技术改造和应用转换和运用的重要载体。在对少数民族县域的开发中人力资本可以通过合理地配置和运用各生产要素,提高生产效率,转变经济增长方式。也就是说通过人才开发,提高人才素质,提高人才的积极性和创造性,使生产要素(包括资本和劳动)结构发生质的变化,促进技术的进步与创新,减少对资源和生态环境的依赖和破坏,改变单纯依靠要素投入的增长方式,从而保证经济增长方式真正从粗放型向集约型转变,如图 7-2 所示。

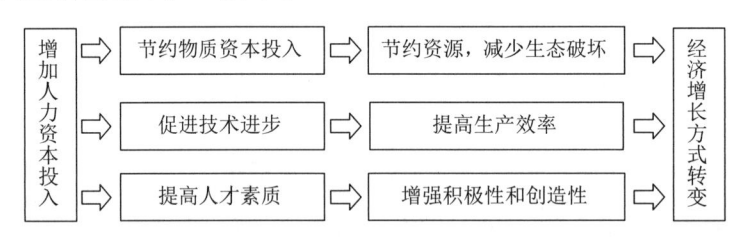

图 7-2:人力资本促进经济增长方式转变路径图

## (三)人力资本是实现少数民族县域产业结构优化的落实者

从少数民族县域的产业结构来看,存在农业产值比重普遍较大,农业人口比例高,支柱产业单一,初级产品多,产品科技含量低等问题。无论是产业结构的调整,还是产业结构的优化升级,或者是新型产业形式的形成与发展,均需要相应的人才做保障。从目前的情况来看,少数民族县域的人力资本结构还处于企业家人力资本和专业人力资本都低的"双低型"结构,阻碍了产业结构的优化和升级。因此,优化少数民族县域产业结构既要促进区域内一般人力资本转化与升级,又要通过区外引进来增加高素质的企业家人力资本和专业人力资本。同时,发挥市场机制的作用,有效配置各类人力资源并促使其合理流动,促进产业的分化,分化成劳动密集型产业与技术密集型产业,从而实现产业结构的优化与升级。

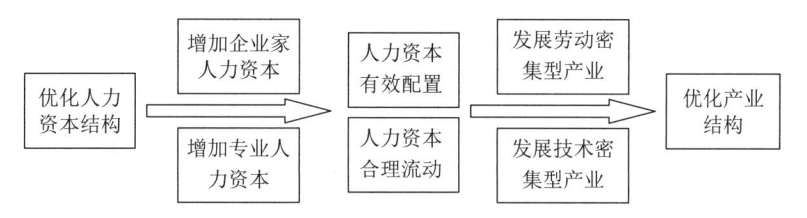

图 7-3:人力资本对产业结构优化的作用机制图

## (四)人力资本是少数民族县域脱贫致富的执行者

少数民族县域地区贫困率明显高于全国平均水平,经济和社会的发展与东部发达地区也存在较大差距。少数民族县域人口的贫困不仅仅是经济收入上的贫困,也包括知识贫困、健康贫困。少数民族地区的贫困现象有很多原因,人才质量是主要原因之一,因此,提高人才质量是迫在眉睫、亟须解决的重要问题。通过增加教育投资、推行基本卫生保健服务,可以直接提高人才的文化水平、身体素质和劳动技能,提高人才的劳动生产率,从而提高社会平均生产率,也就最终解决了少数民族县域脱贫致富的问题。

为了少数民族县域尽快脱贫致富,还应该通过提高这些地区的高素质人才的个人收入,促进消费,拉动内需。通过提高少数民族县域高素质人才的工资,一方面,在全社会形成一种人才高薪酬激励机制,既可以稳定现在的人才,又可以吸引外来人才;聚集的高素质人才越多,脱贫致富的能力越强,经济发展越快;另一方面,随着人才收入水平的提高,他们的消费能力就会逐渐增强,消费结构不断优化,内需得到拉动,最终促进经济持续增长,实现脱贫致富。

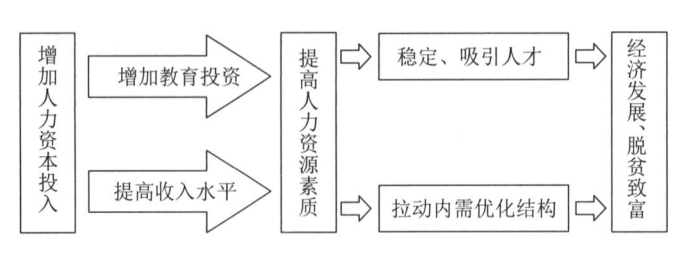

图 7-4：人力资本对少数民族县域脱贫致富的作用机制图

## 二、广西少数民族县域人力资本开发型经济发展模式的实施路径

广西少数民族自治县的物产、旅游资源丰富,民族居民的服饰、生活习惯、工艺特产、民间艺术构成了多彩多姿的民族风情,同时又具有秀丽、奇特的自然风光,溪流、瀑布、青山等各具特色,吸引人们去观光旅游。但由于受到人力资本的影响,这些地区往往都存在经济发展水平落后的现象。如 2012 年广西壮族自治区人均国内生产总值达到 27943 元,而都安被誉为"中国山羊之乡",2012 年人均国内生产总值仅为 6018 元;被誉为"中国观赏石之乡"的大化,2012 年人均国内生产总值也只有 9773 元,少数民族自治县似乎就等同于"贫穷"与"落后"。广西少数民族自治县的资源存在且未被开发或未被完全开发的情况,必须通过有效开发县域的人力资源,来培养更多的具有某种或多种技术优势的人力资本去开发那些投资大、技术要求高的自然资源;打破传统依靠销售原材料或初级产品的产业结构,将资源优势转化为经济优势,促进广西少数民族县域经济增长方式从传统的粗放型向集约型经济转变,走出以物质资本增长为中心的发展模式。探索人力资源开发型的县域经济发展模式,是广西民族自治县经济实现跨越式发展战略的根本出路。

### （一）以人力资源开发推进广西少数民族县域产业结构调整

产业结构的优化,经济增长方式的转变,是少数民族自治县增强可持续发展能力、提高整体发展水平的根本途径。产业结构优化主要包括产业结构的合理化和高度化。产业合理化是区域产业结构趋向合理的过程,是一个动态的变化。区域产业结构的高度化则指区域产业结构在根据经济发展的历史和逻辑顺序演进中,不断向更新的阶段或更高的层次攀升,由合理的区域产业结构向最优的区域产业结构转化的过程。走人力资源开发型的县域经济发展模式,少数民族自治县要大力开发人力资源,带动相关产业发展,进而推动县域产业结构优化。

调整产业结构和产品结构,重心要转变,即从重点开发能源、矿产资源、森林资源转向重点开发和利用农业资源;由以采掘原材料为主的重工业化模式转向以特色化、民族化、本土化产业为主的轻工业化模式。转变产业生产方式,从原来物质单向流程(资源—产品—污染排放)经济转变为反馈式流程(资源—产品—再生资源)经济,提高资源利用效率。全面开发农村人力资源,开展扫盲教育和乡土人才培训活动,使其具备科技生产的基础文化知识和技能,大力发展农业设施,实现农业机械化的局面;培养引进高端技术人才,发展工业及新能源产业,由劳动密集型产业为主逐级向资金密集型产业、技术知识密集型产业为主演进,由制造初级产品的产业占优势比重逐级向制造中间产品、最终产品的产业占优势比重演进,形成以第二产业和第三产业结构为主的新型产业体系;在第二、三产业中大力开展职业技能培训和个体流通领域的经营技能培训,鼓励其发展庭院经济或个体私营经济,促进当地经济发展;发挥劳动力资源优势,继续发展劳务型经济,促进劳动力合理流转,积极发展服务型经济,形成以劳务型经济和服务型经济为主的第三产业。[1]

## (二)加速各级教育发展,全面开发区域人力资源,提高产业承接竞争力

产业转移是由于资源供给或产品需求条件的变化,引起发达区域的部分企业遵循区域比较优势的原则发生产业的转移变化现象。产业转移是发挥区域比较优势、促进广西少数民族自治县产业竞争力的重要发展战略。少数民族自治县地区承接产业转移的优势集中体现在:自然资源优势、生产要素成本优势、劳动力充足等。但由于县域长期以来经济不发达、基础设施薄弱、文化教育发展缓慢、人才比较缺乏等原因,使得县域地区人力资源的现状不能与经济大开发相适应。县域须全面开发区域人力资源,运用科学的方法,充分挖掘内部人力资源的潜力,合理配置人力资源,积极承接发达地区的产业转移。

---

[1] 贾修斌:《人力资本在西部欠发达县域经济增长中的作用——基于甘肃省武威市凉州区的实证分析》,兰州大学硕士学位论文,2012年。

**1.加速发展各类教育,培养县域内全体公民吸收知识的能力,提高文化素质**

加强基础教育。少数民族自治县由于历史或现实的原因,教育资源短缺,教育投入普遍不足,普及教育十分困难,群众受教育程度普遍不高。尽管由于经济的逐步发展、教育投入有所增加,但是直至现在少数民族自治县的基础教育与其他地区相比还是落后很多。所以要增加中央财政扶助的力度,要提高民族教育经费占地方财政支出的比重,提高人均教育经费水平,扶持民族教育;健全职业教育培训网络,加强职业教育基础能力建设,重点建设一批高水平职业院校,推进实训基地建设。对中等职业学校采取免学费政策和加大职业培训补贴政策。积极引进企业,实现中等职业学校的"校企结合",新增和调整相关专业,定向培养中高级技工和熟练工人;制定农民工培训补贴政策,切实做好农民工培训工作。

**2.积极引进人才,推动人力资源合理、有序流动**

推行"但求所用、不求所有"的"候鸟式"人才引进机制,建立"户口不迁、关系不转、双向选择、来去自由"的人才柔性流动机制,满足县域经济跨越式发展对人才的需求。[1] 在引进过程中,坚持"按需引进、以用为本"的方针,打破户籍、身份、档案限制,全力引进拥有自主知识产权和掌握高新技术的专门人才、富有经验的经营管理人才和掌握实用技术的技能人才,不断壮大人才队伍。以项目带动人才,尤其要多引入一些科技含量高、产品附加值高的高新技术企业,以更有发展前景的事业吸引更多的高层次创新型专业人才,借助当地特色产业集群,设立技术中心,注重特色产业链条的延伸,大力吸引国内外该产业优秀人才和本具有发展潜力的后备人才进入技术中心;打造特色产业人才培养基地,重点培养特色产业急需的高层次人才和一大批能够支撑特色产业发展的高技能人才;成立专家组织,将本地人才和本地在外工作、事业有所成就的人才或技术人才建立信息库,通过交流平台,彼此沟通,带技术"回家";用好当前现有人才,发挥他们的最大能量,鼓励人才"以智入股"或"以技入股",实现企业和人才的联合。

**3.构建民族人才回流机制**

建立人才回流机制就是要建立吸引人才回到民族地区工作的政策体系和措施体系。目前民族地区人才外流主要受制于民族地区经济文化落后、工作环境差、待遇低和学非所用、缺乏合适的工作载体等因素。大多数的人都有思乡念旧的情愫,

---

1 傅为忠、唐国跃、张驰:《县域经济跨越式发展人才支撑体系研究》,《科技和产业》2007年第4期。

很多人虽然在外工作,但心里还是热爱自己的家乡,愿意为家乡发展出谋划策。因此,建立人才回流机制既必要,又可行。一是鼓励人才回乡工作直接就能发展经济,改善条件;二是鼓励人才为本地经济建设出谋划策;三是建立人才回流使用的信息反馈体系,人才回到当地企业工作或自己创业,带来技术和资金,提升了当地企业的竞争力;四是鼓励生源地大学生回乡工作,创造更好的个人成长平台和创新创业平台,提高对大学生回乡工作的政策扶持,并提高大学生的生活待遇。

## (三)提高农村人口水平,推进少数民族地区城镇化

城镇化是由农业为主的传统乡村社会向以工业和服务业、高新技术产业和信息产业为主的现代城市社会逐渐转变的过程。广西少数民族自治县经济要发展,必须推进城镇化建设的进程,必须将数以万计的农村富余劳动力向城镇和第二、第三产业转移,提高农村人口素质是转移劳动力和推进城镇化的关键。具体采取以下几项措施:

**1.加强对农村人口的基础教育和科普教育,提高农村人口素质**

由于历史和现实的原因,广西少数民族自治县教育投入普遍不足,教育资源短缺,农村教育资源短缺更加严重。第一,开展扫盲教育,解决农村人口基本的识字问题,提高整体农村人口素质,这是城镇化进程中需要长期重视和亟须解决的根本性问题。第二,开展现代科学知识和移风易俗的科普教育。借助农村广播、县电视台为农村人员普及法律法规、环保生态、金融保险、节能防灾、医疗健康、生育保健、城市文明、行为规范等与人们生活密切相关的知识,探析社会热点问题,倡导人们采取科学、文明、健康的生产生活方式,弘扬家庭美德和社会公德,提高民族地区人们的文化知识和公民素质。

**2.大力开展多层次农民培训工作,全面提升农民的综合素质与能力**

(1)扩大农民的职业培训。少数民族县域人口多数是农村人口,主要是从事农业生产,因此,要多开展农民急需的与农产品配套的加工、贮藏、保鲜等相关的专业技能的培训,尤其是少数民族自治县的特色农产品加工技能的培训;对种养大户和科技示范户等,开展市场营销、经营管理等方面知识技能的培训,发展个体和私营经济;利用民族文化特色,培育民俗旅游、观光旅游农业的发展,丰富旅游资源,让农民在家门口就业,优化农村环境,实现农民增收,把农民培养成为职业农民。

(2)开展多样化的培训。推行"院校企业合作社联合培训""订单农业生产培训"

"单位定向需要培训""供应需求方式洽谈培训"等多种形式的培训模式,结合农作物季节和农民生产、生活节奏,有效安排培训时间。

(3)建立合格的培训队伍。打造一支熟悉农民教育培训规律和特点、具有丰富实践经验的"双师型"专兼职师资队伍。

### 3.深化农村现有人才力量改革,推进人才队伍建设

(1)加强农村领导人队伍的建设。一个开明、有智慧的领导人能带领全村的人民自强、自富,对原来的领导干部进行理论、科技、法律等知识培训,对公选考试中选拔的年轻干部,如大学生村干部,则进行当地实践经验的培训,在农村的广阔天地里历练,提高其组织能力、决策能力和管理能力,使他们成为新型城镇化建设的带头人和引路人。

(2)加强农村后备劳动力建设,特别是要充分运用那些未能继续升学的初高中毕业生。由于他们具备一定的文化、科技知识,而且理解力比较强,对他们开展一系列职业技能含量较高的职业教育、学历教育和道德教育,提升新增农村劳动力的就业能力和爱乡情怀。

## (四)建立健全人力资源开发的长效机制

广西少数民族县域依靠资金、物质、劳动的投入,以及粗放型的经济增长方式不会获得长期成功,只有加强人力资源的开发利用,用人力资本去代替不可再生的物质资本和资源优势,有效配置各种生产要素,才能永久地促进县域经济增长。人力资源是推动经济发展的决定性因素,要实行人力资源开发型的县域经济发展模式,必须有长期的制度保障。

### 1.对培育少数民族人才给予政策倾斜

民族地区的少数民族同胞,由于历史、地理因素的影响,受教育程度相对较低,人才资源相对不足。培育少数民族人才要用特别办法:一是政府要打破陈规、积极创新,为少数民族人才的成长创造更宽松的环境,比如加强对少数民族公务员的定向考录、同等条件下优先录用的倾斜政策,以及破格提拔民族人才等政策,保证各少数民族党政人才人数有计划按比例增加;二是清理、修订现有地方法规等规范性文件,健全符合推进人才事业发展需要的政策法规体系,特别是知识产权、劳动合同、社会保障及涉及人力资源中介等方面的法规。

## 2.建立"赛场选马"的选才机制

拓宽人才选拔渠道,为所有人提供平等竞争的机会,切实实行"能者上、庸者下"的竞争淘汰制度,真正实现由相马到赛马的根本转变。完善科学的选拔方案,避免出现"俄罗斯套娃"现象,避免出现领导人偏听偏信或根据个人好恶选择人才的现象,尤其是在技术人才的选拔上,要进一步完善职称资格评审聘用管理办法,系统内组织资格考试,明确任职资格,实行聘期动态管理,打破聘任终身制。选才的基准以"用人"出发,从各少数民族自治县的实际出发,满足需求的才选入。

## 3.合理的人才培养机制

一是积极打造培养人才的平台,推进技工学校改革发展,深入推动校企合作,提高技能人才培养质量;推进职称制度改革,认真执行广西少数民族县域内职称倾斜政策,探索中小学教师、工程系列及经济、中专技校等系列的职称制度改革;建立多层次、多方面的培训体系,对人才不断地进行培训,让他们不断地学习新知识、新技术,接受新理念,提高人才资本优势。

二是加快启动广西少数民族自治县人才创业基地建设,打造少数民族自治县核心人才服务区,引进高层次人才,实行来去自由的政策,做好对引进的高层次人才住房补贴、安家费补贴和企业高管人才个人所得税1∶1奖励工作;进一步加大政府雇员、高级顾问、"三支一扶"高校毕业生和各类紧缺人才招聘力度。

三是完善就业和社会保障服务。健全就业服务体系,培育和完善统一开放、竞争有序的人力资源市场;为引进人才提供场地、经费、研究设备及需要的人力团队,在配偶就业、子女教育方面提供便利;建立高层次人才学术休假制度,允许高层次人才通过学术交流、培训进修、合作研究等形式进行学术休假,提高创新能力;建立人才住房保障制度,改革完善经济适用房分配政策,采取实物和货币相结合的方式,千方百计解决人才的住房需求;引导各地鼓励社会资金投资建设适合农民工租住的住房,改善农民工居住条件。支持农村劳动力转移就业和返乡创业,加快建立和完善社会保险关系转移接续机制,其养老保险允许按标准的100%—300%缴纳。

## 4.公平的人才评价和激励机制

一是科学的人才评价体系,规范职业分类和职业标准,建立以业绩为核心,由品德、知识、能力等指标构成的评价体系;深化专业技术职务评审制度改革,实行考试、考核和同行评议相结合的专业技术评价方法;建立企业经营管理人才资质认证和市场准入制度、人才业绩诚信档案,积极推行职业资格制度和国家职业资格证书制度。

二是创新的激励机制,即在物质上充分体现其劳动价值,在精神上满足其追求。构建以绩效为中心,与人才智力贡献相关的多元化分配体系。深化事业单位分配制度改革,鼓励事业单位合理拉开工资档次,避免吃"大锅饭"现象;推进企业职工工资集体协商和支付保障制度建设,促进一线人才工资合理增长,鼓励企业对管理人才、高技术人才实行股权、期权激励,加快人力资本人格化、市场化、产业化和国际化;对农村致富带头人,对致力培训农业实用人才、帮助农民致富增收的企业和培训机构等,给予适当奖励和政策优惠,如可以在项目、贷款、税收等方面给予一定优惠政策,进行政策扶持。

## 三、广西少数民族地区人才资源开发的具体措施

### (一)注重少数民族地区人才资源的培养性开发

人才资源培养性开发是指通过教育培训等培训性途径,提升培养对象的素质,从而把非人才变成人才、把低层次人才变成高层次人才的实践过程。[1] 除了普及和巩固九年义务教育、加快发展高中阶段教育和稳步发展高等教育外,还需要开展有特色的培训性开发教育。

1.积极发展民族教育。广西应重视发展少数民族的教育,强调通过教育培训等培养性途径实现民族地区的人才开发。通过加强对基础教育、高等教育、继续教育、职业教育的实施力度,增加少数民族学生就读机会,推广"双语教学",加强"双师"型民族职业教育教师的培训力度,提升教师质量,创新式培养少数民族人才。

2.发展不同层次的职业培训。开放培训教育市场,健全政府主导,社会、用人单位和个人共同参与的人才培训教育投资制度。依托高校、中等职业技术学校和大型企业培训中心,整合技能培训资源,形成职业技术培训网络,通过学校教育、岗位培训、个人自学提高等方式,加快人才培养。强化在职培养,积极组织各类人才参加在职培训,领导干部参加干部培训,听取专题讲座,明晰民族地区经济社会发展思路。选拔人才到相对发达地区挂职锻炼,开阔他们的视野,提高管理能力和处理复杂问题的能力。大力开展农村实用技能培训,实现农村劳动力的有效转移,提升农村实用人才的素质。

---

[1] 罗洪铁:《西南民族地区人才资源开发研究》,西南大学出版社,2011年,第137页。

3.大力加强专业技术人才队伍建设。为继承和发展少数民族特有的语言文学及文化,广西成立了少数民族语言文字工作委员会,对具有民族语言才能的人才建立专门的职称评审办法,选拔少数民族语言翻译人才;优化人才成长和创业环境,对人口较少的特有少数民族在专业技术职称评审中创造宽松的环境。

4.创新人才培养模式,开展"订单式"人才培养。广西应倡导"学校＋民族地方"的民族人才培养模式,加强学校教育与民族语言使用地方政府的合作,共同培养少数民族高素质专门人才,构建了一种将教育规律和民族人才成长规律相结合的新型人才培养模式。

## （二）注重对少数民族地区人才资源的使用性开发

使用性开发是指对有一定能力和潜力的人委以重任,使其在"使用"过程中发挥积极性、创造性,提升其素质,从而把非人才变成人才,把低层次人才变成高层次人才。[1]

1.完善人才选拔任用机制,积极拓宽民族人才选拔任用渠道。坚持科学的人才选拔标准,选拔人才时强调"德才兼备,公正、公平、公开,能力与岗位匹配"原则,尽一切可能选择最优秀和最合适的人才;坚持能上能下的原则,建立竞争机制,使有志、有才的人士能得到更好的发展;坚持放手大胆使用人才的原则,用信任来激励、增强人才的责任感和事业心;坚持"用养"并举原则,在使用人才时既要大胆地用,又要重视培养,要为人才提供学习机会,帮助他们更新知识和技能,不断地提高自身能力和素质。

2.健全人才评价机制。建立以能力和业绩为核心,包含人品、能力、知识等要素的评价指标体系,打破按资历、身份、部门、区域等传统的考核方式;对专业技术人才的评价要坚持专业评价和社会评价相结合,全方位考核人才,高技能人才的评价走向社会化,各行业结合本行业、本地特点,参照国内外同行标准,建立起适合当地的评价标准。

3.健全面向全社会的人才激励机制。奖励主体多样化,建立"三位一体"的奖励机制,即以政府奖励为导向,用人单位和社会力量奖励为主体,鼓励各地区、各单位对做出突出贡献的人才给予重奖,并扩大奖励范围,将所有类型的人才都纳入评选

---

[1] 罗洪铁:《西南民族地区人才资源开发研究》,西南大学出版社,2011年,第141页。

范围;增加奖励类型,科技、教育、生活等社会领域都设立相应的人才奖项,相应提高奖励额度。

## (三)注重对少数民族地区人才资源的引进开发

培养与引进并举是少数民族地区解决人力资源问题的基本原则。广西应对初、中级人才以培养为主,高层次人才实行引进、培养并举,启动高端科技人才引进计划项目,着重引进紧缺人才的原则。

1.人才引进的主要对象。引进高新技术产业、重点产业和社会发展急需的人才,以及高科技人才,如"院士""长江学者""科学专家"等经省部级以上部门认定的学科带头人、知名专家;引进国内外某一领域具有领先地位、并能显著提升广西某领域研究水平和产业创新能力的人才;引进生物资源开发、石油化工、装备制造等方面的高新技术人才;引进在国内外知名企业工作过的经营管理人才。

2.人才引进办法。按引进点多、面广的原则,招揽杰出人才,比如"两院"院士、国内外著名大学教授、副教授及以上职务的专家学者,积极物色"千人计划""长江学者"等高层次人才;重点汇聚有海外学习经历和工作经历的优秀人才;自治区设立专项资金,对高层次人才所需研究经费予以资助;完善服务保障机制,保障引进人才的工作设施和环境,提供办公场地、科研启动经费、配备所需要的研究团队和研究助手,在住房、配偶就业、子女教育方面提供便利;加强知识产权保护,为高层次人才的创造活动提供知识产权方面的信息和服务,并为其申请专利提供帮助;完善高层次人才表彰机制,大力宣传优秀人才的先进事迹和其对社会发展做出的贡献,予以表彰并给予精神鼓励和物质鼓励。

综上所述,广西少数民族地区经济增长中的人力资源开发应该是一个系统工程,如图 7-5 所示:

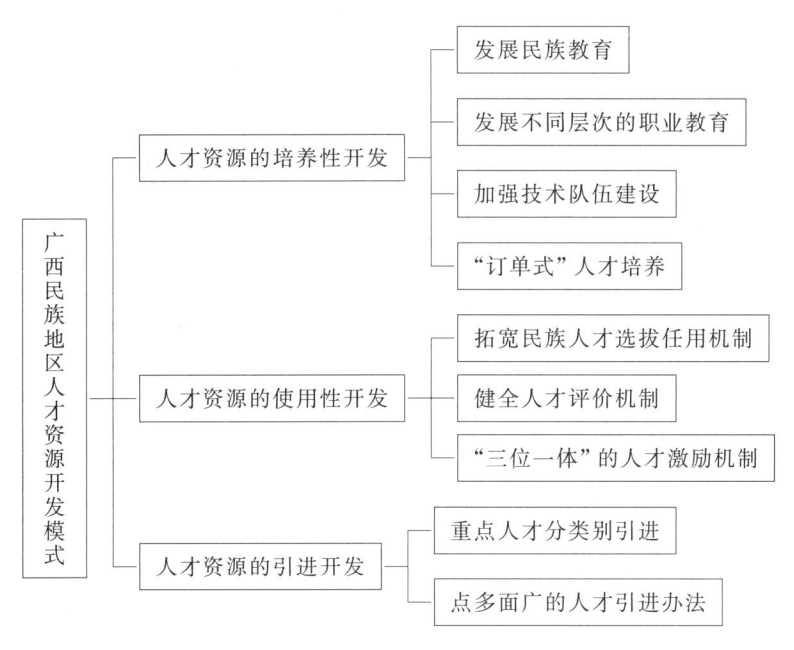

图 7-5：广西民族地区人力资源开发模式

```
广西民族地区人才资源开发模式
├── 人才资源的培养性开发
│   ├── 发展民族教育
│   ├── 发展不同层次的职业教育
│   ├── 加强技术队伍建设
│   └── "订单式"人才培养
├── 人才资源的使用性开发
│   ├── 拓宽民族人才选拔任用机制
│   ├── 健全人才评价机制
│   └── "三位一体"的人才激励机制
└── 人才资源的引进开发
    ├── 重点人才分类别引进
    └── 点多面广的人才引进办法
```

# 结语

改革开放以来，广西少数民族地区得到了诸多政策的优惠，经济社会发展取得了不少发展。但是由于长期以来经济发展落后，基础差，底子薄，人才匮乏，人才流失严重，导致经济发展仍然滞后。本书首先从经济的视角来分析广西少数民族地区发展状况，然后借鉴阿马蒂亚·森主要提出以自由为目的和手段的发展观、以缺乏交换权利导致贫困的权利观和以基本能力为核心的平等观的经济伦理理论，从经济层面转向伦理层面进行伦理追问，指出广西少数民族地区发展滞后的根本原因是伦理的原因。因此，必须树立可持续的科学发展观，把经济的发展与人的开发结合起来，把人的自由、权利和平等作为发展的根本目标，最终实现经济社会的发展必须以人为目的发展。要提升人才在广西少数民族的县域经济发展中的贡献，必须走人力资源开发型经济增长道路，发挥人才在少数民族经济增长中的"实现者""推动者""落实者"和"执行者"的作用，才有利于推动产业结构调整、承接发达地区的产业转移和推进城镇化建设等。提出构建立足本地的培养开发、"用养"结合的使用开发和精准人才的引进开发"三位一体"的少数民族县域人力资源开发系统工程的对策。

# 附录

## 附录1：
## 广西少数民族自治县经济增长中人才贡献研究调查问卷

朋友,您好！非常感谢您能抽出宝贵的时间填写此问卷。本问卷旨在全面地了解广西少数民族自治县经济增长和人才贡献的现状,请您根据实际情况,在下列的问题中选出您认为合适的选项。本问卷采取匿名填写,所有题目无对错之分,您的选择我们仅用于学术研究,不会泄露您的信息,请您放心答卷。感谢您的支持！

## 填答说明

在下列的问题中,请您认为根据实际情况在最符合的选项下打"√"。

一、基本信息

1.您的性别：

A.男　B.女

2.您的年龄：

A.25岁以下　B.25—35岁　C.35—45岁　D.45岁以上

3.您的学历：

A.小学文化　B.初中　C.高中　D.专科　E.本科　F.硕士及以上　G.文盲

4.您的户籍：

A.农村户口　B.城镇户口

5.您的民族：

A.汉族　B.壮族　C.苗族　D.瑶族　E.侗族　F.其他少数民族

6.您的工作年限：

A.1 年以下　B.1—3 年　C.3—5 年　D.5—10 年　E.10—15 年　F.15 年以上

7.您所从事的行业：

A.农、林、牧、渔业等

B.工业、制造业、建筑业等

C.交通运输业、邮电通信业、商业饮食业和仓储业等

D.金融业、保险业、服务业、旅游业等

E.文化、教育、卫生等

F.国家机关、政府部门、社会团体、警察等

8.您目前从事的职业

A.农民　B.国企及事业单位人员　C.私营企业员工　D.外资企业员工

E.个体、自主创业人员　F.教师及行政人员　G.政府工作人员

H.暂时无工作在家

9.您家庭的人均年收入大概在：

A.1500 元以下　B.1500—2500 元　C.2500—5000 元　D.5000—10000 元

E.1 万—3 万元　F.3 万—8 万元　G.8—15 万元　H.15 万元—30 万元

I.30 万元以上

二、问卷主体部分(除了题目中有特别说明外,其余的每题仅有 1 个答案,请在您认为合适的选项前打"√"。)

(一)对经济发展状况的认知

1.您认为广西少数民族自治县的经济发展总体情况是

A.发展很快,变化明显　B.发展适度,有变化　C.发展缓慢,变化不大

D.没有发展,甚至还倒退　E.不好评价　F.不知道

2.您认为影响广西少数民族自治县经济发展的主要因素是(按重要性选择 3 项)

A.国家政策　B.资金投入　C.科学技术　D.县领导者的魄力

E.各类人才　F.地方经济的发展基础　H.自然资源的丰富情况

3.您认为近几年来本县的经济发展情况是

A.发展很快,变化明显　B.发展适度,有变化　C.发展缓慢,变化不大

D.没有发展,甚至还倒退   E.不好评价   F.不知道

4.您认为本县各产业发展最突出的表现(按重要性选择3项)

A.农、林、牧、渔业等种养业发展快   B.农副产品加工业发展快

C.形成了地方特色经济   D.工业发展快   E.交通运输业发展快

F.文化、教育、卫生事业发展快   G.旅游服务业发展快

5.您认为本县近几年最大的变化是

A.马路宽了,交通便利了   B.城镇的房屋建筑、公共设施越来越好

C.社会治安好   D.地方特色经济发展快   E.年轻人外出打工更多

F.其他,请注明

6.您认为对本县经济发展的贡献最大的因素是(按重要性选择3项)

A.交通便利   B.自然资源丰富   C.各类人才丰富   D.固定资产投入资金充足

E.科学技术的运用   F.各级领导工作得力   G.国家扶持政策得力

F.其他,请注明

7.您认为推动本县经济发展下一步最重要的工作是(按重要性选择3项)

A."要想富,先修路"   B.加强基础设施建设

C.加大对农业的资金投入   D.改善社会治安环境

E.加大对工业的资金投入   F.完善人才政策,吸引、稳定、激励人才

G.扩大科学技术的运用,提高现代化的程度

H.转变政府职能,提高工作效率   I.其他,请注明

(二)对人力资源状况的认知

8.您认为少数民族自治县的人才现状整体如何?

A.数量、质量均很好   B.数量多、质量一般   C.数量不足、质量一般

D.数量不足、质量也差   E.数量不足、但质量不错

9.您认为本县的各类人才总体情况如何?

A.数量、质量均很好   B.数量多、质量一般   C.数量不足、质量一般

D.数量不足、质量也差   E.数量不足、但质量不错

10.您认为在本县的经济发展中贡献最大的是哪类人才?

A.种养业能手   B.加工业的能工巧匠   C.农业技术人才

D.掌握现代信息技术的科技人才   E.制造业的技能型人才

F.文化、教育、卫生人才   G.其他,请注明

11.您认为目前本县最缺乏的是哪类人才？

A.种养业好手　B.加工业的能工巧匠　C.高学历的农业技术人才

D.掌握现代信息技术的智能型人才　E.制造业的技能型人才

F.文化、教育、卫生人才　G.其他,请注明

12.据您了解,近年来本县的年轻人外出打工的情况是

A.很多　B.较多　C.一般　D.比原来少　E.很少　F.不清楚

13.如果有机会,您会离开本县到外地工作吗？

A.一定会　B.可能会　C.不清楚　D.一定不会

14.如果您离开本县去外地工作,最有可能的理由是

A.家庭原因　B.较高的工作平台　C.更多的工作机会　D.较高的收入

E.人际关系的原因　F.舒适的生活环境

15.您认为解决本县人才问题的最有效的政策是

A.立足于稳定和有效运用本地人才

B.加大对本县人才,特别是少数民族人才的培养

C.加大引进外来人才的力度

D.提高人才的薪酬待遇,激励人才的工作积极性

16.您认为有没有必要把农民培养成职业农民？

A.很有必要　B.必要　C.无所谓　D.没有必要

17.如果要培养职业农民,您认为最有效地途径是

A.农业科技人员"送教下乡"　B.由政府出资来选送农民外出学习

C.政府牵头和企业主导来培养职业农民　D.农民自己在"干中学"

附录2：
# 广西少数民族地区大学生回生源地就业意愿调查问卷

朋友,您好！感谢您在百忙之中参与我们的调查问卷。这是一份少数民族地区大学生回生源地就业意愿调查问卷,您所提供的资料仅限研究之用,并为您严格保密。所有问题都没有对错之分,请您根据提示填写,选择最符合您自己实际情况的一个选项并在编号上打"√"。请不要漏掉任何一个问题,感谢您的合作和支持！

1.请问您的性别是？

A.男

B.女

2.请问您的政治面貌是？

A.中共党员

B.共青团员

C.群众

3.请问您的学历是？

A.专科

B.本科

C.硕士

4.您的家庭是？

A.城镇户口

B.农村户口

5.您是来自少数民族地区的大学生吗?

A.是

B.否

6.面对当前的就业形势,您愿意回生源地就业吗?

A.非常不愿意

B.比较不愿意

C.比较愿意

D.非常愿意

7.您对生源地经济发展的了解情况是?

A.很了解

B.比较了解

C.一般了解

D.了解不多

E.不了解

8.您对生源地基础建设的了解情况是?

A.很了解

B.比较了解

C.一般了解

D.了解不多

E.不了解

9.您对生源地福利政策的了解程度是?

A.不了解

B.了解不多

C.比较了解

D.很了解

10.您认为生源地经济发展情况对大学生就业意愿的影响程度是?

A.没有影响

B.影响不大

C.比较有影响

D.很有影响

11.您认为生源地基础设施建设对大学生就业意愿的影响程度是?

A.没有影响

B.影响不大

C.比较有影响

D.很有影响

12.您认为生源地福利状况对大学生就业意愿的影响程度是?

A.没有影响

B.影响不大

C.比较有影响

D.很有影响

13.如果回生源地,您愿意到哪个领域就业?

A.外资企业

B.国有企业

C.政府机关

D.合资企业

E.民营企业

F.私营企业

G.事业单位

H.自主创业

14.您对回生源地就业的月薪期望是?

A.1000元以下

B.1000—2000元

C.2000—3000元

D.3000—4000元

E.4000元以上

15.要是您愿意回生源地工作,您会在那里工作多久?

A.1年以内

B.1—2年

C.2—5年

D.5—10年

E.10 年以上

16.您回生源地就职的原因(自身因素)是?

A.家乡的亲人朋友

B.风土人情

C.丰富的社会关系

D.安逸舒适的生活状态

E.其他

17.您父母的期望对您选择回生源地就职有影响吗?

A.有影响

B.没影响

C.不清楚

18.您觉得回生源地就职还会遇到什么困难?

## 附录3：
## 广西少数民族县域从业人员调查问卷提纲

一、从业人员特征

1. 年龄：

2. 性别：

3. 从事行业：

4. 受教育程度（以最终学历为准）：

5. 收入范围：

二、对于物资投入、人力资本问题的看法

1. 政府对于人才培育的投入您认为是否有必要加大？比如教育补贴、技术培养课程。

2. 相对于教育投入，物资投入，比如建设公路、基础设施等，当地的经济发展对于以上两种要素那种更为急迫？（这个问题如果过于难以理解，可以解释给被访问对象为：您希望政府提供专业技能课程培训还是提供公共设施便利来增加您的收入）

3. 您认为出去打工的收入高还是留在本地收入高？进一步的，本地的劳动力流动情况是大量流失还是留在本地？

三、少数民族县域对科技专利的应用

1.当地是否有引进一些农业技术或者农业技术人才来改善本地经济状况？

2.您觉得这种引进措施是否有效？

3.您是否认为我们本地应该培养高等学识的专业人才（比如农业技术人才），来减少引进人才与技术的成本？

注：调查问卷请保持男女比例、年龄比例的平衡，这样会更有说服力。

## 附录4：
## 组织信任对新员工工作满意度的影响研究

您好！感谢您在百忙之中参与我们的调查。这项调查旨在探讨组织信任与新入职员工适应度之间的关系，调查以不记名方式进行，答案无对错、好坏之分，其结果仅供学术研究使用，且绝对保密，望您按照个人的真实情况亲自作答。再次感谢您的参与，祝您生活愉快。

第一部分

| 基本信息： |
| --- |
| 您的性别　①男　②女 |
| 您的年龄　①25岁以下　②26—35岁　③36—45岁 |
| 您的学历　①高中/中专及以下　②大专　③本科及以上 |
| 您的婚姻状况　①已婚　②未婚 |
| 这是您的第几份工作　①第一份　②第二份　③第三份及以上 |

第二部分：按照您对以下描述情况的认可或是符合程度打分（1分：完全不同意；2分：不同意；3分：不确定；4分：同意；5分：完全同意）。

| 工作适应情况调查（主要从工作本身来谈） | 完全不同意 | 不同意 | 不确定 | 同意 | 完全同意 |
| --- | --- | --- | --- | --- | --- |
| 目前的工作，让我有机会表现我的工作能力 | 1 | 2 | 3 | 4 | 5 |

续表

| 工作适应情况调查（主要从工作本身来谈） | 完全不同意 | 不同意 | 不确定 | 同意 | 完全同意 |
| --- | --- | --- | --- | --- | --- |
| 我目前的工作环境很好 | 1 | 2 | 3 | 4 | 5 |
| 工作中我有机会指导他人做事 | 1 | 2 | 3 | 4 | 5 |
| 对于我的工作量和报酬满意 | 1 | 2 | 3 | 4 | 5 |
| 工作中，我能按自己的方式做事 | 1 | 2 | 3 | 4 | 5 |
| 我的工作给我带来成就感 | 1 | 2 | 3 | 4 | 5 |
| 我的工作让我感到满足 | 1 | 2 | 3 | 4 | 5 |

| 制度认可情况调查（从组织内部的管理制度和员工的行为自觉性来谈） | 完全不同意 | 不同意 | 不确定 | 同意 | 完全同意 |
| --- | --- | --- | --- | --- | --- |
| 组织有明确、合理的规章制度来规范员工行为 | 1 | 2 | 3 | 4 | 5 |
| 组织有合理的薪酬制度 | 1 | 2 | 3 | 4 | 5 |
| 组织有明确、合理的制度来保证信息的流通 | 1 | 2 | 3 | 4 | 5 |
| 当我有一个有益于组织的想法时，我会努力，也有机会将它付诸行动 | 1 | 2 | 3 | 4 | 5 |
| 在朋友面前我总是高度评价所在的组织 | 1 | 2 | 3 | 4 | 5 |
| 当其他人批评组织时，我总是会全力维护组织的声誉 | 1 | 2 | 3 | 4 | 5 |
| 当组织遇到困难时，我会为组织化解困难做贡献 | 1 | 2 | 3 | 4 | 5 |

| 离职倾向情况调查 | 完全不同意 | 不同意 | 不确定 | 同意 | 完全同意 |
|---|---|---|---|---|---|
| 我时常想辞去目前的工作 | 1 | 2 | 3 | 4 | 5 |
| 我密切关注其他就业信息 | 1 | 2 | 3 | 4 | 5 |

| 组织信任情况调查（组织制度信任） | 完全不同意 | 不同意 | 不确定 | 同意 | 完全同意 |
|---|---|---|---|---|---|
| 组织公平公正地对待每一位员工 | 1 | 2 | 3 | 4 | 5 |
| 组织注重为客户提供优质的服务 | 1 | 2 | 3 | 4 | 5 |
| 组织会克服一切困难完成目标 | 1 | 2 | 3 | 4 | 5 |
| 组织经常参加社会公益活动 | 1 | 2 | 3 | 4 | 5 |
| 组织在其主要业务领域很成功 | 1 | 2 | 3 | 4 | 5 |
| 组织的产品有很强的核心竞争力 | 1 | 2 | 3 | 4 | 5 |
| 组织有明确的发展目标 | 1 | 2 | 3 | 4 | 5 |
| 组织有很强的开拓未来的能力 | 1 | 2 | 3 | 4 | 5 |
| 组织有能力给予员工福利及照顾员工 | 1 | 2 | 3 | 4 | 5 |
| 组织内部处理日常事务非常有序 | 1 | 2 | 3 | 4 | 5 |
| 在需要各部门合作的事务中，各部门都权责分明 | 1 | 2 | 3 | 4 | 5 |
| 工作中如果需要其他部门的协助，其他部门能够很好地配合 | 1 | 2 | 3 | 4 | 5 |
| 组织的管理制度能够得到严格执行 | 1 | 2 | 3 | 4 | 5 |
| 员工非常了解组织的经营宗旨和目标 | 1 | 2 | 3 | 4 | 5 |
| 员工能从组织内部获得与工作有关有用信息 | 1 | 2 | 3 | 4 | 5 |

续表

| 组织信任情况调查（组织制度信任） | 完全不同意 | 不同意 | 不确定 | 同意 | 完全同意 |
|---|---|---|---|---|---|
| 在组织中员工向管理者提出建议的机会很多 | 1 | 2 | 3 | 4 | 5 |
| 管理人员愿意倾听、采纳员工的建议或意见 | 1 | 2 | 3 | 4 | 5 |
| 管理者的指令能够快速传达至各部门及个人 | 1 | 2 | 3 | 4 | 5 |

| 组织信任情况调查（组织人际信任） | 完全不同意 | 不同意 | 不确定 | 同意 | 完全同意 |
|---|---|---|---|---|---|
| 我的直接主管完全有能力胜任他目前的工作 | 1 | 2 | 3 | 4 | 5 |
| 我的直接主管是个品行高尚的人 | 1 | 2 | 3 | 4 | 5 |
| 我认同我直接主管的管理方式 | 1 | 2 | 3 | 4 | 5 |
| 多数时候我能与我的直接主管进行有效沟通 | 1 | 2 | 3 | 4 | 5 |
| 工作中遇到问题时直接主管能给我有价值的帮助 | 1 | 2 | 3 | 4 | 5 |
| 工作中直接主管能给我适度的关怀 | 1 | 2 | 3 | 4 | 5 |
| 我的同事完全有能力胜任他目前的工作 | 1 | 2 | 3 | 4 | 5 |
| 我的同事是品行高尚的人 | 1 | 2 | 3 | 4 | 5 |
| 我的同事愿意同我分享他们的知识和技能 | 1 | 2 | 3 | 4 | 5 |
| 当我遇到困难的时候同事们总是乐于帮忙 | 1 | 2 | 3 | 4 | 5 |

续表

| 组织信任情况调查(组织人际信任) | 完全不同意 | 不同意 | 不确定 | 同意 | 完全同意 |
| --- | --- | --- | --- | --- | --- |
| 我相信我的同事会兑现他们的承诺 | 1 | 2 | 3 | 4 | 5 |
| 同事们都具有团队精神 | 1 | 2 | 3 | 4 | 5 |
| 同事间相处融洽,像个大家庭 | 1 | 2 | 3 | 4 | 5 |

附录5：

学前教育阶段访谈提纲、调查问卷及记录

## 学前教育深度访谈提纲

**访谈对象**：桂林市几所幼儿园园长、教职工、学生家长

**访谈说明**：您好！我们是"桂林'十三五'教育事业发展研究"课题组。为了全面地了解桂林"十二五"学前教育发展的现状，更好地为桂林"十三五"教育事业发展研究做好规划，我们需要您的帮助和参与。课题组向您承诺，今天访谈涉及的内容和您阐述的观点，只作为我们研究参考，您声明不宜公开的资料和观点，我们将严格为您保密，非常感谢您的帮助。

深度访谈内容：

### 一、园长部分

受访者基本信息：职务、年龄、性别、教龄、专业、学历层次

**学校概况**

请问贵园的学生总人数是多少，教职工共有多少名，师生比为多少？

请问幼儿园的性质是（如：A.公立学校；B.民办公助学校；C.民办学校），设几个层级，每个年级几个班，每班配几名教师，几名保育员，多少学生？

您出于怎样的考虑自己办园？（此问题用于民办幼儿园）

该园的资金来源是什么？资金都用在了什么地方？

各年级的收费情况是什么样的？

学校的办学理念、办学目标和品牌特色是什么？

幼儿园对幼儿素质的培养目标及评价指标是什么，您对所培养出来的学生的综合素质的总体看法，他们现状与培养目标之间存在哪些差距。

**教师**

请问幼儿园专任教师的学历情况。如：A.中专、高中毕业及以下（　）人；B.专科毕业（　）人；C.本科毕业（　）人；D.硕士毕业（　）人。

是否进行入岗及在岗培训？如有培训，培训内容是什么？外出研修的机会多不多？

请问您选择教职工的标准是什么？学校对教师的评价体系如何？

**课程**

幼儿园教育的内容是什么？划分依据是什么？是否需要课程改进？

您认为幼儿园园本教材的发展前景如何？

在《幼儿园教育指导纲要（试行）》中提道：充分利用社会资源，引导幼儿实际感受祖国文化的丰富和优秀，感受家乡的变化和发展，激发幼儿爱家乡、爱祖国的情感；适当向幼儿介绍我国各民族和世界其他国家、民族的文化，使其感知人类文化的多样性和差异性，培养理解、尊重、平等的态度。您是如何理解这段话的？要做到这个要求，在设计课程时有没有难度？为什么？

您怎样看待目前国内对幼儿超前教育的现象。

**发展**

现在一些地区的幼儿园都在开办国学班，您觉得国学班的发展前景好吗？您有过这方面的考虑吗？

您认为儿童在入小学前需要做哪些准备？

就儿童的入学准备而言，幼儿园需要做什么准备或提供什么帮助？

请问您怎样看待现在政府对幼儿园的评价体系？您有哪些建议？

若是现在进行特色幼儿园建设，您觉得该园有哪些优势，哪些不足？

现在办园的最大困境是什么？

您申请过多元惠普性幼儿园的认定吗？如果没有，今后有这方面的打算吗？

## 二、教职工部分

基本信息：*所教年级、班级，所教科目，职务，教龄，性别*

**学校发展**

幼儿园的发展不是园长一个人的事，作为教师，我们也是一个很重要的主体，请问您对学校的发展有什么样的想法？

办高水平高质量的幼儿园是我们一直的追求，要实现这一目标，您有哪些方面的诉求？

您觉得学校现在亟待改变的是什么？

**学生管理**

请问现在的教学工作开展得顺利吗？学生好管好教吗，家长是否能积极配合幼儿园的工作？

您怎样评价幼儿的行为？评价指标有哪些？

**课程与教材**

您对《幼儿园教育指导纲要》了解吗？

在《幼儿园教育指导纲要（试行）》中提到：充分利用社会资源，引导幼儿实际感受祖国文化的丰富和优秀，感受家乡的变化和发展，激发幼儿爱家乡、爱祖国的情感；适当向幼儿介绍我国各民族和世界其他国家、民族的文化，使其感知人类文化的多样性和差异性，培养理解、尊重、平等的态度。您是如何理解这段话的？要做到这个要求，在设计课程时有没有难度？为什么？

您如何理解文化传承和幼儿园课程之间的关系？您认为中国传统文化和西方文化中哪些因素可以纳入幼儿园课程中来？它们会以怎样的方式促进幼儿的发展？

您如何看待广西的文化或是桂林的文化？要是把它们揉进我们平常的教学中，您觉得可行吗？您希望获得什么样的帮助？

现在一些地区的幼儿园都在开办国学班，您觉得国学班的发展前景好吗？希望得到哪方面的支持和关注？

您如何理解课程和教科书的关系，您选择课程内容的依据是什么？

您对目前社会上幼儿园超前教学是怎么看待的？

**自身职业发展**

您自身的职业发展规划是怎样的？

作为一名幼儿园教师，请谈谈您的教学感受，教学上遇到的难题是什么？

### 三、家长部分

**基本信息**：子女所在年级、班级，自身学历水平、职业、性别

**对幼儿园的态度**

什么时候送孩子上幼儿园的？为什么送孩子上幼儿园？

请问您给孩子选择当前幼儿园的原因是什么？

您觉得目前幼儿园的总体状况如何？您有哪些满意，哪些不满意。

您对教师的教学能力是否认可？评价如何？

小孩上幼儿园的费用是多少？您觉得合理吗？

**对孩子教育问题**

您觉得孩子在接受了幼儿园教育后有哪些转变（包括学习能力、自理能力、个性品质等方面），您是怎样看待这些转变的。

您希望孩子在幼儿园时期就提前学习小学的知识吗？

您觉得学校有必要开设特长班或特色课程吗？如果开设，您会让孩子选择吗？

**其他诉求**

您希望幼儿园怎样管理自己的小孩？对此您有什么要求？

在小孩学习的内容上，您有什么样的建议和看法。您希望小孩获得什么样的教育？

## 桂林学前教育现状问卷调查表(教师部分)

老师,您好!我们是"桂林'十三五'教育事业发展研究"课题组。为了全面地了解桂林"十二五"学前教育发展的现状,更好地为桂林"十三五"教育事业发展研究做好规划,我们需要您的帮助。请您根据实际情况,在下列的问题中选出您认为合适的选项。本问卷采取匿名填写,所有题目无对错之分,您的选择我们仅用于学术研究,不会泄露您的信息,请您放心答卷。感谢您的支持!

除了题目上标出"可多选"外,其余的题目只有一个答案,请在您认为合适的选项前打"√",或是在"( )"中填写选项。

一、答卷者的基本信息

1.您的性别:( )

A.男  B.女

2.您的工作地点:( )

A.农村  B.县镇  C.城市

3.您本人的受教育程度:( )

A.小学  B.初中  C.高中  D.本科(大专)及以上

4.您所在幼儿园的性质是( )

A.城镇公办园  B.城镇民办园

C.农村公办园  D.农村民办园

5.您从事教育的工作年限:( )

A.1年以下  B.1—3年  C.3—5年

D.5—10年  E.10年以上

6.您所在幼儿园的名称:( )

二、桂林市幼儿园发展现状调查

1.您所在幼儿园的学生数量情况是( )

A.学生数量少,出现了教师过剩的情况  B.学生数量合适,教师配比合适

C.学生数量偏多,教师工作压力大  D.学生数量情况变化大

2.您所在幼儿园现在课程设置情况(　　)

A.五大领域教育内容  B.以识字、计算为主要内容  C.小学一年课程

3.您认为幼小衔接工作应开展在哪个学期(　　)

A.大班上学期  B.大班下学期  C.中班下学期  D.小学初期

4.您面对工作时,多数情况是(　　)

A.热爱,有信心  B.热爱,但有压力  C.平常心情  D.精神紧张,心情压抑

5.您每天完成工作后,多数情况是(　　)

A.心情愉快,有成就感  B.心情轻松,像卸下担子一样

C.正常,没有什么特别  D.心情压抑

6.您对目前的收入水平是否满意(　　)

A.十分满意  B.满意  C.一般  D.不满意  E.非常不满意

7.你所在幼儿园组织内部或外出参加教研活动情况(　　)

A.经常  B.有时  C.很少  D.从不

8.您认为教师培训对自己(　　)

A.非常重要  B.比较重要  C.不太重要  D.不重要

9.您是否愿意参加学前教育方面的培训(　　)

A.愿意  B.不愿意  C.无所谓  D.有选择地参加

10.在教育教学活动中您需要提升的基本能力有哪些(　　)

A.观察幼儿活动  B.记录幼儿活动  C.分析幼儿活动

D.设计组织幼儿活动  E.教育科研能力

11.您觉得以下哪项能促进您的专业发展(多选)(　　)

A.专家学者引领教研  B.园本教研  C.研究课题  D.外派学习

12.您认为哪些继续教育培训更为迫切(多选)(　　)

A.新理念、新动态  B.艺术类技能

C、教学能力.教育技能  D.学历提升

13.如果有机会,您会选择到其他单位就业吗?会选择什么行业?(　　)

A.不会转行  B.到另一学校就业  C.考公务员  D.继续学业深造

E、转行到其他行业  F.其他

14.您认为影响家长选择幼儿园的主要因素有(　　)

A.距离较近　B.学费便宜　C.教育质量高　D.学校名气大　E.住宿条件好

F.亲朋推荐　G.校内有熟人　H.其他

15.您认为影响幼儿园质量的主要因素有(多选)(　　)

A.教师素质高　B.课程设置合理丰富　C.学校设施设备齐全

D.学校规章制度好　E.政府政策好　F.周边环境好　G.其他

16.您所在学校公用经费情况是(　　)

A.非常充裕,完全能够保证学校教学的正常运行

B.基本充裕,能够保证学校教学的正常运行

C.有点紧张,勉强能够维持学校教学的正常运行

D.非常紧张,很难维持学校教学的正常运行

17.您对《幼儿园教育指导纲要(试行)》贯彻落实情况(　　)

A.深入学习,应用实践

B.学了几遍,不能应用

C.大概知道内容

D.不知道是什么

18.您认为目前学前教育存在的问题有(可多选)(　　)

A.教师水平不高,无法使孩子得到有效的教育

B.教师对学生带有歧视

C.男老师少,使男孩子缺乏阳刚之气

D.教师对家长态度强硬

E.社会方面对学前教育重视不够

F.幼儿园以赚钱为目的

G.私人幼儿园太少,选择性不大

19.您在职业成长方面遇到的最大困惑是什么,希望能得到哪些方面的帮助?

20.您觉得现在的幼儿园评价体系合理吗?对此您有什么建议?


21.您觉得地方教程及园本教程的可行性高吗?如果可以,您希望获得哪些方面的帮助?

## 桂林学前发展现状问卷调查表(家长部分)

家长,您好!我们是"桂林'十三五'教育事业发展研究"课题组。为了全面地了解桂林"十二五"学前教育发展的现状,更好地为桂林"十三五"教育事业发展研究做好规划,我们需要您的帮助。请您根据实际情况,在下列的问题中选出您认为合适的选项。本问卷采取匿名填写,所有题目无对错之分,您的选择我们仅用于学术研究,不会泄露您的信息,请您放心答卷。感谢您的支持!

除了题目上标出"可多选"外,其余的题目只有一个答案,请在您认为合适的答案下打"√"

一、答卷者的基本信息

1.您的性别:

A.男   B.女

2.您的家庭住在哪里?

A.农村   B.县镇   C.城市

3.您孩子的户口情况:

A.农村户口   B.城镇户口

4.您的孩子就读的幼儿园的性质?

A.公立幼儿园   B.私立幼儿园

5.您孩子现在读幼儿园:

A.小班   B.中班   C.大班   D.学前班

6.您孩子就读幼儿园的名称:

二、问卷主体部分

1.您选择幼儿园最看重的是(可多选):

(    )收费低   (    )教学理念新   (    )特色教育

(    )硬件好   (    )软件好   (    )饮食好

(    )口碑好   (    )就近方便   (    )教学质量好

（　　）能让孩子得到良好的艺术教育

（　　）能让孩子学到小学阶段的知识

（　　）能让孩子发挥天性、自由的成长　（　　）其他

2. 您希望您的孩子就读哪一种幼儿园

（　　）普通　（　　）双语教学（中英语）

（　　）附设才艺班（如钢琴班等）　（　　）硬件设备好的

3. 您认为幼儿教育哪方面最为重要

（　　）培养各种才艺（画画、唱歌等）　（　　）形成良好的生活习惯

（　　）学习文化知识

4. 您希望幼儿园应该实施什么样的教育

（　　）保姆式的，只要照顾好吃喝和安全就挺好

（　　）先进的教育理念和指导理论，高水平的专业教师，使孩子得以全面的引导和发展

（　　）价格有的时候反映价值，如果有一个幼教专家级教师，孩子一定会受益匪浅，价格一般的幼儿园没有实力在这方面下很大工夫的

（　　）发掘孩子的各种潜能和塑造良好性格　（　　）其他

5. 如果学校要为孩子开设兴趣班或是特色课程，您是否愿意花钱让小孩参加

（　　）非常愿意　（　　）一般　（　　）不同意　（　　）其他意见

6. 您让孩子参加各种兴趣班是因为

（　　）认为这些兴趣班有利于孩子培养综合素质，有利于成长

（　　）因为其他的小孩参加了，如果自己的孩子不参加，怕孩子输在起跑线上

（　　）不参加幼儿园开办的兴趣班，怕老师有意见

（　　）因为自己下班晚，如果孩子不参加兴趣班，没办法按时接孩子

7. 您是否愿意参加幼儿园组织的亲子活动？

（　　）很愿意　（　　）有时间偶尔参加　（　　）不乐意

8. 您是否经常向老师了解孩子的在园表现并为老师提供孩子的在家表现

（　　）经常　（　　）一般　（　　）偶尔　（　　）从不

（　　）打算今后开始

9. 您对政府新颁布的关于幼儿园管理的新政策有什么看法

（　　）能很好地解决当下的问题　（　　）只能解一时之难

（　　）不知道能否落到实处　　（　　）没有关注这方面的政策

10.您认为目前学前教育存在的问题有(可多选)

（　　）教师水平不高,无法使孩子得到有效的教育

（　　）男老师少,使男孩子缺乏阳刚之气

（　　）教师对学生带有歧视

（　　）教师对家长态度强硬

（　　）社会方面对学前教育重视不够

（　　）幼儿园以赚钱为目的

（　　）私人幼儿园太少,选择性不大

（　　）入公办幼儿园难　　（　　）其他

11.您对学前教育的期望是什么?


12.您还有哪些关于幼儿园、班级工作、教师及促进孩子成长等方面的意见和建议?

# 恭城瑶族自治县机关幼儿园访谈笔录

## 一、学校情况

恭城瑶族自治县机关幼儿园创建于1956年,全园占地面积4693.17$m^2$,户外活动场地2600$m^2$,绿化面积达60%以上。目前有8个教学班、310名幼儿、在岗教职工36名,专任教师24名,大专以上学历达98%以上,是一支实力雄厚、凝聚力强的团队。2013年1月被评为广西壮族自治区示范性幼儿园。

园内环境创设凸显生态型特色,体现"生活即教育"的理念,为孩子们创造了一个健康、文明、生态的绿色环境。宽敞明亮的活动室和干净舒适的睡眠室,均配置了空调和桌椅、睡床,每班还配备电钢琴、彩电、手提式DVD播放机、实物投影仪、广播、消毒柜、开放式玩具柜、紫外线消毒灯等。园内配备有较齐全的幼儿活动场所,有感统训练场、音乐活动室、美工活动室、科学探索室、多功能室、小书屋等,为幼儿的健康成长创设了优美的学习生活环境和安全宽敞的游戏室。户外有体育活动区、沙水区种植区和绿化带等。

幼儿园先后被评为自治区卫生优秀学校、桂林市示范幼儿园、桂林市绿色幼儿园、桂林市语言文字规范化示范校、桂林市学前教育工作先进单位、桂林市学校安全先进单位、桂林市卫生优秀学校、家庭教育示范基地、首批县花园式文明庭院、县学校德育先进单位等荣誉称号。

## 二、园长访谈

| 拟访谈对象姓名:肖某 | 职务:园长 | 职称: | 工作单位:恭城机关幼儿园 |
|---|---|---|---|
| 访谈对象的基本情况:2012年开始负责该园工作,共工作了三年 ||||
| 拟访谈的时间:2014年11月28日15:30  访谈地点:学校会议室 ||||
| 访谈方式:个人面谈 ||||
| 访谈目的:了解学校建设的已有基础及目前发展的困难和园长诉求,学习幼儿园管理的成功经验 ||||

续表

提问问题与访谈记录：

您好，请问学校现在的学生、教师情况怎么样？

答：现在一共有310名学生，36名教职工。我们是分3个年级，大班一般40人，最多44人一个班，中班36人，小班33人，每班配有2名教师，1名保育员。

在这些教职工中，专任教师有多少名？

答：专任教师是24名，都是大专以上文凭，现在大专以上学历已达到98%以上了。老师都是本地人。

园长您好，请问您担任机关幼儿园园长一职有多长时间了？

答：已经3年了，我2012年在这里开始工作，2013年园里进行了自治区示范性幼儿园的评估，1月份被评为自治区示范性幼儿园。

学校的各方面条件都很不错，去年还被评为了自治区示范性幼儿园，请问您觉得我们最大的优势在哪？

答：我觉得师资很重要，我们幼儿园的老师都比较年轻，有朝气，对工作非常热情。我们也经常进行园本的培训，比如课件制作大赛等，让老师之间互相学习，互相交流。另外，我经常利用本土资源对学生开展教育，把它们融入课堂里，根据"民族文化进校园"的主题，进行了园内环境的创设。现在正在进行一个文化传承与课程建设的课题，想在美术、艺术等方面结合本土资源开展教育。

您刚刚说的文化传承与教育是一个很好的想法，请问您觉得要做好这件事还需要哪些方面的帮助呢？

答：这个课题我们已经开展一段时间了，我觉得现在最缺的就是专家的指导和帮助，我们希望能有这方面的专家给我们提供理论指导，形成系统的理论体系，让我们能更好地开展。

您在幼儿园管理方面有哪些成功的经验？

答：我觉得有两点很重要，一个是师资，一个是先进的教学理念，这对于幼儿园的发展很重要。

三、教师访谈情况

1.请问大家在学生管理或是教学中遇到过什么样的困难?

答:我们基本都是转岗教师,之前是在小学或是初中教学的,现在转到幼儿园来教学,感觉理论知识很欠缺,只能在平常的工作中慢慢摸索,这对我们的专业发展有一定的局限性。

2.刚刚说到理论知识欠缺,请问大家平常接受培训的机会多吗?

答:我们经常会有各种培训的通知,但也是有选择地参加的。我觉得短期培训解决不了根本问题,仅仅听一两节课对我们理论水平的提升作用不大。

3.现在我们的教学主要注重学生的哪方面内容,评价方式是什么样的?

答:我们主要是注重行为习惯的培养,在日常的教学与管理中都注意让小孩养成良好的生活习惯。

4.现在家长与老师联系得多吗?

答:我们的学生基本都是县里的,家长对孩子的教育还是比较重视,也经常跟老师反映小孩在家的情况,我们现在每个班级都建有一个QQ群,平常有什么信息都发在群里,大家在里面交流。此外,我们每天早上都有一个值班老师接待家长,与家长交流沟通。

四、访谈结论与反思

恭城县机关幼儿园由于是自治区示范性幼儿园,经费来源于国家财政拨款,资金方面存在的问题不大,学费收取、教材选定及其他一些日常管理项目都是严格按照区示范性幼儿园的标准来设立的,没有开展兴趣班、课外班等。从与园长、教师访谈的情况来看,整个教职工队伍的状态是积极向上的,大家都很有想法。总的来说,该园有三个较大的优势:

1.资金充足,硬件设施完善,校园环境好

2.师资队伍强大,教师积极性高

3.教学理念先进

从此次访谈的情况来看,幼儿园要想获得长足发展,就要真正做到融主题教育、环境美化、幼儿娱乐为一体,具有科学性、教育性与安全性,这样才能真正成为孩子们的学园、乐园、家园。

目前,教育发展不均衡状态没有得到根本改善,薄弱学校相比优质学校在办学目标、硬件配置、师资状况和管理水平等方面差距还比较明显;区域间、学校间分割发展格局未能根本打破。因此,在整个学前教育的发展方面,可以发挥自治区示范性幼儿园的优势,在贯彻《规程》《纲要》中要起到带头作用,成为教育教学改革的实验基地,发挥自治区示范性幼儿园的"传、帮、带",充分利用自身的优势资源,通过开展教学示范、业务指导、信息交流等方式,使其他幼儿园在教育观念、教师队伍建设、卫生保健等方面得到提高。

附录6：
义务教育阶段调查问卷

## 桂林义务教育情况调查问卷(教师部分)

老师,您好！我们是"桂林'十三五'教育事业发展研究"课题组。为了全面地了解桂林"十二五"义务教育发展的现状,更好地为桂林'十三五'教育事业发展研究做好规划,我们需要您的帮助。请您根据实际情况,在下列的问题中选出您认为合适的选项。本问卷采取匿名填写,所有题目无对错之分,您的选择我们仅用于学术研究,不会泄露您的信息,请您放心答卷。感谢您的支持！

除了题目上标出"可多选"外,其余的题目只有一个答案,请在您认为合适的答案下打"√"

一、答卷者的基本信息

1.您的性别：

○男　○女

2.您的工作地点：

○农村　○县镇　○城市

3.您本人的受教育程度：

○小学　○初中　○高中　○本科(大专)及以上

4.您目前学校的性质是：

○公立学校　○私立学校

5.您从事教育的工作年限：

○1年以下　○1—3年　○3—5年

○5—10年　○10年以上

6.您所在学校的名称：

二、问卷的主体部分

1.您所在学校近几年的招生数量情况如何？

○逐年递增　○基本稳定　○逐年减少　○没有明显规律

2.您所在学校是否有学生辍学的情况？

○无　○有,只有个别学生　○有,情况较为严重

3.您所在地区义务教育阶段的学校是否有学生辍学的情况？

○无　○有,只有个别学生　○有,情况较为严重

4.您认为义务教育阶段,若有学生辍学,主要原因是什么？（可多选）

○家庭经济困难　○户口问题　○家长管教不严

○学生个人原因,如厌学或身体差　○学校太远　○其他原因

5.义务教育阶段,若有学生辍学,您所在学校的做法是？

○要求教师到家家访,追回失学学生,做到一个不能少

○要求教师到家家访,追回失学学生,但学生回校的情况不佳　○无为而治

6.您所在地区的教师数量如何？

○数量偏多　○基本合适　○数量偏少　○不太了解

7.您面对工作时,多数情况是？

○热爱、有信心　○热爱,但有压力　○平常心情　○精神紧张、心情压抑

8.您每天完成工作后,多数情况是？

○心情愉快,有成就感　○心情轻松,像卸下担子一样

○正常,没有什么特别　○心情压抑

9.如果有机会选择不在教育单位工作,您的主要原因是？

○不喜欢教师这个职业　○工资待遇太低　○工作压力大

○工作责任大　○个人知识水平欠缺　○热爱这个职业,不会离开

10.您认为所在地区教师需要提高哪些素质(可多选)？

○更新教育理念

○提高学生管理能力

○学习现代教学手段(如幻灯片教学)和方法

○提升理论知识或技能

○学习教学的技巧与方法

○其他

11.您对自己目前的工资及福利有何评价?

○满意　○基本满意　○不满意　○非常不满意

12.您所在地区中小学教师的工资及福利的发放情况如何?

○每月按时足额发放

○每月基本能够按时发放,但存在拖欠的现象,主要是不足额

○基本能够按时发放,但偶尔会推迟些

○偶尔能够及时发放,大部分时间难以保证及时发放

13.您所在地区的学校基础设施如何?

○非常完善　○较为完善　○较为缺乏　○十分缺乏

14.您认为所在学校缺少哪些基础设施或设备?（可多选）

○教学楼、办公楼等教学设施　○宿舍、食堂等生活设施　○医院

○运动场馆　○图书馆　○图书　○办公用品

○信息化设备(电脑、广播等)　○其他

15.您所在学校公用经费情况是?

○非常充裕,完全能够保证学校教学的正常运行

○充裕,能够保证学校教学的正常运行

○基本充裕,基本能够保证教学的正常运行

○有点紧张,勉强能够维持学校教学的正常运行

○非常紧张,很难维持学校教学的正常运行

16.您认为影响您所在学校经费与当地财政收入的关系是?

○当地财政收入高低是决定义务教育经费多寡的关键因素

○当地财政收入高低是影响义务教育经费多寡的主要因素

○义务教育经费多寡与当地财政收入高低有点关系,但不密切

○义务教育经费多寡与当地财政收入高低关系不大,即使当地财政收入不高,上级财政所提供的转移支付能够基本甚至是完全能够保证经费充裕

○教育经费完全可以由学校自己想办法通过融资的方式来解决,不必完全依靠

当地财政收入

17.您所在地区义务教育经费是否建立了以县(或市本级)为主统筹的教育经费管理体制？

○是，并且有非常完善的教育管理体制

○是，但还需要完善

○是，但还很不完善

○否，正在建立中

○否，经费来源主要还是依靠当地乡镇财政投入

18.您认为改善目前农村义务教育的主要着力点有哪些？(可多选)

○强化政府办教育的职能，改变农村教育落后的局面

○国家加大对农村义务教育的规划和投入，加强农村九年一贯制学校配套建设与管理

○合理调整教育布局，大力发展面向农村的职业教育

○提高教师教育、教学水平

○关注贫困生与农村留守儿童

○增强农村教材的适用性，教材的编写要与就业紧密联系

○加强新农村建设，切实减轻农民负担，需要增强农民的教育意识

○其他

19.您认为本地目前农村义务教育亟待提高哪些方面(可多选)？

○政府应重视农村教育并加大资金投入

○教室、教具等教学硬件有待改进和提高

○教师的数量、观念、年龄结构和教学水平有待加强和提高

○应加强学校周边环境和社会环境的治理

○家长的教育知识和意识有待提高

○其他

再次感谢您的答卷！

# 桂林义务教育情况调查问卷(家长部分)

家长,您好!我们是"桂林'十三五'教育事业发展研究"课题组。为了全面地了解桂林"十二五"义务教育发展的现状,更好地为桂林"十三五"教育事业发展研究做好规划,我们需要您的帮助。请您根据实际情况,在下列的问题中选出您认为合适的选项。本问卷采取匿名填写,所有题目无对错之分,您的选择我们仅用于学术研究,不会泄露您的信息,请您放心答卷。感谢您的支持!

除了题目上标出"可多选"外,其余的题目只有一个答案,请在您认为合适的答案下打"√"

一、答卷者的基本信息

1.您的性别:。
○男  ○女

2.您的家庭住在哪里?
○农村  ○县镇  ○城市

3.您孩子的户口情况:。
○农村户口  ○城镇居民户口

4.您的孩子现在读几年级?
○小学1—3年级  ○小学4—6年级  ○初中

5.您孩子就读的学校名称:

二、问卷主体部分

1.您了解九年义务教育政策吗?
○不了解  ○听说过一点  ○了解

2.当地普及九年义务教育政策落实情况怎么样?
○好  ○一般  ○不好  ○不清楚

3.义务教育阶段,您所在地区中小学校的学生学杂费免收情况是?
○已免收  ○未免收  ○还有小部分  ○不清楚

4.义务教育阶段,除了免交的学杂费外,每学期学校还会收多少钱?

○从来不收　○收,但很少,100以下

○收,100—200元　○收,200—500元

5.您觉得教育所需经费里哪部分收费较高?

○杂费　○生活费　○书本费　○其他

6.您的身边是否有义务教育阶段小孩辍学的情况?

○没有　○有极少数　○较多

7.义务教育阶段,您认为导致学生辍学的原因是?

○教育经费高　○学校教学水平差　○家长教育观念淡薄

○家长管教不严　○小孩不爱学习　○其他

8.您周围的中小学校是否存在缺少教师的情况?

○不存在　○存在,但不多　○情况特别严重　○不清楚

9.您所在地区的学校基础设施如何?

○非常完善　○较为完善　○较为缺乏　○十分缺乏

10.您认为所在地区的学校缺少哪些基础设施或设备?(可多选)

○教学楼、办公楼等教学设施　○宿舍、食堂等生活设施　○医院

○运动场馆　○图书馆　○图书　○办公用品

○信息化设备(电脑、广播等)　○其他

11.您认为附近中小学校的经费主要来自?(可多选)

○上级专项拨款　○当地教育局的拨款　○县(乡镇)财政部门的拨款

○社会资助　○学生学杂费　○校办企业　○不清楚　○其他

12.您认为影响农村义务教育发展的最主要的因素是?(可多选)

○教育观念　○教师的整体素质　○教育经费

○教育管理体制　○其他

13.您认为改善目前农村义务教育的主要着力点?(可多选)

○强化政府办教育职能,改变农村教育落后的局面

○国家加大对农村义务教育的规划和投入,加强农村九年一贯制学校配套建设与管理

○合理调整教育布局,大力发展面向农村的职业教育

○提高教师教育、教学水平

○关注贫困生与农村留守儿童

○增强农村教材的适用性,教材的编写要与就业紧密联系

○加强新农村建设,切实减轻农民负担,需要增强农民的教育意识

○其他

14.您认为目前农村义务教育亟待提高的有哪些?(可多选)

○政府应重视农村教育并加大资金投入

○教室、教具等教学硬件有待改进和提高

○教师的数量、观念、年龄结构和教学水平有待加强和提高

○应加强学校周边环境和社会环境的治理

○家长的教育知识和意识有待提高

○其他


再次感谢您的答卷!

附录7：

高中教育阶段调查问卷


## 桂林高中教育情况调查问卷(教师部分)

老师,您好！我们是"桂林'十三五'教育事业发展研究"课题组。为了全面地了解桂林"十二五"高中教育发展的现状,更好地为桂林'十三五'教育事业发展研究做好规划,我们需要您的帮助。请您根据实际情况,在下列的问题中选出您认为合适的选项。本问卷采取匿名填写,所有题目无对错之分,您的选择我们仅用于学术研究,不会泄露您的信息,请您放心答卷。感谢您的支持！

在下列的问题中,请您根据实际情况在最符合的选项下打"√"。

一、基本信息

1.您的性别：

A.男  B.女

2.您的工作地点：

A.农村  B.县镇  C.城市

3.您本人的受教育程度：

A.高中  B.本科(大专)  C.硕士及以上

4.您目前学校的性质是：

A.公立学校  B.私立学校

5.您从事教育的工作年限：

A.1年以下  B.1—3年  C.3—5年

D.5—10年  E.10年以上

7.您目前的职务:

A.任课教师　B.班主任　C.年级主任　D.管理人员　E.校领导

8.您所在学校的名称:

## 二、问卷的主体部分

1.您认为决定高中竞争力的关键因素有

| 编号 | 选项 | 非常不同意 | 比较不同意 | 不确定 | 比较同意 | 非常同意 |
|---|---|---|---|---|---|---|
| 1 | 学校明确发展目标 | 1 | 2 | 3 | 4 | 5 |
| 2 | 果敢、有魄力的校长 | 1 | 2 | 3 | 4 | 5 |
| 3 | 优秀的师资力量 | 1 | 2 | 3 | 4 | 5 |
| 4 | 完善的教学设施 | 1 | 2 | 3 | 4 | 5 |
| 5 | 良好的生源质量 | 1 | 2 | 3 | 4 | 5 |
| 6 | 创新意识强的管理团队 | 1 | 2 | 3 | 4 | 5 |
| 7 | 持续的教师培训投入 | 1 | 2 | 3 | 4 | 5 |
| 8 | 学校健全的管理制度 | 1 | 2 | 3 | 4 | 5 |
| 9 | 有责任心的后勤队伍 | 1 | 2 | 3 | 4 | 5 |
| 10 | 稳定的教育投入 | 1 | 2 | 3 | 4 | 5 |
| 11 | 便利的交通条件 | 1 | 2 | 3 | 4 | 5 |
| 12 | 其他(请具体列出来) | | | | | |

2.您认为目前制约我市高中教育发展的因素有

| 编号 | 选项 | 非常不同意 | 比较不同意 | 不确定 | 比较同意 | 非常同意 |
|---|---|---|---|---|---|---|
| 1 | 政府的支持力度不够,政策不到位 | 1 | 2 | 3 | 4 | 5 |
| 2 | 上级教育管理部门创新力不够 | 1 | 2 | 3 | 4 | 5 |

续表

| 编号 | 选项 | 非常不同意 | 比较不同意 | 不确定 | 比较同意 | 非常同意 |
|---|---|---|---|---|---|---|
| 3 | 各学校的自主管理权力小 | 1 | 2 | 3 | 4 | 5 |
| 4 | 教育投入经费不足,学校设备较差,没有跟上现代化的要求 | 1 | 2 | 3 | 4 | 5 |
| 5 | 教师队伍从数量和质量上都有所欠缺,达不到标准要求 | 1 | 2 | 3 | 4 | 5 |
| 6 | 教师队伍不稳定,流失严重 | 1 | 2 | 3 | 4 | 5 |
| 7 | 不重视师资队伍的培养 | 1 | 2 | 3 | 4 | 5 |
| 8 | 优质高中建设不足 | 1 | 2 | 3 | 4 | 5 |
| 9 | 义务教育没按质完成,生源整体素质和能力较差 | 1 | 2 | 3 | 4 | 5 |
| 10 | 整体文化水平不高,家长无力辅导孩子的高中学习课程 | 1 | 2 | 3 | 4 | 5 |
| 11 | 教育管理体制有问题 | 1 | 2 | 3 | 4 | 5 |
| 12 | 政府奖励高考的各种激励制度不得力 | 1 | 2 | 3 | 4 | 5 |
| 13 | 其他(请具体列出来) | | | | | |

**3. 您认为推动我市高中发展的主要措施有**

| 编号 | 选项 | 非常不同意 | 比较不同意 | 不确定 | 比较同意 | 非常同意 |
|---|---|---|---|---|---|---|
| 1 | 做好教育发展规划,明确发展目标 | 1 | 2 | 3 | 4 | 5 |
| 2 | 增加政府对高中教育的投入 | 1 | 2 | 3 | 4 | 5 |
| 3 | 加快教育管理体制的改革 | 1 | 2 | 3 | 4 | 5 |
| 4 | 调整高中教育系统结构,形成区域内高中教学校群,加强合作发展 | 1 | 2 | 3 | 4 | 5 |
| 5 | 加快校园现代化建设步伐,完善教学设施 | 1 | 2 | 3 | 4 | 5 |
| 6 | "走出去,引进来",学习名校经验 | 1 | 2 | 3 | 4 | 5 |
| 7 | 抓好义务教育,为高中培养优质生源 | 1 | 2 | 3 | 4 | 5 |
| 8 | 持续的教师培训投入 | 1 | 2 | 3 | 4 | 5 |
| 9 | 加强师资队伍建设 | 1 | 2 | 3 | 4 | 5 |
| 10 | 出台稳定教师队伍的激励政策 | 1 | 2 | 3 | 4 | 5 |
| 11 | 推动高中与国外教育机构的合作 | 1 | 2 | 3 | 4 | 5 |
| 12 | 其他(请具体列出来) | | | | | |

4.您对目前您所在高中发展情况的看法是

| 编号 | 选项 | 非常不同意 | 比较不同意 | 不确定 | 比较同意 | 非常同意 |
|---|---|---|---|---|---|---|
| 1 | 学校有明确的发展目标 | 1 | 2 | 3 | 4 | 5 |
| 2 | 学校领导办学理念新、创新意识强 | 1 | 2 | 3 | 4 | 5 |
| 3 | 学校管理团队团结、有魄力 | 1 | 2 | 3 | 4 | 5 |
| 4 | 学校教学设施完善、先进 | 1 | 2 | 3 | 4 | 5 |
| 5 | 学校有优秀的师资力量 | 1 | 2 | 3 | 4 | 5 |
| 6 | 学校非常重视教师培训 | 1 | 2 | 3 | 4 | 5 |
| 7 | 学校的政策好,教师队伍稳定 | 1 | 2 | 3 | 4 | 5 |
| 8 | 学校的名气大,不愁好生源 | 1 | 2 | 3 | 4 | 5 |
| 9 | 学校有政策吸引良好的生源 | 1 | 2 | 3 | 4 | 5 |
| 10 | 学校的课程设置规范,兼顾实践课程 | 1 | 2 | 3 | 4 | 5 |
| 11 | 学校的教育资金投入充足 | 1 | 2 | 3 | 4 | 5 |
| 12 | 学校后勤队伍责任心强、稳定 | 1 | 2 | 3 | 4 | 5 |
| 13 | 对学生的教育重成绩,轻人品 | 1 | 2 | 3 | 4 | 5 |

续表

| 编号 | 选项 | 非常不同意 | 比较不同意 | 不确定 | 比较同意 | 非常同意 |
|---|---|---|---|---|---|---|
| 14 | 您对您所在高中的教育很满意 | 1 | 2 | 3 | 4 | 5 |

5.您对目前自己工作的看法是

| 编号 | 选项 | 非常不同意 | 比较不同意 | 不确定 | 比较同意 | 非常同意 |
|---|---|---|---|---|---|---|
| 1 | 工作目标清晰、任务明确 | 1 | 2 | 3 | 4 | 5 |
| 2 | 工作量大,经常需要超负荷地工作 | 1 | 2 | 3 | 4 | 5 |
| 3 | 除了教学还要负责其他工作,几乎管不过来 | 1 | 2 | 3 | 4 | 5 |
| 4 | 缺乏足够的经验来完成工作 | 1 | 2 | 3 | 4 | 5 |
| 5 | 现有的知识足以胜任教学 | 1 | 2 | 3 | 4 | 5 |
| 6 | 工作太忙,几乎没有时间来学习新的知识和技术 | 1 | 2 | 3 | 4 | 5 |
| 7 | 当工作遇到困难时,上级或同事很少或很难给予指导 | 1 | 2 | 3 | 4 | 5 |
| 8 | 希望有机会参加培训,培训新知识、新教法 | 1 | 2 | 3 | 4 | 5 |
| 9 | 每年至少有一次机会参加培训 | 1 | 2 | 3 | 4 | 5 |

续表

| 编号 | 选项 | 非常不同意 | 比较不同意 | 不确定 | 比较同意 | 非常同意 |
|---|---|---|---|---|---|---|
| 10 | 对未来的工作充满信心 | 1 | 2 | 3 | 4 | 5 |
| 11 | 总感觉自己的潜力还没有被充分发掘,没机会施展 | 1 | 2 | 3 | 4 | 5 |
| 112 | 每天上班时都精神饱满 | 1 | 2 | 3 | 4 | 5 |
| 113 | 每到下您都觉得身心疲惫 | 1 | 2 | 3 | 4 | 5 |
| 14 | 最头痛的是学生的学习积极性不高、学习成绩差 | 1 | 2 | 3 | 4 | 5 |
| 15 | 工作常得不到学生家长的支持和理解 | 1 | 2 | 3 | 4 | 5 |
| 16 | 学校对教师缺乏人文关怀 | 1 | 2 | 3 | 4 | 5 |
| 17 | 工作严重影响家庭生活 | 1 | 2 | 3 | 4 | 5 |
| 18 | 家人不支持自己的工作 | 1 | 2 | 3 | 4 | 5 |
| 19 | 收入与付出不成正比 | 1 | 2 | 3 | 4 | 5 |
| 20 | 如果有机会,会跳槽到其他学校 | 1 | 2 | 3 | 4 | 5 |
| 21 | 如果有机会,会离开教育系统 | 1 | 2 | 3 | 4 | 5 |

续表

| 编号 | 选项 | 非常不同意 | 比较不同意 | 不确定 | 比较同意 | 非常同意 |
|---|---|---|---|---|---|---|
| 22 | 这次解除"一考定终身"的高考改革对自己的工作影响很大 | 1 | 2 | 3 | 4 | 5 |
| 23 | 高考改革后,教育理念必须有大变化,对自己的工作创新性要求更高 | 1 | 2 | 3 | 4 | 5 |
| 24 | 高考改革后,工作压力更大了 | 1 | 2 | 3 | 4 | 5 |
| 25 | 高考改革后学生更难管了 | 1 | 2 | 3 | 4 | 5 |
| 26 | 普通本科和高职分开招生有利于选拔人才 | 1 | 2 | 3 | 4 | 5 |

以下题目请您用文字简要回答。

6.课改是高中的重点工程,您认为目前高中新课程改革最难的地方在哪里?您有何建议?

7.谈谈您对学校如何应对高考改革的建议。

8.您认为我市高中教育政府亟须办好的三件事是什么？

再次感谢您的答卷！

# 桂林高中教育情况调查问卷(家长部分)

家长,您好!我们是"桂林'十三五'教育事业发展研究"课题组。为了全面地了解桂林"十二五"高中教育发展的现状,更好地为桂林'十三五'教育事业发展研究做好规划,我们需要您的帮助。请您根据实际情况,在下列的问题中选出您认为合适的选项。本问卷采取匿名填写,所有题目无对错之分,您的选择我们仅用于学术研究,不会泄露您的信息,请您放心答卷。感谢您的支持!

在下列的问题中,请您根据实际情况在最符合的选项下打"√"。

一、基本信息

1.您的性别:

A 男  B 女

2.您的家庭住在哪里?

A 农村  B 县镇  C 城市

3.您孩子的户口情况:

A 农村户口  B 城镇居民户口

4.您的孩子现在就读学校的性质:

A 公立学校  B 私立学校

5.您的孩子是否寄宿?

A 是  B 否

6.您孩子就读的学校名称:

二、主体部分

1.您认为决定高中竞争力的关键因素有

| 编号 | 选项 | 非常不同意 | 比较不同意 | 不确定 | 比较同意 | 非常同意 |
|---|---|---|---|---|---|---|
| 1 | 学校明确发展目标 | 1 | 2 | 3 | 4 | 5 |
| 2 | 果敢、有魄力的校长 | 1 | 2 | 3 | 4 | 5 |

续表

| 编号 | 选项 | 非常不同意 | 比较不同意 | 不确定 | 比较同意 | 非常同意 |
|---|---|---|---|---|---|---|
| 3 | 优秀的师资力量 | 1 | 2 | 3 | 4 | 5 |
| 4 | 完善的教学设施 | 1 | 2 | 3 | 4 | 5 |
| 5 | 良好的生源质量 | 1 | 2 | 3 | 4 | 5 |
| 6 | 创新意识强的管理团队 | 1 | 2 | 3 | 4 | 5 |
| 7 | 持续的教师培训投入 | 1 | 2 | 3 | 4 | 5 |
| 8 | 学校健全的管理制度 | 1 | 2 | 3 | 4 | 5 |
| 9 | 有责任心的后勤队伍 | 1 | 2 | 3 | 4 | 5 |
| 10 | 稳定的教育投入 | 1 | 2 | 3 | 4 | 5 |
| 11 | 便利的交通条件 | 1 | 2 | 3 | 4 | 5 |
| 12 | 其他（请具体列出来） | | | | | |

2.您对您孩子所在高中情况的看法是

| 编号 | 选项 | 非常不同意 | 比较不同意 | 不确定 | 比较同意 | 非常同意 |
|---|---|---|---|---|---|---|
| 1 | 您对孩子所就读的高中总体是满意的 | 1 | 2 | 3 | 4 | 5 |
| 2 | 学校领导办学理念新、创新意识强 | 1 | 2 | 3 | 4 | 5 |
| 3 | 学校管理团队团结、有魄力 | 1 | 2 | 3 | 4 | 5 |
| 4 | 学校教学设施完善、先进 | 1 | 2 | 3 | 4 | 5 |
| 5 | 教师教学水平高、教学方法新 | 1 | 2 | 3 | 4 | 5 |
| 6 | 学校教师队伍稳定 | 1 | 2 | 3 | 4 | 5 |

续表

| 编号 | 选项 | 非常不同意 | 比较不同意 | 不确定 | 比较同意 | 非常同意 |
|---|---|---|---|---|---|---|
| 7 | 教师责任心强 | 1 | 2 | 3 | 4 | 5 |
| 8 | 学校的课程设置合理，兼顾实践课程 | 1 | 2 | 3 | 4 | 5 |
| 9 | 学校对学生的教育既重成绩，也重人品教育 | 1 | 2 | 3 | 4 | 5 |
| 10 | 学校的名气大，学生生源好 | 1 | 2 | 3 | 4 | 5 |
| 11 | 学校硬件设施完备 | 1 | 2 | 3 | 4 | 5 |
| 12 | 学校后勤队伍责任心强，学生寄宿学校，您很放心 | 1 | 2 | 3 | 4 | 5 |
| 13 | 对学生的伙食质量满意 | 1 | 2 | 3 | 4 | 5 |
| 14 | 对学校的管理制度很满意 | 1 | 2 | 3 | 4 | 5 |
| 15 | 家长与教师和班主任等的沟通顺畅 | 1 | 2 | 3 | 4 | 5 |
| 16 | 学校附近的交通不方便 | 1 | 2 | 3 | 4 | 5 |
| 17 | 对学校的校园环境不满意 | 1 | 2 | 3 | 4 | 5 |
| 18 | 如果有机会，会让孩子转学 | 1 | 2 | 3 | 4 | 5 |
| 20 | 这次解除"一考定终身"的高考改革对孩子的影响很大，利大于弊 | 1 | 2 | 3 | 4 | 5 |

续表

| 编号 | 选项 | 非常不同意 | 比较不同意 | 不确定 | 比较同意 | 非常同意 |
|---|---|---|---|---|---|---|
| 21 | 高考改革后,会弱化孩子的学习压力,有利于孩子身心健康 | 1 | 2 | 3 | 4 | 5 |
| 22 | 为了高考取得好成绩,学生补课是必需的 | 1 | 2 | 3 | 4 | 5 |
| 23 | 为了高考取得好成绩,非常赞成学校统一补课 | 1 | 2 | 3 | 4 | 5 |
| 24 | 学校不组织学生补课,不但不能减轻学生的负担,反而会加重家庭的经济负担,造成更大的教育不公平 | 1 | 2 | 3 | 4 | 5 |

3.您对孩子现在所在学校有哪些好的意见或建议。

4.您对本市高中教育有哪些看法和建议。

# 附录8：
# 职业教育阶段调查问卷及访谈报告

## 桂林市职业教育发展状况调查问卷（教师部分）

老师，您好！我们是"桂林'十三五'教育事业发展研究"课题组。为了全面地了解桂林"十二五"职业教育发展的现状，更好地为桂林'十三五'教育事业发展研究做好规划，我们需要您的帮助。请您根据实际情况，在下列的问题中选出您认为合适的选项。本问卷采取匿名填写，所有题目无对错之分，您的选择我们仅用于学术研究，不会泄露您的信息，请您放心答卷。感谢您的支持！

除了题目上标出"可多选"外，其余的题目只有一个答案，请在您认为合适的答案下打"√"。

一、答卷者的基本信息

1.您的性别：

A.男　B.女

2.您本人的受教育程度：

A.高中　B.本科（大专）　C.硕士及以上

3.您目前学校的性质是：

A.公立学校　B.私立学校

4.您在这所学校工作的年限：

A.1年以下　B.1—3年　C.3—5年

D.5—10年　E.10年　F.10年以上

5.您目前的职务:

A.任课教师    B.班主任    C.管理人员    D.校领导

6.您所在学校的名称:

## 二、问卷的主体部分

1.以您的工作经验和对职业教育的认识,如果您认为桂林市的职业教育水平还有待提升,有哪些方面需要做出行动?(可多选)

A.社会    B.职业学校本身    C.家庭    D.学生本身

2.桂林市职业教育发展存在的最严峻的问题是:

A.社会"重普轻职"的观念根深蒂固,导致生源差且招生难

B.职业教育投入不足,职教软硬件设施均很落后

C.教师补充困难

D.资源不足,但又存在巨大的隐形浪费

E.教师培训机制滞后

F.其他(请说明)

3.以您对职业教育的认识,针对桂林市职业教育的办学资源仍然不能很好地满足社会的需求的现状,它主要表现是:

A.桂林市经济总量不大,对职业学校毕业生的需求不大

B.职业学校办学规模不大,优质教育资源不足

C.不少学校办学条件差,投入严重不足,培养能力弱

D.虽然国家对职业教育有一定的支持,但是整体落实度不高

E.部分县的职业学校停办或改作他用,中职教育资源严重流失

F.其他(请说明)

4.据调查显示,桂林市近年每年有初中毕业生约7万人,进入高中学段就读的仅4.7万人,其中普高3.2万,职高1.5万。尚有2.3万的未成年人没有接受必要的职业技能培养培训就走向了社会,您认为造成这种现象的原因是什么?

A.社会观念落后,固守着孩子"初中—高中—大学"的成长模式

B.由不努力的学生自己和社会招生人员搬弄是非,以及家长的口舌相传引起的职高无用论

C.学校迫于政府和上级压力,以完成规定招生人数为终极目标,却极少关心职

业学校的状况

D.职业学校自身存在诸多问题

E.其他(请说明)

5.职业教育的教材和教学质量跟不上市场需求的发展是一个很普遍的情况,您认为它的主要表现是:

A.教材缺乏实用性、科学性、现时性

B.缺乏一些专业性教材

C.专业课缺少统编教材和大纲,教材教法不成熟、不统一,教材编选较难

D.一些实习配套设备跟不上,使得学生只能限于理论学习,而无法进行实践操作

E.其他(请说明)

6.想要适应市场需求改善教材和课程,您认为哪些措施可行?

A.教师多关注一些沿海地区、发达地区的教材及课程开设情况,以此作为参考来调整课程

B.经验丰富的教师可以组成团队,自己编写教材

C.多去考察现在的一些企业,去发掘企业需要人才的特质,来调整课程

D.其他(请说明)

7.针对目前桂林市职业学校教师整体专业素质不高的情况,您认为要改善这些问题,应该采取哪些措施?

A.加强职业学校教师队伍建设,加强现有教师的在职培训、师德培训,提高教师的教育教学能力和实践能力

B.改变传统的观念,结合学校专业设置的实际情况,面向社会招聘专职教师和有实际经验的专业技术人员做兼职教师

C.实施教师资格制度,建立适应职业学校教师特点的教师职务评审办法等

D.尽量解决教师的住房问题,可以减小流动性,留住一些素质高的教师

E.要注重培养既有合格学历、又有专业技术职务的"双师型"教师,提高专业教师的操作动手能力等

F.其他(请说明)

8.为解决教学资源不足的问题,除了国家和政府予以扶持和帮助外,您认为职业学校本身可以做到:

A. 积极推进与东部地区、城市与农村职校联合招生合作办学

B. 学校可以先跟桂林市内的某几个企业建立合作关系,实行多种形式的联合办学,学校加强合作,开展"订单"培训,并积极为职业学校提供兼职教师、实习场地和设备也可在职业学校建立研究开发机构和试验中心。有条件的大型企业也可以单独举办或与高等学校联合举办职业技术学院

C. 可以联合很多大型企业,联合举办职业技术学院

D. 集合学校一些优秀教师,成立教研组,自己编写教材

E. 其他(请说明)

9. 您认为影响职业学校管理的最大因素是(可选一个或多选,并根据重要程度排序):

A. 校长的理念　B. 管理团队　C. 教师素质　D. 学生需求　E. 评估体系

10. 据调查显示,中职教师培训得到了一定的重视,也投入了一定成本,但是成效不是很明显,从老师的角度,您认为造成这种现象的原因是什么?

A. 职业技术升级日新月异,专业知识急需更新,但培训的内容并没有及时更新,使得效果不明显

B. 培训过于形式化,方式太单调,对老师来说没有吸引力

C. 培训后没有考核机制,以致很多老师对培训的态度不够认真

D. 政策落实不到位、培训经费严重不足等原因,使得教师培训难以制度化

E. 中职教师在职培训问题仍然没有得到足够的重视

11. 您对自己目前的收入水平是否满意?

A. 十分满意　B. 满意　C. 一般　D. 不满意　E. 非常不满意

12. 您觉得以下哪些能促进您的专业发展?(多选)

A. 专家学者引领教研　B. 校本教研　C. 研究课题　D. 外派学习

13. 如果有机会参加培训,您最希望参加哪方面的培训?

A. 新教学教法　B. 新的技术知识

C. 到企业中去挂职,锻炼动手能力,向"双师型"教师发展　D. 科学研究的方法

14. 如果有机会跳槽,而您仍愿意留在这所学校的主要原因是:

A. 工作轻松,无硬性教学任务　B. 收入与付出相对等

C. 学生听话,好管　D. 没有科研压力

E. 人际关系好　F. 上班地点离家近

15.您认为当职业技术学校的老师与普通高中的老师最大的区别是?

A.培养学生的目标不同

B.面对的学生不同,管理的方法不同,职校学生难教

C.职校需要的是"双师型"教师,对教师的综合素质要求更高

D.没有升学压力,工作轻松

E.其他(请说明)

16.对于发展桂林职业教育您有何好建议?(请至少列出三点)

# 桂林市职业教育发展状况调查问卷(家长部分)

家长,您好!我们是"桂林'十三五'教育事业发展研究"课题组。为了全面地了解桂林"十二五"职业教育发展的现状,更好地为桂林'十三五'教育事业发展研究做好规划,我们需要您的帮助。请您根据实际情况,在下列的问题中选出您认为合适的选项。本问卷采取匿名填写,所有题目无对错之分,您的选择我们仅用于学术研究,不会泄露您的信息,请您放心答卷。感谢您的支持!

除了题目上标出"可多选"外,其余的题目只有一个答案,请在您认为合适的答案下打"√"。

一、答卷者的基本信息

1.您的性别:
○男  ○女

2.您的家庭住在哪里?
○农村  ○县镇  ○城市

3.您孩子的户口情况:
○农村户口  ○城镇居民户口

4.您的孩子现在就读学校的性质:
○公立学校  ○私立学校

5.您孩子就读的学校名称:

二、主体部分

1.在孩子升学时您是否愿意让他选择职业学校?
A.愿意  B.视成绩而定  C.不愿意

2.对于孩子的学业,您的第一选择是:
A.大学本科院校  B.高职院校  C.中等职业技术学校

3.在什么情况下您会让孩子选择职业教育?
A.孩子学习成绩不好,考不上大学,去职校是无奈的选择

B.发现孩子有从事技能性职业的优势

C.职业教育中,有就业优势非常明显的专业

D.本科生也不好找工作,选择职业教育也不错

E.孩子喜欢职业技术实用性强的专业

4.您不选择职业教育最重要的理由是什么?

A.毕业后只能当一线工人,工作太累

B.毕业后只能当工人,社会地位低

C.只有成绩差的学生,才上职业学校

D.学校的师资力量太差,学生学不到知识

5.如果您孩子在职业教育学校就读,您对学校的硬件设施满意吗?

A.很满意　B.无所谓　C.不满意(请写出不满意方面)

6.谈谈您对您孩子所在职业学校的看法:

A.学校很好,没有意见　B.学校的师资力量很不稳定

C.学校硬件系统需要完善　D.学生的伙食质量不满意

E.学校的课程设置不合理,学生学到的东西不多

F.学校的管理不严,学生纪律差　G.学生流失严重

H.教师的教学水平不高,学生学不到东西

I.其他方面:(请写出)

7.您是否同意"职业学校毕业照样能成才"的观点?

A.非常同意　B.基本同意　C.不同意　D.很不同意

8.您对职业教育的理解是什么?(可多选)

A.职业教育是培养专业技术人才的专业学校

B.职业教育的就业前景就是一线生产工人

C.考不上大学的才上职业学校,是低层次教育

D.职业教育发展需要全社会关注和重视

9.您认为职业技术学校毕业生的看法:

A.随着经济发展,技术型一线工人越来越吃香,前途光明

B.有技术就意味着有收入,只要能学到技术就不愁就业,不愁饭碗

C.职校学生都不如普通高中生好管,就业难

D.职校毕业生社会地位低

10.您认为桂林市的职业教育工作近两年有没有什么改善？

A.有很大改善　B.有所改善　C.没有改善　D.有倒退的迹象

11.您认为制约桂林市职业学校发展的主要因素有？（按重要性选三个）

A.生源差,学生难教　B.经费投入不足,实习基地少

C.师资水平不高,学生学不到技术

D.学校管理不严,学生纪律差

E.专业设置与社会经济发展关联度不高,不好就业

F.课程安排不合理,理论太多,实践太少,学生学不到东西

12.您如何看待桂林市职业学校发展前景？

A.很乐观　B.一般　C.无所谓　D.从没考虑过

附录9：

高等教育访谈提纲

## 桂林师范高等专科学校深度访谈

一、访谈目的：了解桂林师专现状并提出相关发展对策

二、访谈方式：面对面访谈

三、访谈对象：桂林师专人事处范建玲老师

四、访谈时间：2014年12月3日

五、访谈地点：广西师范大学育才校区文二楼

六、提问提纲：

1.教学场地、教学设备等现状如何？

2.贵校的学生都来自哪里？（本地、外地,各自比例如何？）

3.贵校办学的特色是什么？

4.是否经常组织教师外出培训？

5.是否经常和广西区内或区外的特殊教育学校就管理、教学、科研方面进行交流？

6.贵校师资力量如何？招生困难吗？如果招生困难,主要受哪些因素的影响？

# 桂林师范高等专科学校校领导及部门负责人座谈

一、座谈会目的:了解桂林师专的现状并提出相关发展对策

二、参会人员:桂林师范高等专科院校(何雨红副校长、范建玲);课题组成员(阳芳、沈鸿、万灏、周临青、周小单、李小芬)

三、时间安排:2014年12月10日下午16:00

四、访谈地点:桂林师范高等专科学校行政办公楼会议室

五、座谈会环节:

1.何副校长致辞并介绍桂林师专基本情况

2.课题组成员提问:

(1)您觉得贵校应该如何走特色化道路?

(2)经费来源除了各级政府的拨款,还有其他来源吗?其他来源占的比例如何?

(3)是否与本地企业合作办学?

(4)就贵校现状而言,面临的主要困难有哪些?

(5)贵校希望得到政府什么支持?

(6)对于学校未来的发展,有何具体的发展规划?

3.座谈会双方针对桂林师专现状问题进行交流讨论

## 附录10：
## 特殊教育访谈提纲

1. 您是否经常有机会和广西区内或区外的特殊教育学校就管理、教学、科研方面进行交流？

2. 学校是否经常组织教师外出培训？

3. 经费来源除了各级政府的拨款，还有其他来源吗？其他来源占的比例如何？如何获得？

4. 教学场地、教学设备等现状如何？

5. 根据国家的标准，贵校能够接收多少学生就学？招生困难吗？如果招生困难，主要受哪些因素的影响？

6. 是否有社工或其他人员来为学校的教师或学生提供相关帮助？

7. 贵校的学生都来自哪里？本地、其他地区的生源比例如何？城市、农村的生源各自比例如何？

8. 就贵校现状而言，面临的主要困难有哪些？

9. 对于学校未来的发展，有何具体的发展规划？

10. 您如何看待特殊儿童的生计教育？

11. 贵校特教的办学层次属于哪个层次？您认为特殊学生需要进行职业教育吗？

# 参考文献

[1]Duvall, E. M. Family Development [M]. Philadelphia: J. B. Lippincott, 1957.

[2]E. M. Duvall, Brent C. Miller. Marriage and Family Development [M]. New York: Harper & Row, 1985.

[3]Gareth R. Jones, Jennifer M. George. The Experienee and Evolution of Trust: Implications for Cooperation and Teamwork [J]. Academy of Management Review, 1998(3).

[4]Hohn C. Source. The Family Life Cycle: Needed Extension of the Concept [M]. In J. Bongaarts, T. Burch and K. Wancher, Family Demography: Methods and Their Application. Oxford: Claredon Press, 1987.

[5]Paul M. Romer. Endogenous Technological Change [J]. Journal of Political Economy, 1990(98): 78—80.

[6]R. M. Kramer. Trust and Distrust in Organizations: Emerging Perspectives [J]. Annual Review of Psychology, 1999(1).

[7]Samuel Aryee, Pawan S Budhwar, Zhen Xiong Chen. Trust as a Mediator of the Relationship between Organizational Justice and Work Outcomes: Test of a Social Exchange Model [J]. Journal of organizational Bahavior, 2002(3).

[8]边云霞.我国人力资本对经济增长贡献率的实证分析[J].中南财经政法大学学报,2006(2).

[9]曾贱吉,胡培,蒋玉石.员工对工作满意度、离职倾向影响的实证研究——基于组织政治知觉的角度[J].山西财经大学报,2010(2).

[10]陈洪安,李国平,江若尘.人力资本对京沪两地经济增长影响的实证分析[J].华东师范大学学报,2010(3).

[11]程芳.中国人才资本积累与经济增长的相关性研究[D].南京工业大学硕士学位论文,2002.

[12]福山.信任:社会道德与繁荣的创造[M].呼和浩特:远方出版社,1998.

[13]高宏彬.县域经济发展及其评价研究[M].北京:中国财政经济出版社,2007.

[14]高铁梅.计量经济分析方法与建模 EViews 应用及实例[M].北京:清华大学出版社,2009.

[15]高铁梅:计量经济分析方法与建模[M],北京:清华大学出版社,2011.

[16]广西人才战略研究课题组.广西人才战略研究[M].北京:科学出版社,2003.

[17]郭志仪,曹建云.人力资本对中国区域经济增长的影响——岭估计法在多重共线性数据模型中的应用研究[J].中国人口科学,2007(4).

[18]何海萍.组织信任、工作满意度和离职倾向实证研究——以诸暨中小企业一线员工为例[D].浙江工商大学硕士学位论文,2012.

[19]贾修斌.人力资本在西部欠发达县域经济增长中的作用——基于甘肃省武威市凉州区的实证分析[D].兰州大学硕士学位论文,2012.

[20]贾彧.农村人力资本对农村经济增长贡献的实证检验[J].统计与决策,2012(14).

[21]蒋正明,张书凤,李国昊,田红云.我国科技人才对经济增长贡献率的实证研究[J].统计与决策,2011(12)

[22]李斌.广西计划用三年在已建立工会企业建立工资集体协商制度[OL].新华网,2011-4-10.

[23]李济球.如何推进集体协商制度建设[N].光明日报,2013-01-12.

[24]李建民.人力资本通论[M].上海:生活·读书·新知三联书店,1999.

[25]李兰芬.从交换到分配:一种大劳动报酬观的民生逻辑[J].道德与文明,2011(3).

[26]李敏.中国组织中同事信任对个体工作绩效的作用机理研究[M].北京:经济管理出版社,2014.

[27]李全英.关于依法推进工资集体协商机制的调查与思考[J].中国劳动关系学院学报,2010(6).

[28]李思丽.新型城镇化建设视域下人才培养的目标及对策[J].继续教育研究,2013(3).

[29]李伟民,梁玉成.特殊信任与普遍信任——中国人信任的结构与特征[J].社会学研究,2002(3).

[30]李长安.找准中国式收入倍增计划五大着力点[J].财会研究,2010(13).

[31]凌玲.组织信任对工作满意和组织承诺关系影响的实证研究[D].重庆大学硕士学位论文,2008.

[32]凌耀初. 县域经济发展战略[M]. 上海:学林出版社,2005.

[33]刘丹青. 闪辞族的输赢[J]. 中国新闻周刊,2013－03－11.

[34]罗洪铁. 西南民族地区人才资源开发研究[M]. 重庆:西南大学出版社,2011.

[35]莫艳萍. 报告显示广西城镇单位职工工资增长滞后国内生产总值增速[OL]. 中华网,2012－1－22.

[36]沈利生,朱运法. 人力资本与经济增长分析[M]. 上海:生活·读书·新知三联书店,2002.

[37]史万森. 法律规定"不强"制约企业工资集体协商[N]. 法制日报,2011－11－17.

[38]舒尔茨著,蒋兵,张衡译. 论人力资本投资[M]. 北京:北京经济学院出版社,1990.

[39]汪晓文. 欠发达地区经济增长的动力机制:人力资本投资——以甘肃为例[J]. 兰州大学学报(社会科学版),2005(33).

[40]王德弟,荣卓. 县域经济发展问题研究[M]. 天津:南开大学出版社,2012.

[41]王金营. 人力资本与经济增长——理论与实证[M]. 北京:中国财政经济出版社,2001.

[42]王绍光,刘欣. 信任的基础:一种理性的解释[J]. 社会学研究,2002(3).

[43]王姝. 中国信任模式的嬗变——一种制度分析视角[J]. 社会科学论坛,2007(8).

[44]王晓宁. 缓解信任危机的制度维度考量——读吉登斯《现代性的后果》[J]. 理论导报,2010－03－20.

[45]王兆萍,贺佳佳. 陕西省不同人力资本投资方式与经济增长的实证分析[J]. 西北人口,2011(9).

[46]王忠,张琳. 个人—组织匹配、工作满意与员工离职意向关系的实证研究[J]. 管理学报,2010(3).

[47]韦慧民,潘清泉. 组织内垂直信任的主动发展[M]. 北京:经济管理出版社,2013.

[48]韦慧民. 组织信任关系管理:发展、违背与修复[M]. 北京:经济科学出版社,2012.

[49]吴培冠,黄敏. 人力资本与经济增长关系综论[J]. 湖南师范大学学报(社会科学版),2009(5).

[50]西蒙·库兹涅茨. 现代经济增长[M]. 北京:北京经济学院出版社,1989.

[51]杨成湘,陈治亚. 中国集体协商制度的实践困境与策略安排[J]. 求索,2013(2).

[52]杨俊宏. 提高初次分配中劳动报酬比重的几点思考[J]. 求索,2009(5).

[53]杨太康. 当今我国信任危机现象存在的深层原因解析[J]. 唐都学刊,2003(3).

[54]张士菊,廖建桥. 企业员工的心理契约:国有企业与民营企业差异的探索[J]. 商业

经济与管理,2008(6).

[55]张伟东.现代经典经济增长模型的演进与评述[J].新学术,2007(12).

[56]赵丽涛.我国深度转型中的社会信任困境及其出路[J].东北大学学报(社会科学版),2015(1).

[57]赵学清.提高劳动报酬在初次分配中比重的几点思考[J].河南社会科学,2008(1).

# 后 记

本书是我主持的广西文科中心优青团队项目"珠江－西江经济带城镇体系与城乡一体化研究"的阶段性成果,也是以我在东南大学哲学院做博士后工作的出站报告为基础修改而成的。本书的写作,经历太多,感悟太多。

2012年6月至2016年6月,承蒙"长江学者"特聘教授樊和平老师的厚爱,我有机会到东南大学跟随他做博士后工作。这四年期间,我经受了两场沉痛的人生打击:2012年10月20日视我如掌上明珠的父亲因病去世,我感到天要塌下来了;2014年6月29日我那善良勤劳的母亲因思念成疾也离我们而去,我的世界彻底沦陷了,我一度终日迷糊,浑浑噩噩,这样的日子持续了一年之久。如果没有导师樊和平教授、王珏教授等多位良师的暖心开导和悉心指导;如果没有丈夫和儿子的陪伴与鼓励,我无法走出阴霾,无法完成这部书稿。

在本书的撰写、编辑和出版过程中,得到了多位朋友的帮助,如桂林理工大学的沈鸿教授和广西师范大学的刘青云、张路、韦晓顺、何冬明等多位同学为文献收集、问卷调查、数据整理等做了不少基础性工作,在此表示对他们衷心的感谢。在本书的撰写中,借鉴与汲收了一些学者的观点与见解,有些可能未标注出来,在此一并感谢。

因为你们,我才有勇气坚持下来,人生才得以重见色彩。衷心感谢你们!

谨以此书纪念我的父亲、母亲!

阳芳
2019年10月16日